Bode

DIE FRAU IN DER GESELLSCHAFT
TEXTE UND LEBENSGESCHICHTEN

Herausgegeben von Gisela Brinker-Gabler

Die Reihe »Texte und Lebensgeschichten« veröffentlicht Materialien und Erfahrungsberichte zum Thema Frauenalltag und Frauenbewegung im 19. und 20. Jahrhundert. Sie stellt diese Aussagen über weibliches Leben, Arbeiten und Denken in den Zusammenhang mit den aktuellen Diskussionen in der Frauenbewegung heute.

FISCHER TASCHENBUCH VERLAG

FRAU UND RELIGION: GOTTESERFAHRUNGEN IM PATRIARCHAT

Mit Texten von
Gertrud Bäumer, Lily Braun, Mary Daly,
Hedwig Dohm, Ricarda Huch, Louise Otto-Peters,
Anna Paulsen, Luise Rinser, Dorothee Sölle u. a.

Herausgegeben und eingeleitet von
Elisabeth Moltmann-Wendel

FISCHER TASCHENBUCH VERLAG

Lektorat: Ingeborg Mues

12.–14. Tausend: Juni 1985

Originalausgabe
Veröffentlicht im Fischer Taschenbuch Verlag GmbH,
Frankfurt am Main, Januar 1983

Umschlaggestaltung: Susanne Berner
Druck und Bindung: Clausen & Bosse, Leck
Printed in Germany
1280-ISBN-3-596-23738-6

ZU DIESEM BUCH

Frau und Religion – diese Worte assoziieren für viele Schweigen, Unterordnung und nach innen gekehrte Frömmigkeit. Aber die aus den USA zu uns gekommene Feministische Theologie, ein Lehrauftrag für »Feminismus und Christentum« an der Universität Nijmegen, ein an der Universität Tübingen anlaufendes Forschungsprojekt »Frau und Christentum« und die vom Weltrat der Kirchen in Genf initiierte und in Kirchen der ganzen Welt bearbeitete Studie »Die Gemeinschaft von Frauen und Männern in der Kirche« machen auf die vergessene ursprüngliche und gegenwärtige Bedeutung der Frau im Christentum aufmerksam. Schon mit Beginn der Frauenbewegung im vorigen Jahrhundert, als Frauen anfingen, sich selbst zu entdecken, begannen sie zugleich, ihr Verhältnis zur Religion kritisch und kreativ zu durchdenken. Kritisch – weil die mit der abendländischen Gesellschaft verbundene Religion ihnen eine untergeordnete Rolle zuwies. Kreativ – weil Frauen ihr eigenes positives Verhältnis zum christlichen Freiheitsanspruch entfalteten und notfalls jenseits der christlichen Tradition eine eigene Frömmigkeit und neues soziales Handeln entwickelten. Dieser Prozeß, der im vorigen Jahrhundert begann, setzt sich – angeregt durch die Feministische Bewegung – heute fort und ist zu einer Herausforderung für Kirche, Theologie und Gesellschaft geworden. Der vorliegende Band ist eine erste Dokumentation unbekannter, vergessener und gegenwärtiger Texte von Frauen, die spontan, poetisch oder wissenschaftlich ihr eigenes Selbstverständnis innerhalb der christlichen Religion reflektieren und das gängige Vorverständnis von Frau und Religion sprengen.

DIE HERAUSGEBERIN

Elisabeth Moltmann-Wendel promovierte an der Universität Göttingen mit einer Arbeit zum Thema »Theologie und Kirche bei Hermann Friedrich Kohlbrügge« (München 1956). Zu ihren weiteren Veröffentlichungen gehören u. a. »Hoffnung jenseits von Skepsis und Glaube. Theodor Fontane und die bürgerliche Welt« (München 1964); »Menschenrechte für die Frau« (1. Aufl. 1974, 3. Aufl. u. d. T. »Frauenbefreiung. Biblische und theologische Argumente«, 1980); »Freiheit – Gleichheit – Schwesterlichkeit« (München, 3. Aufl. 1982); »Ein eigener Mensch werden. Frauen um Jesu« (Gütersloh, 3. Aufl. 1982). Elisabeth Moltmann-Wendel ist verheiratet, hat vier Kinder und lebt in Tübingen.

In der Reihe
TEXTE UND LEBENSGESCHICHTEN
sind als weitere Bände bisher erschienen:

»Zur Psychologie der Frau«, hrsg. von Gisela Brinker-Gabler (Band 2045); »Frauenarbeit und Beruf«, hrsg. von Gisela Brinker-Gabler (Band 2046); »Frau und Sport«, hrsg. von Gertrud Pfister (Band 2052); »Frau und Musik«, hrsg. von Eva Rieger (Band 2257); »Frauen gegen den Krieg«, hrsg. von Gisela Brinker-Gabler (Band 2048); »Frauenemanzipation und Sozialdemokratie«, hrsg. von Heinz Niggemann (Band 2261); »Frau und Gewerkschaft«, hrsg. von Gisela Losseff-Tillmanns (Band 2260); »Fanny Lewald, Meine Lebensgeschichte«, hrsg. von Gisela Brinker-Gabler (Band 2047); »Mathilde Franziska Anneke in Selbstzeugnissen und Dokumenten«, von Maria Wagner (Band 2051); »Toni Sender, Autobiographie einer deutschen Rebellin«, hrsg. von Gisela Brinker-Gabler (Band 2044); »Rahel Sanzara. Eine Biographie«, von Diana Orendi-Hinze (Band 2258); »Eine stumme Generation berichtet: Frauen der dreißiger und vierziger Jahre«, hrsg. von Gisela Dischner (Band 3727); »Kämpferin für den Frieden: Bertha von Suttner«, hrsg. von Gisela Brinker-Gabler (Band 2053).
In Vorbereitung: »Frau und Sexualität«, hrsg. von Marie-Louise Janssen-Jurreit; »Die Anfänge der deutschen Frauenbewegung: Louise Otto-Peters«, von Ruth-Ellen Boetcher Joeres (Band 3729); »Frauen leisten Widerstand 1933–1945. Lebensgeschichten nach Interviews und Dokumenten«, von Gerda Szepansky; »Für die Selbstverwirklichung der Frau: Louise Aston«, von Germaine Goetzinger (Band 3743); »Nicht mehr lieblich schweigen: Rahel Varnhagen«, hrsg. von Renate Neumann.

Inhalt

Frühe Erlebnisse

Auf der Suche nach Ganzheit – Reflexionen

Praxis und Programme

Einleitung

»Die Frau ist immer die beste Freundin der Religion gewesen, die Religion aber keineswegs immer eine Freundin der Frau.«

M. Winternitz

»Frau« und »Religion« sind für viele heute unvereinbare Vorstellungen geworden. Als Religion kennen wir die christliche Religion, und sie hat nach Simone de Beauvoir »nicht wenig zur Unterdrückung der Frau beigetragen«[1]. Seit die autonome Frauenbewegung Anfang der siebziger Jahre begann, für die Abschaffung des § 218 und die Mündigkeit der Frau zu kämpfen, und die Institutionen, die die Religion vertreten, die Kirchen, sich heftig gegen »Libertinismus«, »Autonomie« und »Emanzipation« der Frau aussprachen, ist der Konflikt offen sichtbar geworden.

Der Konflikt selbst ist allerdings älter und komplexer, als es zunächst scheint. Die Frau ist nicht nur immer die beste Freundin der Religion gewesen. Sie stand in der Frühgeschichte der Menschheit sogar im Mittelpunkt des Kultes. *Ihr* Bild wurde verehrt – davon zeugen Hunderte von weiblichen und das Fehlen männlicher Bildnisse.[2] Im Mittelmeerraum begannen mit der Eroberung indogermanischer Stämme erst im 2. Jahrtausend v. Chr. die alten Mutterkulturen durch eine patriarchale Kultur abgelöst zu werden. Es ist ein langer Konflikt, bezeugt in Sagen vom Sieg des Verstandes über die alten Mächte, sichtbar in Kultstätten, wo noch frühe matriarchalische Schichten deutlich erkennbar sind. In der patriarchalen Kultur hat der Mann sich entdeckt als Erzeuger des Lebens und bringt dies bis hin in die Gottesvorstellungen zum Ausdruck. Wirtschaftliche und gesellschaftliche Veränderungen wie das Vordringen der Viehwirtschaft gehen damit Hand in Hand. In den langen Zeitspannen, wo diese Patriarchalisierung alter Kult- und Sozialformen erfolgt, wird die Frau aus dem kultischen und sozialen Zentrum an den Rand gedrängt. Sie bleibt Freundin der Religion, und in den Göttinnen erhält sich etwas von ihrer früheren Funktion.

Aber die Religion selbst – je stärker sich in ihr männliche Bilder und Wertvorstellungen entwickeln – wird mehr Feindin als Freundin der Frau, geht an ihren Bedürfnissen vorbei, wird leibfeindlich, ordnungssüchtig, naturfremd. In unseren drei gegenwärtigen Hochreligionen: Judentum, Christentum, Islam ist viel von diesen patriarchalen Elementen wiederzufinden, und die Dokumente ihres Selbstverständnisses: Altes Testament, Neues Testament und Koran enthalten charakteristische Aussagen über die Unterdrückung der Frau.

Der Konflikt zwischen Frau und Religion ist oft nicht gesehen worden. Für die gebildeten Bürgerinnen und Bürger entsprechen die Hochreligionen ihrer eigenen bürgerlichen Kultur. Das abendländische Christentum mit seiner Dominanz des Willens über die Gefühle, seiner Subordination des Körpers über den Geist, seiner Vorordnung des Mannes vor die Frau spiegelt ihre eigenen Lebens- und Wertvorstellungen wider. Der Abendländer hat gelernt, sich zu beherrschen, die Welt zu kontrollieren, Verantwortung für die Unmündigen, u. a. für die Frau und die Familie, zu übernehmen. Das Irrationale ist gebannt, die Sexualität kontrolliert, die Frau hat ihren Platz. Und auch viele Frauen identifizieren sich mit dieser bürgerlichen Kultur und ihrer Religion, ohne zu sehen, welches Übergewicht inzwischen diese Wertvorstellungen über unsere Natur, unsere Bedürfnisse, unsere Erde gewonnen haben.[3] Der Theologe lernt in seiner Ausbildung – entsprechend seiner Kultur – gründlich und grundsätzlich Mutterkulte zu verabscheuen, Jahwe als souveränen Herrn anzusehen und Fruchtbarkeitsrituale als Heidentum zu verachten. Einen Konflikt zwischen Frau und Religion gibt es für ihn nur darin, daß die Frau angeblich irrationale Seiten verkörpert und diese – wie das Heidentum, die Triebe und das Emotionale – in eine Ordnung gebracht werden müssen.

Als einer der ersten hat der Basler Patrizier Johann Jakob Bachofen die ursprünglichen Beziehungen von Frau und Religion wieder aufgedeckt.[4] Mitten im viktorianischen Zeitalter und mit Beginn der ersten Frauenemanzipation des 19. Jahrhunderts bespricht er »eine geschichtliche Erscheinung, welche von wenigen beachtet, von niemand nach ihrem ganzen Umfang untersucht worden ist«: die frühen Gynaikokratien, Frauenherrschaften. In ihnen regierte statt des Lichtgottes Apoll noch Demeter, die Erdgöttin, statt des bekannten Vaterrechts das Mutterrecht. Statt Hierarchie gab es Brüderlichkeit und Schwesterlichkeit, statt strafender Gerechtigkeit liebende Barmherzigkeit. Anstatt wie im patriarchalischen Christentum die Frau aus dem Mann wird hier der Mann aus der Frau verstanden. »Das gynaikokratische Dasein ist der geordnete Naturalismus, sein Denkgesetz das Stoffliche, seine Entwicklung eine überwiegend physische...«

Bachofen wollte kein Ideologe der Frauenbewegung sein. Sein Konzept ist eher regressiv-romantisch als emanzipatorisch, aber er hat auf vergessene Beziehungen von Religion, Erde, Leib, Frau und deren gesellschaftliche Konsequenzen hingewiesen.

Der zweite Anstoß, der den Konflikt neu sehen ließ, kam in diesem Jahrhundert von der Psychoanalyse und wieder nicht von der Theologie selbst, die sich im Getto ihres Patriarchats verschanzt hatte. C.G. Jung zeigte, daß nur *der* reifer Mensch werden kann, der männliche und weibliche Anteile, Animus und Anima, integriert. Erich Neumann analysierte in seinem Standardwerk »Die große Mutter« die notwendigen matriarchalischen Bewußtseinsstufen, die in der abendländischen Entwicklung fast immer überdeckt, oft aber fast ausgelöscht sind.[5] Während im asiatischen Bereich die matriarchale Grundstruktur der Religion sich als so stark erwies, daß die patriarchale Überlagerung relativiert wurde, dominiert im Abendland ein männlicher Monotheismus, der die Entfaltung notwendiger matriarchaler Bewußtseinsstufen im Menschen drosselt.

Gegenwärtige Psychologen wie Horst Eberhard Richter zeigen heute neu, wie eng die Beziehungen zwischen der eigenen verbrängten Emotionalität und der Benachteiligung der Frau in der Gesellschaft sind und wie die Theologie dazu verstärkende Symbole wie den Drachensieg gepflegt hat.[6]

Die männlichen Analytiker werden heute von vielen Frauen kritisch beurteilt. Ihre Versionen von »Ganzheit«, von Integration männlicher und weiblicher Anteile im Menschen seien männlichen Vorstellungen entsprungen und entsprächen nicht dem Selbstverständnis der Frau. Trotzdem erweisen sie der Theologie einen großen Dienst, indem sie sie auf die Eindimensionalität der theologischen Gottesvorstellun-

gen und deren gesellschaftliche Konsequenzen aufmerksam gemacht haben: die Überbetonung von Geist gegenüber der Natur und die daraus resultierende patriarchalische Kontrolle über die Frau, die der Natur zugeordnet wird.
Den entscheidenden Anstoß, das Konfliktfeld »Frau und Religion« neu zu durchdenken, brachte dann zu Beginn der siebziger Jahre der Feminismus. Aus der USA-Frauenbewegung hervorgegangen, empfing er die stärksten Impulse aus der Minderheitsbewegung der USA.[7] Neben den Rassismus, die Unterdrückung der Farbigen durch die Weißen, trat jetzt der Sexismus, die Unterdrückung des einen Geschlechts durch das andere. Das Patriarchat, das Sexus und Herrschaft verbindet, das eine Phallokratie erzeugt hat, die alle gesellschaftlichen und auch kulturellen Bereiche durchdringt, wurde als der große Feind einer Entfaltung der Frau entdeckt. Und Kirche und Theologie, die dieses Patriarchat in ihren Bildern vom Vatergott und dem Mann Christus stützen, gerieten unter Beschuß. Aus diesem Konflikt entstand die »Feministische Theologie«, eine Bewegung von Frauen, die Religion und Transzendenzerfahrung nicht aufgeben wollten, aber die sexistischen Grundzüge religiösen Denkens und kirchlicher Strukturen kritisch analysierten.[8] Aus der Feministischen Theologie der USA ist inzwischen eine Fülle von Denkanstößen hervorgegangen. Ich nenne nur einige Beispiele: das Problem des Dualismus von Materie und Geist, sexistische Sprachforschung, Frauenforschungen zur Geschichte des Christentums.[9] Sie alle zeigen die belastenden patriarchalischen Überlagerungen der christlichen Tradition. Zugleich aber werden Neuansätze zu deren Überwindung aufgezeigt. Die Beziehungen von Frau und Religion sind jenseits der europäischen Denkmuster offener, phantasievoller, schöpferischer.
Eine der führenden feministischen Theologinnen der USA, Mary Daly, Katholikin und einst voller Hoffnungen auf eine Reform der Kirche nach dem 2. Vatikanischen Konzil, hat sich inzwischen von der »phallokratischen Kirche« und ihrer »Christolatrie« gelöst und ist ins Neuland einer Feministischen Philosophie ausgewandert.[10] Sie ist bis nach Europa geheime Anführerin einer großen Zahl von Frauen geworden, die »jenseits von Gottvater, Sohn und Co.« eine neue religiöse Transzendenzerfahrung innerhalb der Frauen selbst erwar-

ten. Eine religiöse Frauenbewegung hat begonnen, sich von der Kirche zu lösen.

Die zentrale Frage, die Feministische Theologie aller Schattierungen sich immer wieder stellen muß, ist: Sind Christentum und Patriarchat unlösbar miteinander verbunden? War es eine Ehe auf Zeit unter bestimmten gesellschaftlichen Bedingungen, und kann es Frauen heute gelingen, die Reformation durchzuführen – eine Reformation, die Denkmuster betrifft, Lebensformen verändert und persönliche Beziehungen von Frau und Mann in Frage stellen wird? Der Konflikt Frau und Religion hat sich erneut zugespitzt und drängt nach Lösungen.

Aus der internationalen theologischen Frauenforschung, die in den USA begann und jetzt auch in Europa aufgegriffen wird, hat sich inzwischen eine sich stabilisierende Erkenntnis herausgeschält: Die Jesusbewegung, auf der das Christentum aufbaut, war keine Männersekte, sondern eine auf absolute Partnerschaftlichkeit von Mann und Frau gegründete Gemeinschaft der Armen, der Randsiedler. Und sie war keine asketische Sekte, die auf Genuß und Lebensfreude verzichtet hat und leibfeindlich war. Im Gegenteil: leibliche Heilung, Berührung, Zärtlichkeit, gehörten zur frohen Botschaft, die weitergetragen und gelebt wurde.[11] In einer alten Handschrift wird Jesus sogar vorgeworfen, daß er Mädchen und Frauen zur Unreinheit verführt habe. In der frühen Gemeinde spiegelt sich dann zum Erstaunen der Umwelt diese bevorzugte Rolle der Frauen wider. Frauen hatten gemeindeleitende Ämter, galten als Apostel und hatten Bischofsfunktionen.

Aus der Frauenforschung ist uns nun aber auch bekannt, wie schnell, intensiv und fanatisch diese frühe Frauentradition von einer sich an die männliche Gesellschaft anpassenden Kirche ausradiert wurde: Apostelinnen wurden zu Aposteln, Bischöfinnen zu Diakonissen oder Ehefrauen von Bischöfen gemacht. Räumt man den Schutt von fast zwei Jahrtausenden geschlechtsspezifischer christlicher Frauentradition fort, steht man vor einer eigenständigen Frauentradition, die sich aus dem Bannkreis Jesu erklärt. Hinter der patriarchalisch redigierten Bibel steckt eine wohl in der Geschichte einmalige Frauen-Geschichte, eine Emanzipation aus alten Rollen und Verhaltensweisen.

Diese Frauentradition ist heute mit den Mitteln moderner Forschung aufgedeckt. Aber sie hat in den zweitausend Jahren Abwertung und Unterdrückung der Frau eine verborgene, dynamische, subversive Macht besessen. Sie hat Frauen Aushalten gelehrt und sie innerlich überleben lassen. Aber sie hat auch immer wieder Geschichte gemacht. Die Sektengeschichte, die Geschichte der Schwärmer, der Protestler gegen Hierarchie und Orthodoxie ist fast regelmäßig begleitet von Frauenaufbrüchen. Allerdings stellten die Sektenväter die patriarchalische Ordnung – in Anpassung an die Umwelt – stets bald wieder her.
Im außerchristlichen Bereich ist Ähnliches nicht zu beobachten. Die großen Religionsstifter waren frauenfreundlich, aber dies hat keine Geschichte gemacht. So stellt sich im Christentum die Freund-Feindschaft von Frau und Religion noch einmal in ihrer ganzen Komplexität dar. Es ist viel darüber geschrieben worden. Aber es ist heute Zeit, Frauen selbst zu Worte kommen zu lassen.

Christentum als Religion der Freiheit

Im Evangelium wird dem Menschen Freiheit von Angst, Zwängen und Vorurteilen eröffnet, eine Freiheit, die Jesus paradigmatisch vorgelebt hat. Aber diese Freiheit ist in einer Kirche, sofern sie sich der Gesellschaft und ihren Bedürfnissen anpaßt, immer wieder in das Gegenteil umgekehrt: in Ordnung, Unterordnung, Einordnung, die Minderheiten und damit auch Frauen unter sozialer Kontrolle hielt.
Sowohl für die Anfänge der Frauenbewegung im vorigen Jahrhundert wie auch für die heutige christlich-feministische Bewegung wird die wiederentdeckte und erfahrene christliche Freiheit zum Motor, um sich aus einer hierarchischen Gesellschaft zu befreien. Jesus wird für viele Frauen der Reformator, der Urdemokrat, der Rebell. Bibel und Kirche, sofern sie diese Freiheit Jesu verfälschten, werden kritisiert, ja bekämpft. Die erfahrene Freiheit macht Frauen selbstsicher, so daß sie sich aus Familienbindungen lösen können, ihr privates Leben neu gestalten und gesellschaftlich tabuisierte Zonen, z. B. die Prostitution, zu bekämpfen beginnen.
Diese Frauenbewegungen starten allerdings nicht als Frauen-

aktionen. Frauen beginnen sich mit verschiedenen Freiheitsbewegungen zu identifizieren und entdecken darin ihr Anliegen. Ich möchte sechs gesellschaftliche und religiöse Aufbrüche unterscheiden, die miteinander verkoppelt, aber unterschiedlich in ihren Motivationen sind. In ihnen erfahren Frauen die zum Trost in Widrigkeiten verkümmerte Botschaft des Evangeliums als Freiheit wieder und beginnen sie für sich selbst und ihr Geschlecht zu entfalten.

1. Den Zug in die theologisch-religiöse Freiheit führt ein Kirchen*vater* an: Friedrich Schleiermacher (1768–1834), Pfarrer und Theologieprofessor in Berlin. »Laß dich gelüsten nach der Männer Bildung, Kunst, Weisheit und Ehre«, hatte er schon 1899 in seinen »Zehn Geboten« für die Frauen seine Schwestern ermuntert, eine Aufforderung, die in den Salons der Romantik lebhaftes Echo fand. Auch für eine neue weibliche Pädagogik wird er verbindlich; das Schleiermacher-Wort: »Bilde den Menschen so, daß er für die Ewigkeit reife...« ist das Motto für Betty Gleims 1810 erschienenes Buch: »Weibliche Erziehung«. In seiner Theologie gibt es Platz für das Individuum, die Entfaltung seiner kreativen und vernünftigen Fähigkeiten, und die Frauen sind – zumindest in seinen frühen Jahren – gleichrangige Gefährten, die sich aus »den Fesseln der Mißbildung« lösen und sich »von den Schranken des Geschlechts« unabhängig machen sollen.

Bettina von Arnim, die sich selbst als »Heidin« sieht, erlebt in seiner Person, »wie Gott den Menschen in sich aufnimmt«. Durch ihn gerät sie während der Berliner Choleraepidemie in die Sozialarbeit, und ihn und seine Theologie verteidigt sie gegenüber Vertretern des Jungen Deutschland und einer einseitigen »Geistreligion«.[12] Für Spätere werden die »Monologe« Schleiermachers Hilfe zur Selbstfindung und religiöse Begleitung. Die junge Henriette (Schrader-)Breymann, der Orthodoxie des elterlichen Pfarrhauses entfremdet, entdeckt bei ihm zunächst nicht Religion, sondern sich selbst: »Beginne schon jetzt dein ewiges Leben ... Sorge nicht um das, was kommen wird, nicht um das, was vergeht; aber sorge, dich selbst nicht zu verlieren, wenn du dahin treibst im Strome der Zeit, ohne den Himmel in dir zu tragen...« Bis zuletzt bewahrt sich die Gründerin des Pestalozzi-Fröbel-Hauses eine Jesus-Frömmigkeit, die sie unabhängig und geistlich selbständig macht.[13] Wer allerdings mit dem Himmel radikal

Schluß macht wie Malwida von Meysenbug, wechselt von Schleiermacher zu Feuerbach über[14], und wer an Schleiermachers spätere Schriften gesellschaftskritisch herangeht, ärgert sich über seine »Ergebenheitsphilosophie«, seine »Ansichten vom Leben«, die in den »Mäßigkeitsverein« gehören »wie die Freiheiten des Konstitutionalismus« (Louise Dittmar).[15] Für die jedoch, die innerhalb der restaurativen Politik und der ihr korrespondierenden Ordnungspolitik ihre Individualität als Frau suchen und Religion bewahren wollen, bleibt er bis in dies Jahrhundert der theologische Geheimtip.

2. Über die religiös-individuelle Entfaltung der Frau hinaus wurden der Saint-Simonismus und die Früh-Sozialisten attraktiv für solche, die eine neue gesellschaftliche Stellung der Frau anstrebten. Wieder ist es eine Männerbewegung, aber Saint-Simon, ein französischer Graf, der im Nordamerikanischen Freiheitskampf für die Ideen der Menschenrechte gefochten hatte, entwickelte eine soziale Utopie mit feministischen Zügen.[16] Neben Ideen wie Urkommunismus, Völkergemeinschaft, Entwicklung der Technik und Wissenschaft, Absage an Rüstung entstehen Gedanken von Frauenemanzipation, von gleicher Tätigkeit für Frau und Mann im Hause und gleicher Befähigung der Frau für Männerberufe. Karikaturen der Zeit zeigen Frauen als Dachdecker, Prediger, Juristen, Ärzte; Männer beim Abwasch, mit der Nähnadel, dem Besen und am Waschfaß. Die religiöse Utopie von Frieden und sozialer Gerechtigkeit konnte nur mit Hilfe der Frauen erreicht werden.

Vor allem mit Prosper Éfantin beginnt eine schwärmerische Verehrung der Frauen. Eine Gruppe nennt sich – auch um politischer Verfolgung zu entgehen – »Les Compagnons de la Femme«. Sexuelle Freiheit wird propagiert, eine Reise zu den Söhnen Mohammeds geplant, um ihnen die wahre Achtung vor den Frauen beizubringen.

»Es lebe die Frau,
sie ist der Engel
der Freiheit«

lautet der Refrain ihrer Hymne an die Frau. Vor Gericht gestellt bekennt Prosper Éfantin, daß er »auf Gott und die Frauen« hofft. Konkreter wird die Utopie bei Charles Fourier, der Wohn- und Gemeinschaftsformen wie die Phalanstère plant, oder Robert Owen, der in den USA in der Gemein-

Karikatur auf den Rollentausch der St. Simonisten:
Die Frau als Predigerin

schaftssiedlung New Harmony Saint-Simonistische Ideen verwirklicht.
Solche religiös-sozialistischen Ideen sind in verschiedenster Form in Deutschland virulent geblieben. Ottilie Wildermuth, die vielgelesene deutsche Pfarrhausdichterin, gefällt sich noch

in den siebziger Jahren in Ausfällen gegen französische Emanzipierte. Aber für viele Frauen, die im Vormärz angesichts der ansteigenden sozialen Probleme, der Weberaufstände, Hungersnöte, Arbeiterfragen eine Neuordnung der Gesellschaft aus urchristlichem Geist wollten, gab der Saint-Simonismus Anstöße. So geht z. B. Bettina von Arnim in ihrer Bergpredigt über die Armut von Saint-Simons Ansatz aus, daß das einst jenseitig verstandene Christentum nun im neuen Christentum diesseitig würde.[17] Jenny von Gustedt, die westpreußische Gutsbesitzersfrau, knüpft mit ihren »Ideen zu einer Reorganisation der Gesellschaft nach 1848« vermutlich an Saint-Simons »Reorganisation der europäischen Gesellschaft« (1814) und Wilhelm Weitlings: »Ideen einer Reorganisation der Gesellschaft« (1842) an.[18] Marie d'Agoults »Essai sur la Liberté« – unter männlichem Pseudonym veröffentlicht – entsteht in dem Umfeld religiös-feministischer Utopien, wird mit den »Évangiles« des christlichen Sozialrevolutionärs Lammennais und den »Contradictions économiques« des Frühsozialisten Proudhon für staatsgefährdend erklärt.[19]

Noch gilt die Parole: Freiheit, Gleichheit, Brüderlichkeit. Die »Schwesterlichkeit« und der eigene Anteil der Frauen an einer Neuordnung der Gesellschaft ist noch verdeckt. Aber die kirchliche und staatliche Hierarchie hat Risse bekommen, und die persönliche Freiheit und die soziale Verantwortung der Christin drängen nach vorn.

3. War der Saint-Simonismus für viele noch mit dem Makel des Gallischen behaftet, so wird der Deutschkatholizismus in den vierziger Jahren die breite religiös-soziale Bewegung. Er hat seine protestantische Parallele in den »Freien Gemeinden« und erfaßt die ganze Nation. Sein baldiges Ende mit der mißlungenen 48er Revolution und seine sektiererische Auflösung täuschen uns heute darüber hinweg, welche Plattform er für die sozialen und religiösen Reformwünsche vor 1848 abgab.[20] Noch weniger als im Saint-Simonismus gibt es dabei ein eigentliches Frauenprogramm. Der Deutschkatholizismus versteht sich als das »wahre Christentum«, das sich von dem »illusorischen Christentum« getrennt habe. Sein Ziel ist »die universelle Humanisierung und demokratische Realisierung des Christentums, nach dem alle Menschen Brüder sind und gleich sind«.

Es ist das Verdienst von Louise Otto, daß sie die Wünsche der Männer wie Robert Blum nach einer Beteiligung der Frau am nationalen Aufbruch umfunktioniert in eine Frauenbewegung. Als direkter Befürworter einer politischen Emanzipation der Frau ist aus diesen Kreisen nur Karl Fröbel, der Begründer der Hamburger Frauenhochschule, bekannt. Aus der »weiblichen Teilnahme an Fragen der Zeit« wird für Louise Otto die Pflicht und das Recht der Frau, am öffentlichen politischen Leben teilzunehmen. Aus den Begeisterungsstürmen der Frauen, wenn Volksführer wie Blum oder Ronge, der ehemalige katholische Priester, reden, soll aktive öffentliche Wirksamkeit werden. In der kurzen Lebenszeit der deutsch-katholischen und freien protestantischen Gemeinden ist nicht viel daraus geworden. Eine umfassende Frauenbildung fehlte als Voraussetzung für eine öffentliche Wirksamkeit. Louise Otto selbst hat publizistisch gewirkt. Sie nennt auch ein paar Namen von Frauen, die ähnliche Gedanken veröffentlicht haben. Aus der freien Gemeinde in Hamburg berichtet Malwida von Meysenbug, daß hier ein Komitee von drei Männern und drei Frauen besetzt sei und Koedukation zum Schulprogramm gehöre. Frauenvereine bilden sich in den neuen Gemeinden, aber die scheinen eher caritativen Zwecken gedient zu haben. Dringender, als die Frauenfrage zu lösen, war es, die sozialen Differenzen zwischen den Ständen zu überwinden und diese gesellschaftliche Neuordnung in den Gemeinden zu praktizieren. Das Frauenprogramm war nur ein Nebenprogramm, das vor allem von Louise Otto getragen wurde.
In das religiös-soziale Programm interpretiert sie ihr Frauenprogramm. Aus dem Bruch mit der Hierarchie wird für sie das Priestertum aller Gläubigen, ein Volk von Hohenpriestern und Hohenpriesterinnen. Aus der sozialen Gleichheit macht sie die Gleichheit von Mann und Frau für alle öffentlichen Aufgaben. Eine zweite Reformation soll die Trennung von Kirche und Staat aufheben, eine religiös-soziale Gesellschaft von Gleichen schaffen und den Frauen die bei der ersten Reformation versäumte Gleichberechtigung bringen. Die Freiheit war für Louise Otto unteilbar. Diese Freiheit stammte für sie aus dem Christentum und war der Motor »für den schnellen Fortschritt der weiblichen Teilnahme an den Fragen der Zeit«.[21] Eine erste religiöse Fraueninitiative war

entstanden, und es war zugleich die erste Fraueninitiative in Deutschland.
4. Zur gleichen Zeit entwickelten sich aus der Fröbelschen Kindergartenbewegung Frauengruppen, die praktisch-pädagogische Ziele hatten und ebenfalls ein neues, aber doch konservativeres Frauenbild vertraten. Fröbels pädagogische Ideen gingen davon aus, daß die Menschheit »die Erscheinung und Offenbarung Gottes in der Zeit und in der Endlichkeit« ist. Schon im Kleinkind wollte er mit Werktätigkeit, mit neuem Spielzeug: Würfel und Ball diese Gottesebenbildlichkeit entfalten.[22] Damit lag er quer zu der kirchlichen Pädagogik, die schon im Kind die Erbsünde sah, und damit begann eine pädagogisch-religiöse Bewegung, die für viele Frauen faszinierend wurde. Für die junge Henriette (Schrader-)Breymann schien es, als ob in Fröbels pädagogischer Provinz Keilhau die Männer über Frauen ganz anders dächten als in der übrigen Welt. Hier waren Frauen ebenbürtig. Hier boten sich Bildungsmöglichkeiten. Hier war »himmlische Freiheit«. Das Fröbelsche Motto: »Laßt uns unsern Kindern leben!« wurde zur Bildungs- und Entfaltungschance für Frauen.
Damit war aber bereits auch die Grenze gesteckt: Öffentliche politische Wirksamkeit schloß sich aus. Henriette (Schrader-)-Breymann möchte Bildung haben, aber sie spürt »einen Schauder vor den Emanzipierten«. Sie sieht sich als Frau, die ihre Mütterlichkeit entfaltet. Sie möchte nach innen wirken in die Familie. Sie hat Angst vor der Öffentlichkeit und Angst, daß die Familie sich auflösen könnte. Die Fröbelbewegung gerät zudem durch Friedrichs Neffen Julius, der sich als Atheist bekennt, ins politische Kreuzfeuer. Gegenüber den Diffamierungen – die kurze Zeit auch zu einem Kindergartenverbot führen – grenzen die noch unsicheren Frauen sich ängstlich ab. Sie wollen Gott, Familie und die Natur der Frau retten.
Während die erste politische Fraueninitiative mit dem Scheitern der Revolution zunächst endet, wächst die konservativere Erziehungsbewegung, die vor allem von Berta von Marenholtz-Bülow und Henriette (Schrader-)Breymann getragen wird, und verbindet sich später mit der zweiten Welle der deutschen Frauenbewegung.
5. In den angelsächsischen Freikirchen erhielt sich der An-

spruch des Christentums, die Religion der Freiheit zu sein. Quäker, Unitarier und andere Denominationen blieben der Stachel im Fleisch der Gesellschaft. Sklavenbefreiung, Frauenbefreiung, Friedensbewegung entstanden aus ihren Reihen. John Stuart Mills Ideen haben hier ihren Ursprung. Von ihm ist Fredrika Bremer, die schwedische Schriftstellerin, beeinflußt, die in der Diakonissenanstalt von Kaiserswerth die Frauenbefreiung verwirklicht sieht.[23] Aus diesem Umfeld ist auch Josefine Butlers weltweiter Kampf gegen die Prostitution zu verstehen, obwohl sie selbst der anglikanischen Staatskirche angehörte.[24]

Nachdem in Deutschland mit den Freiheitsbewegungen vor 1848 auch der Freiheitsanspruch des Christentums erstickt war, wurde der in England begonnene Kampf gegen die doppelte Moral, die die »gefallene Frau« verurteilte und den Mann frei ausgehen ließ, eine wichtige Etappe in der Frauenbewegung: Sie zeigte die sexistische Männerherrschaft und griff sie im Namen einer christlichen Ethik an. In der deutschen Öffentlichkeit und vor allem in den Kirchen, die die gottgewollte Unterordnung der Frau nach 1848 internalisiert hatten, fand die »Abolitionsbewegung« erst spät, am Ende des Jahrhunderts Boden. Erst über säkulare Frauengruppen fand sie auch bei Christen Resonanz und wurde aufgegriffen. Ein Freiheitschristentum und ein Ordnungschristentum trafen aufeinander, jenes mit dem Anspruch Jesu, dieses mit den paulinischen Haustafeln und der traditionellen christlichen Gesellschaft verbunden. Jenes wollte die Gesellschaft verändern, dieses die Innerlichkeit des einzelnen stabilisieren und den Status quo aufrechterhalten. Die Gegensätze sind heute fast noch die gleichen, auch wenn die Moralvorstellungen sich liberalisiert haben.

6. In der ersten Hälfte des 20. Jahrhunderts fanden sich Kirche und Theologie lustlos und mit geheimem Widerstand mit den Frauenrechten in Kirche und Gesellschaft ab. Erst nach dem Zweiten Weltkrieg, als in der weltweiten ökumenischen Bewegung durch die angelsächsischen Kirchen die Frage nach Menschenrechten und auch Frauenrechten erneut aufkam, stellte man sich in Deutschland grundsätzlich der Frauenfrage. Bis zu Beginn der siebziger Jahre versuchte man »partnerschaftliche« Lösungen, die aber stets darauf hinausliefen, daß die Frau keine eigene, sondern eine ergänzende

Sexismuskonsultation des Weltrats der Kirchen 1974 in Berlin.
(Aus: Risk, Vol. 10, No. 2, 1974; Foto: Oikoumene, Genf).

Funktion zum Mann und zur männlichen Gesellschaft bekam.[25] Die Wende kam mit den internationalen Freiheits- und Minderheitenbewegungen der sechziger Jahre, als auch die Frauen als eine solche »Minderheit« entdeckt wurden und eine radikal neue Frage nach den unterdrückenden Strukturen aufkam. 1974 fand in Berlin die erste Frauenkonsultation des Weltrats der Kirchen mit dem Thema »Sexismus in den siebziger Jahren« statt. Sie zeigte die vielfältigen gesellschaftlichen und kirchlichen Unterdrückungen der Frau auf und machte erneut sensibel für die Jesusbewegung, die jenseits aller patriarchalischen Strukturen auf neue herrschaftsfreie Räume zielt. Seitdem gibt es eine christlich-feministische Bewegung, die die patriarchalen Strukturen der Kirchen aufdeckt, Wege zur Neuorientierung sucht und von der starke Impulse in Kirche und Theologie ausgehen.

Konflikte mit der Kirche

Der Konflikt vieler Frauen mit der Kirche ist unausweichlich. Sie besitzt die Macht, die Tradition und die Unterstützung des Staates. Sie vertritt eine patriarchale Sozial- und Geschlechterordnung, und die Frauenemanzipationsbewegung war ihr von deren ersten Tagen bis in die Gegenwart hinein ein Angriff gegen ihr eigenes Ordnungsdenken.
»Das Mädchen ist nicht für den Schreibtisch gemacht, nicht für die Studierstube, nicht für die Werkstatt«, heißt es zur Zeit der ersten Frauenbewegung bei Theodor Fliedner, dem Begründer der ersten Diakonissenanstalt. »Solche Blaustrümpfe wollen wir andern Völkern gern überlassen. Den Ruhm wollen wir Deutschen uns aber nicht nehmen lassen, den wir von alters her besitzen, daß wir wissen: unsere Töchter haben ihren Beruf im Hauswesen, in der Küche, im Garten, bei dem Strickstrumpf und der Nähnadel, in der Kinderstube und im Familienleben, und daß wir sie dafür mehr erziehen als jedes andere Volk.«[26] Am Ende des Jahrhunderts hatte sich das kirchliche Frauengefängnis zwar etwas geöffnet; man brauchte Frauen für die kirchliche Sozialarbeit. Man brauchte ihre Einsatzbereitschaft, ihren Dienst, ihre mütterlichen Fähigkeiten. Aber es blieb ein tiefes – vom Patriarchat, seinen Herrschaftsansprüchen und seinem Verstandesdenken her zu erklärendes – Mißtrauen gegen Frauen, ihre Selbständigkeit und ihre Bedeutung. »Des Weibes Ausartung ist Selbständigkeit und männliches Wesen; der Mann ist vor dem Weib und zur Selbständigkeit geschaffen«, so ein anderer Diakonissenpfarrer: Wilhelm Löhe aus Neuendettelsau, der die Bildung unzähliger Frauen in der Hand hatte. Der Hofprediger Adolf Stöcker rief am Ende des 19. Jahrhunderts eine erste kirchliche Fraueninitiative ins Leben und erklärte gleichzeitig: »Die Emanzipation liebe ich nicht.« Über seine die Frauen kontrollierende und gängelnde Art berichtet fast masochistisch eine Schülerin: »Ein leuchtender Glanz reiner Größe ging von ihm aus und verscheuchte schwächliche Trägheit, Lauheit, Halbheit, Eitelkeit, Ober-

flächlichkeit und wie die lichtscheuen Eigenschaften alle heißen mögen, die sonst oft bei weiblichen Wesen entschuldigt werden ... er gönnte uns das Wirken und Schaffen am goldenen Licht ...«[27]

So war es kein Wunder, daß Frauen, die keine Beziehungen mehr zur Kirche hatten, wie Hedwig Dohm, und Frauen, die sich aus dem Evangelium heraus verstanden, wie Henriette (Schrader-)Breymann, das kirchliche Frauenbild angriffen. Das ganze Ausmaß der Verflechtung der Jesus-Botschaft in eine patriarchalische Kirchenkultur wurde allerdings erst allmählich deutlich. Klar sahen die Frauen zunächst den klaffenden Unterschied zwischen Jesus und dem Paulus der Bibel, eine Bibelkritik, die sich heute aus neuen Untersuchungen bestätigt. Langsamer weitete sich der Blick für die uns umgebende männliche Kultur, in die Kirche und Theologie nur verstrickt waren. Noch zaghaft waren die Versuche, die Theologie selbst als Produkt einer männlichen Kultur zu sehen und alternative Gottes- und Glaubensvorstellungen zu wagen.

Angesichts des hausmütterlichen Frauenbildes der kirchlichen Kultur ist es erstaunlich, wieviel Kenntnisse, theologisches Fachwissen und Selbstbewußtheit, damit auch kritisch umzugehen, sich einzelne Frauen bereits um die Jahrhundertwende angeeignet hatten. Sie sahen – wie Lydia Stöcker – die Chancen, die die frühen Freikirchen den Frauen geboten hatten. Sie kannten – wie Elisabeth Malo – Luthers Schriften und würdigten kritisch die vertanen Chancen der Reformation. Sie deckten sogar auf, daß Ämter und Ordnungen den freien Geist und die notwendigen emotionalen Seiten der Religion verdrängt und als Schwärmertum diffamiert hatten, eine Erkenntnis, die psychoanalytische Forschung der Gegenwart bestätigt und bestärkt.

Auffallend ist heute allerdings, wie vereinzelt und wie spät Frauen Pfarrerinnen werden wollten. Der Wunsch nach dem katholischen Priesteramt verbreitet sich sogar erst heute. Die theologisch gebildete Frau hat zwar eine Tradition in den charismatischen Bewegungen. Die Frühpietistin Anna Maria Schürmann konnte schon im 17. Jahrhundert das Recht der Frau aufs Theologiestudium proklamieren.[28] Bevor das Frauenstudium 1908 in Deutschland erlaubt wurde, studierten Medizinerinnen und Juristinnen in den USA und der

Schweiz. Ein entsprechender früher Wunsch nach dem Theologiestudium ist mir unbekannt. Kirchliche Mitbestimmung verlangten Frauen bald, und sie wurde ihnen in einzelnen Gemeinden wie in Bremen auch schon vor dem politischen Wahlrecht gewährt.[29] Aber die Sehnsucht nach der Kanzel war zunächst gering, auch wenn es zornig schon mal herausbricht: »Wenn ich ein Pfarrer wäre...« Waren Frauen so verschüchtert in der männlichen Kirche, daß sie solchen verwegenen Wunsch nicht äußerten? Oder sahen sie, wie tief das Patriarchat die Theologie und das Pfarramt gezeichnet hatte?

Die erste Pfarrerin, die in Deutschland auf einer Kanzel stand, war dann auch eine Frau einer Freikirche, die während des internationalen Frauenkongresses 1906 in Berlin predigte. Der Wirklichkeit einer Pfarrerin und deren Konflikten in einer männlichen Kirche begegneten Frauen in Deutschland zum ersten Mal 1910, als die amerikanische Pfarrerin Effie McCollums auf dem 6. Weltkongreß für freies Christentum und religiösen Fortschritt sich und ihren Beruf vorstellte.

Die erste deutsche Theologin Anna Paulsen promovierte 1924. Noch 1925 ärgerte sich Helene Lange aber über die Theologinnen, die »in so häßlicher Weise« von den »Frauenrechtlerinnen« abgerückt seien.[30] Der Weg zur Mündigkeit war in der deutschen Staatskirche länger und konfliktreicher als in der angelsächsischen Freikirchenkultur, und der Kontakt zur Frauenbewegung blieb dünn. Der Rückzug vieler selbstbewußter Frauen aus der Kirche, die ihnen zwar Sozialarbeit, aber keine Identität als volle Persönlichkeit bot, erschwerte den Prozeß, Kirche und Theologie mit der Frauenbewegung zu konfrontieren und zu verändern. »Wir alle«, bekannte Helene Lange für viele Frauen der Frauenbewegung, »haben unsere besten und tiefsten religiösen Momente außerhalb der Kirche gefunden.«[31]

Erst heute, wo die Krise des Patriarchats psychologisch, ökonomisch und gesellschaftlich offenkundig geworden ist, stellt eine große Zahl unabhängiger Theologinnen die traditionelle Kirche und Theologie in Frage. Die Zukunft wird zeigen, ob Kirche und Patriarchat unlösbar miteinander verbunden sind oder ob es eine befreiende Theologie und eine befreite Kirche geben kann, die die »Pathologie der Männerkirche« bewußt macht.

Neben die Theologiegeschichte, die die religiösen Gedanken einer Zeit verfolgt, tritt heute die Frömmigkeitsgeschichte, die den religiösen Erfahrungen und Ausdrucksformen verschiedener Sozialgruppen nachgeht. Die bekannteste Theologiegeschichte des 19. Jahrhunderts ist die von Karl Barth, und sie ist eine reine Männergeschichte.[32] Frauen sind darin nur in Relation zu den Bedürfnissen des Mannes gesehen: »daß er sie liebte«, »daß er sie früh verlor«, »daß sie ihm durch maßlose Eifersucht das Leben schwer machte«. In der Frömmigkeitsgeschichte liegen – noch nicht wahrgenommene – Chancen, die Religionsgeschichte der Frauen zu schreiben. Sie ist zunächst einmal in Erlebnisberichten von Frauenbiografien versteckt.

Welche Rolle spielt die Religion in einem weiblichen Lebensentwurf, der von Erziehung zum Mädchen, weiblichen Bildungsmöglichkeiten, traditioneller Ehe, Kindererziehung geprägt ist? Hat sie befreiend, richtungweisend oder repressiv gewirkt? Die hier zusammengestellten Berichte stammen von profilierten Frauen, zeigen aber unterschiedliche Erfahrungen einer religiösen Sozialisation.

So können katholische Riten – als Zwang von der jungen Johanna Kinkel erlebt – quälend, lähmend, unendlich langweilig sein. Für Elisabeth Gnauck-Kühne, die evangelische Sozialpolitikerin, hatten die protestantischen nüchternen Andachten in einem lutherischen Lehrerinnenseminar die gleiche beklemmende, alle Kreativität erstickende Wirkung. In Johanna Kinkel erwacht ein neuer Zugang zur Religion, als sie die Faszination der Bibel und den protestantisch freien Umgang mit ihr erlebt. Für Elisabeth Gnauck wird das reichere Frauenbild des Katholizismus die Brücke zur beglückenden Religionserfahrung. Die Konfession spielt also eine unterschiedliche Rolle. Wichtiger ist fast der Vermittler. Der Priester, der für Elisabeth Gnauck Zeit hat, der sozial aufgeschlossene Pfarrer, den Gertrud Bäumer im Konfirmandenunterricht erlebt, öffnen den Zugang zur Religion.

Tief enttäuschend war und ist für Frauen, wie wenig Kirche, Pfarrer und Religion ihren Auszug aus alten Rollen und Strukturen begleiten konnten. Lily Braun, die spätere Sozialdemokratin, die mit großen Erwartungen in den Konfirmandenunterricht geht, wird bitter enttäuscht und entdeckt bei dem atheistischen Dichter Shelley die Botschaft ihres Lebens: »Fürchte dich nicht! Führe den Krieg gegen Herrschsucht und Falschheit und Not, schlag durch die Wildnis den Pfad hinüber in die Welt, die da kommen soll!« Frieda Duensing, eine der ersten Juristinnen Deutschlands, sieht sich als den verlorenen Sohn, der aus dem Vaterhaus ausziehen muß, ringt ihr Leben lang mit dem Gotteskomplex, den Kriegs- und ordnungssüchtigen Theologen, und weiß nicht, ob sie je den Weg zurückfindet. Wer sich schon um die Jahrhundertmitte mit einer erweiterten Frauenbildung befaßt, bekommt von Kirche und Theologie statt Schützenhilfe Rückenschüsse.

Vor allem das Herzstück von Kirche und Theologie: die Ehe, wird zu einer erdrückenden Struktur für selbständig werdende Frauen. Malwida von Meysenbug bricht als erste und radikal mit der »dreifachen Tyrannei des Dogmas, der Konvention und der Familie«. Nur die Mutter-Tochter-Beziehung bleibt bewußt, aber schmerzhaft davon verschont. Jenny von Gustedt büßt ihre kühnen Ideen zur Reorganisation des Staates mit tiefer Mißbilligung ihres Mannes, eines preußischen liberalen Abgeordneten. Um des Ehefriedens willen lernt sie schweigen, »jene Tugend der Frau, die den Frieden nur vortäuscht«, wie ihre Biografin und Enkelin Lily Braun berichtet. Wo Frau und Mann von der gemeinsamen Sache überzeugt sind und sich als eigene Menschen achten gelernt haben, wie in der Ehe der Josefine Butler, kann auch der Mann auf Tradition und Ansehen verzichten und den anrüchigen Kampf gegen die Prostitution unterstützen. Johanna Kinkel und Elisabeth Gnauck erleben die ganze Härte diskriminierender Ehegesetze und die Vorurteile gegenüber geschiedenen Frauen. Bei letzterer bricht dann die bis heute nicht beantwortete Frage auf, welche Bedeutung denn die unverheiratete Frau in der christlichen Religion, vor allem im Protestantismus habe. Nur die eines »nützlichen Flederwischs« wie die Diakonissen und Diakonieschwestern? Oder die einer eigenständigen, ganzheitlichen Persönlichkeit mit eigenen Werten?

Konfessionswechsel, Suche nach freieren religiösen Gruppierungen, Abkehr von der Kirche kennzeichnen den Weg vieler Frauen. Aus uns überlieferten Glaubensbekenntnissen ist aber eine überraschende Grundstimmung von einer eigenen

Frauenfrömmigkeit herauszulesen. Trotz der verschiedenen Anlässe, aus denen solche Glaubensbekenntnisse entstanden, ist ihnen gemeinsam, daß Gott nicht ein Herr ist, der Furcht erwartet und Abstand wahrt, sondern eine liebende Kraft, Ursprung des Lebens, Welt, aus der wir sind und in die wir zurückkehren. Auch vom »unfertigen« Gott kann gesprochen werden. Gott als »alter Kriegsgötze« wird leidenschaftlich abgelehnt. Jesus ist nicht der Gottessohn des Dogmas, sondern das Beispiel für gelebte Liebe und Gerechtigkeit, dessen Gestalt und Geschichte auf neuen Wegen mitgeht. Die für viele rätselhafte Anschauung vom Heiligen Geist, haben Frauen sich um so selbständiger angeeignet. Er ist Vertrauen in die Liebesfülle, er verbindet mit Schönem und Großem. Er wird später – bei Johanna Kinkel – mit Gott identisch. Er ist die Lebenskraft, die gegen Dogmen und Lehren Widerstand weckt. Damit ist unbewußt eine altchristliche Frauentradition wieder aufgenommen: Im Geist, der im Hebräischen noch weiblich ist und im Bild der Weisheit und im Symbol der Taube noch weibliche religiöse Urkraft verkörpert, erlebten Frauen Phantasie und Kraft, um die patriarchalische Religion zu überwinden und zu erneuern.
Hat diese eigene und oft einsame Frömmigkeit durchgehalten? Von Lily Braun, die das Christentum als repressiv erlebt hat und für die die Gesellschaftsveränderung die religiöse Herausforderung wird, schreibt Julie Braun-Vogelstein: »Sie starb als ›dezidierte Nichtchristin‹ und wie sie meinte, religionslos. Aber ihre Inbrunst war das Religiöse in ihr. Mit grenzenlosem Wollen, mit unendlichem Streben, mit hingebender Liebe diente sie dem irdischen Leben und damit auch dem Ewigen.«[33]
Johanna Kinkel, die auf die Freiheit in der Evangelischen Kirche so große Hoffnungen gesetz hatte, mußte erleben, wie diese Kirche ihren Mann verfolgte und der christliche Staat ihn sogar zunächst zum Tode verurteilte.[34] Sie stirbt im Londoner Exil – überlastet, herzkrank – einen plötzlichen Tod und wird ohne Pfarrer beigesetzt. Wie viele Frauen der 48er Revolution war sie der Kirche völlig entfremdet. Henriette Schrader-Breymann bleibt bis zuletzt identisch mit der eigenen Frömmigkeit. Da sie als »irreligiös« gilt, läßt sie bei ihrer Beerdigung als Gegenbeweis ihr eigenes Glaubensbekenntnis verlesen.[35] Solche kritische Kontinuität zur Kirche

und kirchlichen Tradition wuchs im 20. Jahrhundert, als die Kirche liberaler wurde, nach dem Ende des Ersten Weltkrieges keine Staatskirche mehr war und sich sozialen Fragen und auch der Frauenfrage weiter öffnete. Die Gestalt Jesu, ein paar Bibelverse waren oft die einzige Brücke zu einer Religion, aus der sie alle herkamen; eine Brücke, die tragen, aber auch schnell einstürzen konnte.
Heute helfen die tiefenpsychologischen Kenntnisse Frauen, den Konflikt mit dem Vater-Gott und die patriarchale Struktur der Kirche zu durchschauen und eine Religiösität jenseits des Patriarchats zu entfalten.

Auf der Suche nach Ganzheit – Reflexionen

Mit der Feministischen Theologie ist aus den USA eine bis dahin bei uns nicht geläufige Vorstellung zu uns gelangt: Ganzheit.[36] Wir sprechen seitdem von Ganzheitlichkeit, vom ganzen oder ganzheitlichen Menschen, ganzheitlicher Theologie, ganzheitlichem Bibelverständnis u. a. Ganzheit enthält die Vision von nicht mehr gespaltenen Bereichen. Sie setzt zutiefst erlittene Spaltung voraus und möchte sie beseitigen. Ganzheit umfaßt nach unserem jetzigen Sprachverständnis Integration von Leib, Seele und Geist, nachdem in der theologischen Anthropologie Seele und Geist dominiert hatten. Wer »Ganzheit« sagt, möchte auch die Spaltung in männliche und weibliche Bereiche aufheben oder beide sinnvoll zusammenbringen. Hinter Ganzheit steckt auch der Anspruch, eine christliche Schizophrenie von Himmel und Erde, Diesseits und Jenseits zu überwinden. Ganzheit meint nicht zuletzt eine neue Freundschaft von Natur und Mensch, die *Herrschaft* und damit verbundene Ausbeutung aufhebt.
Diese anspruchsvollen Vorstellungen haben konkret ihren Sitz im Leben der Frau. Sie hat ihre Halbheit, ihr verkrüppeltes Menschsein – wie es bei Thomas von Aquin und anderen Kirchenvätern noch nachzulesen ist – gespürt. Sie sollte bis in die Gegenwart den Mann »ergänzen«. Sie wurde mit Natur und naturhaften Seinsweisen zusammen betrachtet. Sie wurde von einer männlichen Kultur gegängelt, und sie wurde auf Gleichberechtigung im Himmel vertröstet.
»Ganzheit« ist allerdings in der deutschsprachigen Theologie

der letzten 100 Jahre nicht vorgekommen. Um so erstaunlicher ist es, daß »Ganzheit« in der religiösen Sprache von Frauen der letzten 150 Jahre eine zentrale Rolle spielt: für die Atheistin Fanny Lewald im Vormärz und für die katholische Ordensfrau Edith Stein in den 20er Jahren dieses Jahrhunderts, in Ricarda Huchs religiösen Vorstellungen und für Dora Lents Gottesbild. Bei allen Unterschieden, die schwerwiegend sind, steckt dahinter ein religiöses Urbedürfnis von Frauen, das die patriarchale Theologie nicht erfüllt hat: Aufhebung der erlittenen Spaltung, Rückkehr zu Ursprüngen und Aufbruch zu Synthesen. Neben der theologisch-männlichen Sprache und Vorstellungswelt hat eine eigene religiöse Welt der Frauen existiert, die jetzt sichtbar wird.
Geht man der Vorstellung »Ganzheit« nach, stößt man auf die Romantik, vor allem auf Franz Baader (1765–1841), den katholischen Religionsphilosophen und Techniker. Nach einer einseitigen rationalistischen Kultur sollten Glauben und Wissen, Dogma und Philosophie, vor allem aber Geist und Natur wieder verbunden werden. In den schon beschriebenen religiös-sozialen Bewegungen werden diese ganzheitlichen Vorstellungen konkret und politisch: »der Bürger und der Religiöse ein unteilbarer Mensch« (F.T. Vischer). In der Fröbelschen Kindergartenbewegung werden pädagogische Spiele und Spielzeuge entwickelt, um natürliche, sinnliche und emotionale Fähigkeiten wieder zu entwickeln. Und überall sind die Frauen unmittelbar betroffen, ergreifen die Initiativen, entdecken eigene verdrängte Lebensqualität und erleben Ganzheit. Es blieb allerdings eine Außenseitern, Sozialisten, Schwärmern und Frauen vorbehaltene Vision und wurde für Theologie und Kirche, die von Sünde und Entfremdung des Menschen von Gott ausging, kein adäquater Terminus.
Frauen besetzten die ihnen gemäße »Ganzheit« und füllten sie mit zeitgemäßen und persönlichen Vorstellungen. Für Fanny Lewald wurde die »abgeschlossene Ganzheit« zum Protest gegen ein Christentum, das Herrschaft predigt, keine politische und persönliche Freiheit kennt und auf das Jenseits vertröstet. Für Ricarda Huch wurde Ganzheit »Heilung der Zerrissenheit in Bewußtes und Unbewußtes, Sein und Erscheinen, Kraft und Stoff«. Christus ist der »Ganzmacher«, und der Christ ist der Mensch, der nach vorausgegangener

Spaltung wieder einheitlich geworden ist durch aus dem Herzen entspringendes und im Selbstbewußtsein bestätigtes, zugleich gemußtes und gewolltes Handeln.
Zum ersten Mal beginnen theologisch gebildete Frauen jetzt im 20. Jahrhundert über sich theologisch zu reflektieren und – obwohl sie keine direkten Anhängerinnen der Frauenbewegung sind – deren Kämpfe und Erfahrungen zu verarbeiten. Vieles ist dabei untergegangen, was Frauen im 19. Jahrhundert bereits gesehen und ausgesprochen hatten: die Unsinnigkeit geschlechtsspezifischer Einordnung der Frau, die patriarchalische Spaltung in männliche und weibliche Kultur, die Leidenschaft zur Verwirklichung von Utopien. Was geblieben ist, ist die Selbstbewußtheit der Frau, die Entdeckung ihrer religiösen Funktionen in Urgesellschaften und moderner Gesellschaft, ihre Ursünde, dem Mann statt Gott zu gehorchen, »Eva, der erste Protestant«. Frauen versuchen sich selbst darzustellen und zu erklären: ihre Mütterlichkeit, ihr Alleinleben, der Sinn von Ehelosigkeit, ihre Lust an sachlicher Berufsarbeit. Aber über alle Versuchen ist noch die große Glocke des Patriarchats gestülpt. Sie ist noch nicht durchstoßen. Unter ihrer Dunstglocke fehlt die frische, befreiende Luft, und so gedeihen so merkwürdige Blüten wie die »ewige Mutter«, Gertrud von Le Forts, die dem »Mann das Materielle wegräumt«, daß er »in der geistigen Welt an der Überwindung des Materiellen arbeiten kann«, und die Bewunderung der Manneskraft bei Ricarda Huch. Der katholische Ordo und der protestantische Stand bleiben akzeptiert. In ihnen werden Reformen versucht, aber die Frauen bleiben noch in männlich-theologischen Vorurteilen stecken.
»Es wird Zeit, daß die Kirche die Frauen von Evas ›Sünde‹ freispricht, wie sie auch die Juden von ihrem ›Verbrechen‹ freigesprochen hat«, fordert heute eine Amerikanerin. Dies bleibt der Gegenwart vorbehalten. Dies vermochten die ersten Theologinnen nicht zu leisten. Zwei Laienfrauen sahen es damals schon klarer: Eng mit den männlichen Denkmustern hängen unsere herrscherlichen Gottesvorstellungen zusammen. Nur wenn wir Gott davon befreien, wenn wir in Gott wieder weibliche, liebevolle, zärtliche Züge entdecken, können auch Frauen frei werden.

Religiöse Aufbrüche und neues soziales Handeln gehen bei den Frauen des 19. Jahrhunderts Hand in Hand. »Die erkennen nicht Gott, die das Unrecht geschehen lassen«, schrieb Bettina von Arnim 1848 an die aufgelöste preußische Nationalversammlung.[37]

Und Frieda Duensing reduzierte alle Gottesvorstellungen am Ende des Jahrhunderts auf den lapidaren Satz: »In meinem Glaubensbekenntnis steht nur ein einziger Satz: es gibt einen Unterschied zwischen Recht und Unrecht.«[38]

Daß Frauen zu Aktivitäten übergehen, gilt in einer männlichen Gesellschaft als begrüßenswertes Programm. Anders als wenn sie sich über Theologie revolutionäre Gedanken machen! Aber daß ihr neues soziales Handeln Unrecht aufdeckte und die Gesellschaft in Frage stellte, fand wenig Beifall. Liebestätigkeit, die Not linderte und im kirchlichen Rahmen betrieben wurde, rüttelte nicht an den Grundlagen des Vaterlandes. Aber auf der Basis der Menschenrechte kritisch gegen die Gesellschaft zu handeln, war eine Herausforderung. Sie war für Frauen mit Ängsten, Einsamkeit und Bedrohung verbunden. Die Gründung von Diakonissenanstalten war eine bahnbrechende Tat, sowohl für die unbeschäftigten Frauen der Gesellschaft als auch für die soziale Not des beginnenden Industriezeitalters. Und die Schwester im Häubchen genoß schnell hohes Ansehen. Aber der Kampf gegen die staatlich regulierte Prostitution, den Josefine Butler begann, traf nicht nur auf komplettes Unverständnis der Gesellschaft, sondern setzte sie brutaler Gewalt von Männern aus, denen sie das Geschäft verdarb, und brachte sie zeitweilig in Lebensgefahr. Liebesarbeit entspricht einem Frauenbild von der »lieben« Frau. Kampf gegen Unrecht erschreckt eine herrschende Schicht und widerspricht den Erwartungshaltungen gegenüber der Frau. »Wären Sie ein Mann«, schrieb ein Freund an Jenny von Gustedt über ihre Ideen zur Reorganisation eines christlichen Staates, »so würde ich von Ihrer Tätigkeit Großes erwarten, so aber fürchte ich fast, daß Ihre Ideen nicht zu Ihrem Glück gereichen.«

Allen Widerständen zum Trotz entfalteten einzelne Frauen unkonventionelle soziale Tätigkeiten, protestierten wie Jenny von Gustedt im Namen Gottes schon gegen den 70er

Krieg[39], wie Clara Ragaz gegen den Ersten Weltkrieg, bekämpften Mädchenhandel und Prostitution, engagierten sich wie Josefine Butler in England als den Männern gleichberechtigte Geschöpfe Gottes für das Frauenstimmrecht und hielten in einer Zeit restaurativer Politik die Hoffnung auf eine Veränderung der Gesellschaft aufrecht. Dabei stießen sie an gesellschaftliche Probleme, die eine spätere Zeit erst in ihrer ganzen Schärfe sah: die Verbindung von Sexus und Herrschaft (Butler), die patriarchalischen Grenzen der Sozialistischen Parteien und ihrer Friedensvorstellungen (Ragaz) und die Be*herr*schung und Verdrängung der Natur im Namen des Christentums (Schrader-Breymann). Die Frauenfrage war für sie Teil der sozialen Frage. Aber als Frauen sahen sie deutlicher als männliche Zeitgenossen das Ende einer männlichen Vorherrschaft und die Chancen einer sich wandelnden Gesellschaft, die den Vorstellungen von Frauen entspricht.

Am Ende des 19. Jahrhunderts gelang es der Sozialwissenschaftlerin Elisabeth Gnauck-Kühne, auch der Kirche und den karitativ tätigen Frauen die Notwendigkeit von Sozialarbeit deutlich zu machen. Das kirchliche Getto öffnete sich offiziell, als der Zentralausschuß der Inneren Mission die neue Doktrin verkündete, daß es in der Öffentlichkeitsarbeit keine Unterordnung der Frau unter den Mann gäbe. Die ersten christlichen Frauenorganisationen, die sich soziale Arbeit zum Ziel setzten, entstanden: 1899 die Evangelische Frauenhilfe, 1899 der Deutsch-Evangelische Frauenbund, 1903 der Katholische Frauenbund. Den Kirchen und dem von diesen gestützten Vaterland verpflichtet, vermochten sie aber nur in ihrem Rahmen erweiterte Liebestätigkeit auszuüben, ohne das Ziel einer Gesellschaftsveränderung im Auge zu haben. Es war ein langer Prozeß, bis christliche Frauenverbände gelernt haben, unabhängig von den Kirchen zu handeln und neben der Diakonie in den Strukturen auch die Diakonie an den Strukturen zu üben, d. h. gegen Ungerechtigkeit zu kämpfen, ein Prozeß, der heute noch im Gange ist und zugleich vor neue persönliche, gesellschaftliche und theologische Fragen stellt.[40]

Zugleich entdecken Frauen auch, in welch fataler Weise die christliche Religion den Dualismus zwischen Geist und Leib, Himmel und Erde sanktioniert und verstärkt hat. Sie suchen

nach einer neuen Gesellschaft und einer neuen »Religion«, die diese Spaltungen aufhebt und die Zerstörung der Erde aufhalten hilft.
Die Religion ist in die Hände, Herzen und Köpfe von Frauen geraten. Der im vorigen Jahrhundert begonnene, aber kaum wahrgenommene Prozeß intensiviert sich heute. Wird Religion Frauen auf neuen Wegen begleiten? Wird sie gesellschaftliche Relevanz haben? Wird sie die Männerkirche verändern?
Wir stecken noch mittendrin in diesem Prozeß und sind gefordert, selbst Antwort zu geben.

Die Orthographie der älteren Beiträge wurde der Lesbarkeit wegen leicht modernisiert; Kürzungen der Herausgeberin in den Texten sind durch Auslassungspunkte in Klammern gekennzeichnet.

ANMERKUNGEN

1 Simone de Beauvoir, Das andere Geschlecht, Hamburg 1960, S. 37.
2 Richard Fester u. a., Weib und Macht, Frankfurt 1980.
3 Jörg Zink, Kostbare Erde, Stuttgart 1981.
4 Johann Jakob Bachofen, Das Mutterrecht, Frankfurt 1975.
5 Erich Neumann, Die große Mutter, Olten 1956.
6 Horst Eberhard Richter, Der Gotteskomplex, Reinbek 1979.
7 Elisabeth Moltmann-Wendel (Hg.), Frauenbefreiung – Biblische und theologische Argumente, München-Mainz 1978.
8 Z. B. Catharina Halkes, Gott hat nicht nur starke Söhne, Gütersloh 1980.
9 Z. B. Rosemary Radford Ruether, Frauen für eine neue Gesellschaft, München 1979.
10 Mary Daly, Jenseits von Gottvater Sohn & Co., München 1980.
11 Elisabeth Moltmann-Wendel, Ein eigener Mensch werden. Frauen um Jesus, Gütersloh 1980.
Willy Schottroff, Wolfgang Stegemann (Hg.), Traditionen der Befreiung, Bd. 2, München 1980.
Hanna Wolff, Jesus der Mann, Stuttgart 1975.
12 Elisabeth Moltmann-Wendel, Bettina von Arnim und Schleiermacher, in »Evangelische Theologie«, München 31. Jg., August 1971.
13 Mary Lyschinska, Henriette Schrader-Breymann, 2 Bde. Berlin/Leipzig 1927.

14 Malwida von Meysenbug, Memoiren einer Idealistin, Stuttgart 1922. Bd. 1 S. 170 f.
15 Renate Möhrmann (Hg.), Frauenemanzipation im deutschen Vormärz, Stuttgart 1978, S. 216 f.
16 Charles Neilson Gattey und Berta Rahm, Flora Tristan, Zürich 1971.
17 Werner Vordtriede (Hg.), Bettina von Arnims Armenbuch, Frankfurt 1969.
18 Lily Braun, Im Schatten der Titanen, Berlin o.J., S. 274 ff.
19 Gertrud Bäumer, Studien über Frauen, Berlin 1928, S. 112.
20 Annette Kuhn, Theorie und Praxis historischer Friedensforschung, Stuttgart/München 1971, S. 35 ff.
21 Louise Otto, Dem Reich der Freiheit werb ich Bürgerinnen, Frankfurt 1980.
Margit Twellmann, Die deutsche Frauenbewegung. Ihre Anfänge und erste Entwicklung, Meisenheim 1972. S. 5.
22 Fritz Halfter, Das Vermächtnis Friedrich Fröbels an unsere Zeit, Leipzig 1926.
23 Anna Sticker, Theodor und Friederike Fliedner, Neukirchen 1965.
24 G. u. L. Johnson (Hg.), Die Lebensgeschichte der Josefine Butler. Eine Frau kämpft für Gerechtigkeit, München 1979.
25 S. dazu: E. Moltmann-Wendel, Partnerschaft, in: Claudia Pinl u. a. Frauen auf neuen Wegen, Gelnhausen 1978.
26 Martin Gerhardt, Theodor Fliedner, ein Lebensbild, Düsseldorf 1933 f., Bd. 1, S. 363.
27 Luise Döring, Frauenbewegung und christliche Liebestätigkeit, Leipzig 1917, S. 155.
28 Erwin Mülhaupt, Anna Maria von Schürmann, eine Rheinländerin zwischen zwei Frauenleitbildern, o. O., o. J., s. auch R. Ruether, E. McLaughlin (Hg.), Women of Spirit, New York 1979.
Zur heutigen Lage: Susanne Kahl (Hg.), Die Zeit des Schweigens ist vorbei, Gütersloh 1979.
29 Elfriede Bachmann, Das kirchliche Frauenstimmrecht in der Stadt Bremen. In: Hospitium Ecclesiae. Forschungen zur Bremischen Kirchengeschichte. Bd. 9, 1975, S. 55 ff.
30 Emmi Beckmann, Was ich hier geliebt. Briefe von Helene Lange, Tübingen 1957, S. 250.
31 ebd. S. 88.
32 Karl Barth, Die protestantische Theologie im 19. Jahrhundert, Zürich 1947.
33 Julie Vogelstein, Lily Braun, ein Lebensbild. In Lily Braun, Gesammelte Werke, Berlin o. J., Bd. 1, S. CXXIII.
34 S. dazu Fritz Böttger (Hg.), Frauen im Aufbruch. Berlin o.J., S. 400 ff.
35 Mary Lyschinska, Henriette Schrader-Breymann, Bd. 2, S. 73.
36 E. Moltmann-Wendel, Ein ganzer Mensch werden. Ev. Kommentare, 12. Jg. Nr. 6, S. 340. – Muthe Heller, Frauen – Gottes mindere Geschöpfe. In epd-Dokumentation 44/76.
37 Bettina von Arnim, Werke und Briefe, Frechen 1959, Bd. 3, S. 415.
38 Frieda Duensing, Ein Buch der Erinnerung, Berlin 1926, S. 48.

39 Lily Braun, Im Schatten der Titanen, Berlin o.J., S. 320.
40 S. Rundbriefe: »Kauft keine Früchte aus Süd-Afrika«. Unterlindau 80, 6000 Frankfurt.
Die Frau in Familie, Kirche und Gesellschaft. EKD-Studie zum gemeinsamen Leben von Frau und Mann, Gütersloh 1979, S. 28.

Christentum als Religion der Freiheit

Christus hat die Frau befreit
(1849)

Wie es nun Jesus, indem er das Evangelium der allgemeinen Menschenliebe, der Freiheit und Gleichheit verkündete, vorzugsweise mit den Armen und von ihren übermütigen, hochgestellten Mitbürgern Verachteten hielt, so daß jene ihm nachredeten: »er isset mit Sündern und Zöllnern«, so nahm er auch der Frauen sich an und verschmähte es nicht, sie zu belehren und sie auf den rechten Weg zu führen, wie er die Männer führte, denn er war ja eben gekommen, die ganze Menschheit zu erlösen. Ihr kennt das schöne Freundschaftsbündnis, welches Jesus mit den Schwestern in Bethanien verband, Maria und Martha. Erinnern wir uns der herrlichen Szene, in welcher er bei ihnen weilte, Maria zu seinen Füßen saß, seine göttlichen Lehren zu vernehmen, indes Martha ihn mit sorgfältiger Bewirtung am besten zu ehren meinte. Martha machte der Schwester Vorwürfe, daß sie sich nicht auch diese Mühen mache. Jesus aber antwortete: »Maria hat das bessere Teil erwählt – das soll nicht von ihr genommen werden.« An dies Wort unsres Meisters halten wir uns: das soll nicht von ihr genommen werden! Damit ist es ausgesprochen für alle Zeit und festgestellt als ein christlicher Grundsatz: die Frau soll nach dem Höheren streben, ihre Seele den Lehren erhabener Menschen öffnen und ihren Geist nähren mit geistiger Speise – das ist ihr besseres Teil, das nicht von ihr genommen werden soll! – Mit diesen Worten, meine Schwestern, lasset uns all den Marthas antworten, die wir in unsern Kreisen treffen und die uns mit Vorwürfen überhäufen, weil wir neben unsern besondern weiblichen Pflichten auch noch höhern Bestrebungen huldigen, die sie nicht wollen gelten lassen, diese höheren Bestrebungen sind eben das bessere Teil, von dem unser Meister gesagt hat: das soll nicht von ihr genommen werden. Wissen wir aber, daß wir in seinem

Geiste handeln, was können uns dann die Urteile der Welt kümmern? – Aber nicht nur diese beiden Freundinnen sind es, denen wir im Leben Jesu begegnen. Der verachteten Samariterin erteilt er am Brunnen, ihre Fragen beantwortend, die erhabensten Lehren, von Maria Magdalena läßt er das Haar sich salben und verweist es dem Judas, der sie roh davon zurückhalten will, selbst für die Sünderin hat er noch das rettende Wort gegen ihre Verfolger: »wer von euch ohne Sünden ist, der werfe den ersten Stein auf sie!« Überall, wo er lehrt und wohltut, sehen wir in Verehrung und Demut die Frauen ihm nachfolgen, sie stehen bei dem Gekreuzigten, und er nimmt noch von seiner Mutter rührend Abschied, sie schmückten sein Grab und der Auferstandene zeigt sich ihnen zuerst. Wie kann man nun sich christlich nennen und doch die Frauen aus der Stellung drängen wollen, die Christus selbst ihnen angewiesen? Die Frauen, indem sie Jesus nachfolgten und ihm dienten, dienten sie der Sache der Freiheit – der allgemeinen Menschenliebe, denn Jesus war deren erster Held und Verkündiger – nun denn: so bewähren wir es auch in diesem Sinne, daß wir echte Christinnen sind! –
Stellen wir uns nun aber vom Boden des Christentums auf den des Vaterlandes! – Bei keinem Volk der alten Welt, nicht einmal bei den Griechen und Römern, nahmen die Frauen eine so würdige Stellung ein wie bei unsern deutschen Vorfahren, den alten Germanen. Diese alten Germanen waren ein rohes Volk, das die deutschen Wälder bewohnte und das die überfeinerten Römer nicht anders als ein Volk von Barbaren nannte. Aber diese barbarisch gescholtenen Germanen waren ein freies, tapferes Volk, das sich selbst seine Gesetze gab und sie auf die heiligen Rechte begründete, die in jedes Menschen Brust geschrieben sind. Darum war die Frau die Gefährtin des Mannes, sie versorgte sein Hauswesen, sie erzog seine Kinder, aber sie nahm auch teil an allem, was ihn betraf, sie war seine vertrauteste Freundin. Die Germanen waren ein kriegführendes Volk, und die Frauen zogen mit ihren Männern in die Schlacht, nicht um mitzukämpfen, aber um ratend und liebend ihnen beizustehen, die Verwundeten zu pflegen, bei den Begräbnissen der Toten die Klage-Lieder und nach gewonnener Schlacht die Siegeslieder zu singen, ja mitten im Kampf durch ihre kriegerischen Gesänge die Kämpfer zu begeistern. Zwar war es bei den Germanen Brauch, daß sie

das Mädchen, das sie zur Gattin wollten, gewaltsam raubten und in ihr Haus führten – aber dieser Brauch war eben darauf gegründet, daß ein germanisches Mädchen nur einem kühnen, tapferen Gatten sich gern ergab, daß sie nie die Gefährtin eines Feiglings, sondern nur die eines mutigen Helden sein wollte. Auch geweihte Priesterinnen und Seherinnen waren die germanischen Frauen. – (...)

So war es in der alten Zeit – nun stieg das Mittelalter herauf, mit dem allmählich das reine Christentum zur römisch-katholischen Kirche verfälscht und aus der Religion der Liebe und Freiheit eine Religion der Furcht und Knechtschaft gemacht ward. Die Verehrung der Heiligen und der Jungfrau Maria ward eingeführt, und die Klöster stiegen empor. Da hinein flüchteten sich neben unglücklichen und verirrten auch diejenigen Frauen, die ein höheres Streben in sich trugen und dafür im äußern Leben keine Befriedigung fanden. Die Frauen, wenigstens die hochgestellten und schönen, wurden in dieser ritterlichen Zeit des Minnedienstes vielleicht mehr geehrt, als in jeder andern. Jeder Ritter wählte eine Dame, deren Farben er in der Schlacht trug, die er in Liedern besang, in deren Namen er kämpfte. In den Turnieren, den Festspielen der Ritter waren es die Frauen, unter deren Augen sie sich tummelten, und welche ihnen die Ehrenzeichen reichten – allein diese Verehrung, die sich nur auf Jugend und Schönheit beschränkte, hatte doch keinen wahren Wert, und indem sie die Frauen scheinbar erhöhte, erniedrigte sie eigentlich dieselben. Auch herrschten diese zarten Sitten eben nur bei den höhern Ständen, sie galten nur der Dame, nicht der Frau. Die Frauen der andern Stände lebten in Abhängigkeit und Stumpfheit dahin. Beten und arbeiten war ihr Los. Die höhere Bildung hatte sich in die Klöster geflüchtet, aber es war eine tote Gelehrsamkeit, die wohl die Frauen befähigte, Äbtissinnen ihrer Klöster, Vorsteherinnen ihres Ordens zu werden, übrigens aber ohne jeden Gewinn für's Allgemeine blieb. Diejenigen Nonnen, welche als barmherzige Schwestern durch das Land zogen, Kranke pflegten, besonders in Zeiten der Pest, bewährten noch am schönsten die Aufopferungsfähigkeit der Frauen für die Menschheit. Wohl gab es einzelne Fürstinnen und Burg-Frauen, deren Namen uns die Geschichte aufbewahrt hat, die unter ihrem Geschlecht glänzend hervorragten und ihren Einfluß geltend machten in der

deutschen Geschichte – aber ihr Beispiel hat für die Gegenwart seine Kraft verloren. Denn jetzt wird und darf die Geschichte nicht mehr von den Höfen, gleichviel ob von Fürsten oder Fürstinnen, gemacht werden – sondern dazu ist eben das mündiggewordene, das ganze Volk berufen, die Frauen wie die Männer aller Stände! Wenn aber im finstern Mittelalter ein Mädchen oder eine Frau aus den untern Ständen sich in irgend etwas hervortat, sei es, daß sie durch ihre Schönheit oder ihre Tugend einem vornehmen Ritter Liebe einflößte, dem man sie als armes Mädchen oder Bauern-Dirne nicht für ebenbürtig hielt, sei es, daß sie in irgendeiner Natur-Wissenschaft Kenntnisse hatte oder für eine hohe Idee sich begeisterte: so ward sie der Zauberei bezichtigt und ihr als Hexe der Prozeß gemacht. Unsere alten Urahnen, die Germanen, nannten in ehrfurchtsvoller Scheu diese begeisterten Frauen *Seherinnen*. Das abergläubige Mittelalter aber, in dem die Pfaffen alles, was nicht ihren selbstsüchtigen Zwecken diente, als Teufelswerk darstellten, machten diese Frauen zu Hexen. Oft waren diese sogenannten Hexen wirkliche Somnambulen – und da der niedrige Standpunkt der damaligen Wissenschaft diese Krankheit nicht zu erklären wußte, so war es beinahe natürlich, daß man die davon Ergriffenen mit furchtsamen Augen betrachtete und sich ihrer zu entledigen suchte. Oft geschah es auch, daß damit, wie heutigen Tages mit den Somnambulen, Mißbrauch getrieben ward, teils daß Frauen sich selbst als Zauberinnen ausgaben, um Gewinn davon zu ziehen, teils daß sie irregeleitet und von andern als Werkzeuge geheimer Pläne benutzt wurden. So wurden die unschuldigsten und oft die besten Frauen im Mittelalter als Hexen verbrannt. (...)
Aber mitten heraus aus dem finstern Mittelalter brach der lichte Strahl der Reformation. Ja, zuerst nur ein Strahl, als Johannes Huß und Hyronimus die Kirchen-Verbesserung lehrten. Huß kam auf die ersten Urlehren des Christentums zurück, die der allgemeinen Gleichheit und Freiheit. Der Kelch für Alle! das war sein Losungswort – damit vernichtete er das Vorrecht der Priester und jedes Vorrecht. Die römischen Pfaffen ließen ihn dafür auf dem Scheiterhaufen sterben. (...)
Das Losungswort der Hussitten oder Kalixtiner (Kelchner) »der Kelch für Alle« brachte den christlichen Grundsatz der

allgemeinen Gleichheit aller Menschen wieder zu Ehren. Priester und Laien, Männer und Frauen, sie sollten alle gleiche Rechte haben, zumal das gleiche Recht, nach dem Höheren zu streben und, ohne eines menschlichen Vermittlers zu bedürfen, vom Kelch des Heils selbst zu trinken. Und so wandten die Frauen mit den Männern begeistert dieser Lehre sich zu. So stillten sie alle ihr Dürsten nach diesem Kelch, der ihnen so lange vorenthalten gewesen. So stritten die Frauen wie die Männer für das heilige Kleinod, so gingen die Frauen mit den Männern freudig für dasselbe in den Tod, in den Ketzertod. Die unglückseligste Zeit kam über Deutschland, eine Zeit, der die unsrige in vielen Beziehungen gleicht. Es erfüllte sich wieder einmal Jesus prophetisches Wort: wo Fünfe in einem Hause sind, da werden Drei gegen Zwei sein und Zwei gegen Drei; der Sohn wird wider den Vater sein und die Tochter wider die Mutter. Es sind aus dieser Zeit unzählige Beispiele, besonders auch der Opfer bekannt, welche von Frauen der neuen Lehre gebracht wurden. Herzensglück, Familienbande und jedes irdische Glück opferten sie freudig der reinen Überzeugung. Denken wir daran, meine Schwestern, hinter diesen edlen Vorbildern nicht zurückzubleiben! Derselbe Drang nach Freiheit, der in dem umnachteten Jahrhundert zunächst als ein Drang nach Glaubensfreiheit auftrat, es ist derselbe, welcher auch in unsern Tagen sich herrlich offenbart hat! denn die Freiheit ist nur eine! Nur Einseitige mögen von religiöser, von politischer, von sozialer Freiheit sprechen – die Freiheit selbst ist einzig und unteilbar und faßt dies alles in sich. Wohlan denn, geben wir diesem Drange uns hin, dienen wir mit derselben Aufopferungsfähigkeit, mit dem ihm gedient ward zur Zeit der Reformation.

Was Huß begonnen hatte und was nach der Besiegung der Husitten auch mit besiegt schien: das Werk der Reformation – unser Martin Luther nahm es wieder auf und führte es siegreich weiter. Wie er selbst mit Kraft, Entschlossenheit und Begeisterung den Männern ein Beispiel gegeben – so gab es auch seine Gattin Katharina von Bora den Frauen. In den strengen Lehren der römisch-katholischen Kirche aufgewachsen und im Kloster bereits eine Nonne geworden, war ihre Seele doch für das neue Licht empfänglich und ihr Herz für die Liebe eines Mannes wie Luther. Die Nonne,

weil sie selbst das Bessere erkannt hatte, trotzte dem Vorurteil, sie floh aus dem Kloster, um die Gattin des Ketzers zu werden. (...)
Die Französische Revolution brach herein – die Sonne der neuen Zeit ging auf – zuerst zwar eine blutige Sonne, aber doch eine Sonne! Die zu Boden getretene Menschheit sprang auf und zerriß ihre Ketten – wo bisher entsittlichte und gebundene Sklaven gewandelt waren, begrüßten sich freie Bürger und Bürgerinnen. Ja Bürgerinnen! Das proklamierte Vernunft-Recht erkannte dem Weibe dasselbe Recht zu wie dem Manne, und aus den Bürgerinnen wurden auch Heldinnen und Rächerinnen! Eine der edelsten unter ihnen, Charlotte Corday, ermordete mit eigner Hand nach langer ruhiger Überlegung und angesichts eines blutigen Henkertodes Marat, den Tyrannen Frankreichs. Sie hoffte, so das Vaterland zu erretten, und bebte deshalb vor nichts zurück. Wir dürfen den Mord nicht gutheißen – aber wir dürfen an diese Zeit, wo eine Welt aus ihren Fugen war, auch nicht die gewöhnlichen Maßstäbe legen, wir dürfen diese Jungfrau nicht verdammen. Nicht ihre Tat sei uns ein Beispiel – aber ein Beispiel sei uns ihre Begeisterung für das blutende Vaterland, ihre Bereitwilligkeit, ihm jedes Opfer zu bringen, auch ihr Leben. Wer weiß, ob nicht bald eine Zeit kommt, wo auch wir solchen Todesmut brauchen können! –
Die Republik Frankreich ward die Beute eines Kaisers, der auch Deutschland unterjochte. – Endlich aber erhob sich das deutsche Volk. Nun sahen auch die deutschen Frauen nicht müßig zu. Ihr wißt, wie alles kam und wie alles endete. Ich will nicht erst schildern, was ihr zum Teil wohl selbst erlebtet. Die deutschen Frauen waren von der allgemeinen Begeisterung, das Vaterland von der Selbstherrschaft zu befreien, wie die Männer ergriffen, und taten was ihnen zukam – aber wie die Männer vergaßen sie, die erretteten Güter zu wahren, und so sank Deutschland in Knechtschaft zurück. Daß die jetzige Erhebung nicht wieder endige wie die damalige, laßt auch uns Frauen Wache halten am Altar des Vaterlandes und der Freiheit, und das heilige Feuer hüten, damit es nicht wieder verlösche! – (...)

MARIE D'AGOULT

Wählt die Freiheit
(1847)

Im Herzen der Gesellschaft (die zwar an der Oberfläche friedvoll erscheint, in ihren Tiefen jedoch verstört ist) und jenseits des Einflusses der Regierung und der Parteien (der sich auf wenige Dinge beschränkt, da sie sich auf unheilvollen Wegen befinden) scheinen mir drei Sendboten des Friedens sowohl durch ihre Eigenart wie durch ihre Stellung gleichermaßen zur Erziehung des Volkes, jenem großen Werk der modernen Freiheit, berufen zu sein: der Priester, der Arzt, die Frau. Vor allem der Landpriester – trotz des Unglaubens der großen Geister in den Städten und der voltairschen Refrains, die in den Cabarets gesungen werden, trotz seiner Armut, trotz der priesterlichen Zucht, die ihn behindert; wäre er noch fähig, an dem Tag wo er es wahrhaft wollte, und wo er sich mehr von menschlichem als von katholischem Geist anregen ließe, wieder einen beträchtlichen Einfluß auf die Bevölkerung zu gewinnen. Man kann sagen, daß er, wenn auch nicht mehr über die Vorstellungen, zumindest noch über die Gebräuche der arbeitenden Klasse herrscht. Das Volk hat bislang überhaupt noch nicht daran gedacht, daß es möglich sei, seine Kinder nicht mehr taufen, seine Toten nicht mehr in geweihter Erde begraben zu lassen; es betrachtet die erste Kommunion als einen offiziellen Akt, der ebenso unerläßlich ist wie die Geburt und zieht sogar nach zwei Revolutionen die kirchliche Trauung der Ziviltrauung vor. Durch Taufe, Kommunion, Heirat und Begräbnis erstreckt sich die Macht des Priesters auf die vier wichtigsten Abschnitte des Lebens. Er wird in das Geheimnis der häuslichen Lebensweise eingeweiht, er hat das Vertrauen der Unglücklichen, und – wunderbares Vorrecht – er hält, wohl als einzigster im Besitz dieses Geheimnisses, das heiligste der Bücher in Händen, das Buch der Armen und der Arbeiter, die

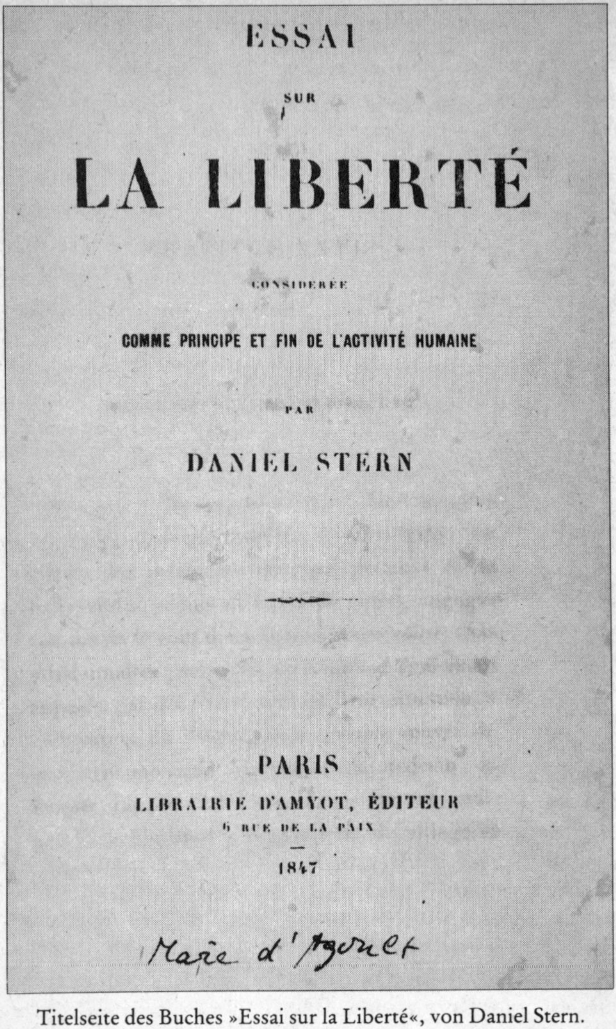

ESSAI

SUR

LA LIBERTÉ

CONSIDÉRÉE

COMME PRINCIPE ET FIN DE L'ACTIVITÉ HUMAINE

PAR

DANIEL STERN

PARIS

LIBRAIRIE D'AMYOT, ÉDITEUR

6 RUE DE LA PAIX

1847

Marie d'Agoult

Titelseite des Buches »Essai sur la Liberté«, von Daniel Stern.

Geschichte des göttlichen Zimmermanns, seiner Freunde, seiner Brüder, der Fischer, der Bauern und der Hirten des geknechteten Volkes.

Die Summe seiner naiven Erzählungen, diese Geschichte,

umrankt von Überlieferungen, umfaßt die wahrhaft freiheitlichste Lehre, die je den Menschen gebracht wurde: ihr gradliniger und einfacher Sinn mußte während mehrerer Jahrhunderte verfälscht, verdünnt und verdreht werden, um daraus diese hochmütigen Grundsätze abzuleiten, auf die sich noch heute die angeblichen Rechte der Macht und des Reichtums stützen, und damit dieses Gesetzbuch der reinen Demokratie, wie geschehen, den Interessen und Leidenschaften der überheblichsten Aristokratie dienen konnte.

In ihrer wahren Bedeutung wiedergegeben, würden die Gleichnisse des Evangeliums – wenn der Landpriester ihr getreuer Erzähler wäre, und wenn man sie, wie in einem Spiegel, in seinem sowohl vollkommenen als auch einfachen Leben nachgeahmt fände, würden diese Erzählungen, die die Phantasie bezaubern und zugleich das Herz rühren, machtvoll zur sittlichen Kultur des Volkes beitragen. Sie würden es die menschliche Gemeinschaft auf dem Wege zu ihrer Vollendung ahnen lassen, inmitten der Ungerechtigkeit und dem sozialen Elend; sie würden ihm die eigene Existenz verklärt und wie umgewandelt in göttlichem Licht zeigen.

Der Arzt, dieser Hüter des Lebens, wäre auch, wenn er es entschieden wollte, die Vorsehung des Volkes; es käme ihm zu, der Schwerfälligkeit der Herrschenden vorzugreifen und ihre Aufmerksamkeit zu erzwingen, indem er versuchte nach und nach die verderbenbringenden Gewohnheiten der Unwissenheit durch aufgeklärte Hygiene zu ersetzen. Er müßte die Kindheit vor der wirklich barbarischen Behandlung bewahren, der sie in den unteren Klassen immer noch ausgesetzt ist und das Volk der Trunksucht und dem Schmutz entreißen, diesem zweiten Elend im Elend. Der Arzt hat keine weniger wichtige Aufgabe als der Priester. Aber bislang scheint es nicht so, als hätte dieser mehr als jener ein tiefes Empfinden für die Verpflichtungen, die ihm auferlegt sind.

Vielleicht noch besser als der Arzt, noch besser als der Priester, könnte die Frau, da sie keinerlei Mißtrauen erweckt, sich dem Volke nähern, in seine Reihen das Wort des Heiles tragen, ihm ohne Anstrengung diese Lehre des Herzens vermitteln, die im weitesten Sinn des Wortes *die Gnade* selber ist. Begabt mit einschmeichelndem Charme, ist die Frau schon durch ihre Gegenwart wohltuend. Das leidenschaftliche, unwissende Volk, von Instinkten geleitet wie ein Kind,

liebt und ehrt in ihr die Würde der Mutterschaft. Selbst wenn sie reich und mächtig ist, flößt sie ihm nicht Furcht ein sondern Mitgefühl. Irgendetwas sagt ihm, daß sie ihm durch den Schmerz verbunden ist. Die Frau des Bauern weiß wohl, daß die Frau des Königs wie sie leidet, um einen Sohn zu gebären, daß auch sie schlaflose Nächte hat, Schwächeanfälle am Bettchen des Neugeborenen. Der Mann ist dem Manne fremder als es die Frau der Frau ist. Es gibt Augenblicke im Leben der hoffärtigsten Pratrizierinnen, wo die Natur sie zu Boden wirft und sie mit Ketten und Blut an die Gemeinschaft des menschlichen Elends erinnert.
Es ist erbarmungswürdig, wenn man heute sieht, wie die Frau eines politischen Emporkömmlings, die noch eingebildeter, noch eitler noch tausendmal versessener ist auf seinen neuen Titel als er, sich hinter der Anmaßung ihrer sittlichen Verarmung verschanzt. In ihrem Hochmut würde sie glauben, ihre Fußsohlen zu erniedrigen, wenn sie je die Schwelle eines Armen überschritte, und wenn, was doch unmöglich ist, ihre herablassende Hand die Hand einer Frau aus dem Volke streifen sollte, so glaube ich allen Ernstes, daß sie sie lange betrachten würde, um sicher zu gehen, daß diese Berührung nicht ein Mal zurückgelassen hätte.
Oh ihr, die ihr nicht in leichtfertigem Müßiggang jedes Gefühl für Größe und Gerechtigkeit verloren habt, ihr selbstlosen Frauen, ihr Mütter, ihr Schwestern, ihr furchtlosen Liebenden, rafft euren Mut zusammen, vereinigt eure Willenskräfte. Eure Söhne enttäuschen euren Ehrgeiz, eure Brüder verkennen euch, eure Gatten vergessen euch, eure Geliebten verraten euch; starke Herzen, zerbrecht nicht vor Schluchzen; edle Stirnen, beugt euch nicht unter Kränkungen; tröstende Blicke, erlöscht nicht vor Tränen. Stürzt euch vor allem nicht in den Rausch leerer Vergnügungen, um der Heftigkeit eurer Leiden zu entgehen. Läutert eure Tugenden, vermehrt eure Selbstlosigkeit. Lernt es, mit Leidenschaft, aber ohne Schwäche zu lieben, nicht mehr eines dieser Phantasiegeschöpfe, die es immer nur in euren krankhaften Träumen gab, sondern das Vaterland und die Menschheit. Trennt euch, wie von einer verbrauchten Hülle, von euren erniedrigenden Zwangsvorstellungen, euren wertlosen Arbeiten, eurer selbstsüchtigen Aufopferung. Zieht endlich aus dem Lande der Knechtschaft aus. Hört nicht mehr auf den

hinterlistigen Dämon, der euch mit den Fesseln einer unfruchtbaren Vorsicht zurückhalten will. Erinnert euch eurer großen Ahnfrauen. Früher stürmten die christlichen Frauen in die Arena trotz ihrer Väter, Gatten und Söhne, und bald machte ihnen niemand mehr das Recht streitig, durch ihr Martyrium zu bekennen. Eine andere Arena tut sich heute auf, nicht mehr sichtbar und blutig, sondern geistig, wo allein die Ideen streiten; Vergangenheit und Gegenwart bekämpfen sich dort mit unerbittlicher Verbissenheit. Ansehen, Reichtum, Vergnügen, aber Abhängigkeit stehen auf der einen Seite; Arbeit, Entbehrung, aber Freiheit stehen auf der anderen. Töchter der Christenheit, mögt ihr gut wählen!

JOSEPHINE BUTLER

Christus der gefährliche Gleichmacher

(1869)

Vielleicht schenkt Gott in naher Zukunft einer Frau die Gnade, gewisse, bisher von den Gottesgelehrten nicht voll erkannte Wahrheiten klarer zu schauen und sie anderen zu offenbaren. Denn aus dem vertrauten Umgang, dessen unser göttlicher Meister Frauen gewürdigt hat, scheint doch hervorzugehen, daß seine tiefsten Offenbarungen nicht nur männlichen Ohren galten. Und was einst während seines Erdenlebens geschah, das kann kraft seines Heiligen Geistes auch heut' wieder vorkommen. Es ist lehrreich, sich der Tatsache zu erinnern, daß die allergrößte Verkündigung an die Welt, die Verkündigung eines Ereignisses, das bis zum heutigen Tage die Menschen in zwei getrennte Lager spaltet und das mehr als irgendein anderes mit unseren Unsterblichkeitshoffnungen verknüpft ist, die Verkündigung der Auferstehung Christi, sich zuerst an Frauen richtete. Und wenn wir zurückschauen auf die seither verflossenen Jahrhunderte und sehen, wie alle von Frauen bezeugten Wahrheiten, die nicht ohne weiteres greifbar waren für die äußeren Sinne noch beweisbar für den Verstand, als eitles Geschwätz galten, so müssen wir uns nicht verwundern über die Apostel, von denen es heißt, sie haben die Worte der Frauen über Christi Auferstehung für »eitles Geschwätz« gehalten. Unter den großen, vorbildlichen Taten Christi, die augenscheinlich und absichtlich ewig geltende Grundsätze für das Zusammenleben der Menschen darstellen, sind seine Handlungen gegenüber Frauen besonders bedeutsam. Ich berufe mich auf das allen zugängliche Bibelbuch und auf die Einsicht jedes ehrlichen Evangelienforschers, um meine Behauptung zu rechtfertigen, daß er in allen wichtigen Fällen seines Umganges mit Frauen jede einzelne von ihnen mit einer ganz deutlichen

Die Bibel – Instrument der Unterdrückung oder der Emanzipation der Frau? (Deutsche Verlags-Anstalt, Stuttgart)

Befreiungshandlung entlassen hat. Einmal befreite er eine Frau von gesetzlicher Knechtschaft. Zweifellos schien seine Tat den Umstehenden einen gefährlichen Gleichmacher zu verraten. Denn während er die Frau völlig von der Gewaltherrschaft des Gesetzes freisprach, was die Zuschauer auf's höchste erregt haben muß, band er die anwesenden Männer – und damit stillschweigend alle Männer – mit jener höheren Verpflichtung, welche sie schmählicherweise nur der einen Menschheitshälfte hatten aufzwingen wollen und deren Bruch ihre grausamen Gesetze einzig bei der Frau mit furchtbarer Strenge ahndeten. Von ihrem Gewissen überführt, gingen sie alle hinaus, während die Frau allein zurückblieb, freigemacht. Wohl gemerkt, frei in doppeltem Sinne, sowohl von der inneren, sittlichen Knechtschaft frei, als auch von dem harten, äußeren Menschenurteil. Bezeichnend ist weiter die Befreiung von ererbter Rechtlosigkeit, die er an einer anderen vollzog. In einem Augenblick löste er Ketten, die jahrhundertelange Überlieferung geschmiedet hatte, und hob das Weib aus der von ihm selber bejahten Stellung eines »Heidenbundes« empor, bis über den höchsten Würdenträger der Gemeinde Israel hinaus. In einem anderen Fall stand sein »Gehe hin in Frieden«, verbunden mit Worten zarter und achtungsvoller Aufmunterung an eine von der Gesellschaft Verstoßene, in feierlichem Gegensatz zu seiner Zurechtweisung des selbstzufriedenen Gastgebers, der seinen Platz unter den Geachteten dieser Welt eifersüchtig festhielt und sich wunderte, daß Jesus nicht zu merken schien, was für eine Frau ihn anrührte. Einer anderen rief er zu, noch bevor sie ein Wort gesprochen hatte: »Frau, du bist los von deiner Schwäche!« und antwortete unzufriedenen Zuschauern: »Diese aber, eine Tochter Abrahams, welche der Satan achtzehn Jahre lang gebunden hielt, sollte sie nicht gelöst werden von solcher Fessel am Sabbattage?« Verschiedener, mannigfaltiger Art waren die Gewalten und Schwächen, von denen er jede einzelne dieser Frauen freigemacht hat, doch das erhöht nur die Bedeutung seiner ganzen Haltung ihnen gegenüber. Durchforscht die Evangeliengeschichte und beobachtet sein Benehmen gegen die Frauen, und ihr werdet finden, daß der Ausdruck »Befreiung« besser als alle andern die Tat bezeichnet, durch welche Jesus das ganze Leben und Wesen und die Stellung der Frauen, mit denen er sich abgab, verändert hat. Mit dieser Tat wollte er auch die Männer zu einer anderen Behandlung der Frauen führen.

Während er mit seinem Beispiel der Unterwerfung unter die Eltern, der Kindespflicht und Kindesliebe, mit seiner Betonung der Heiligkeit der Ehe und der Gehorsamspflicht gegenüber notwendigen Gesetzen weit über die Gerechtigkeit der Pharisäer seiner eigenen wie der heutigen Zeit hinausging, so hat er andrerseits die völlige Gleichheit aller Menschen verkündet, als Grundlage für ein wahres Zusammenleben. Es scheint mir unmöglich, daß einer, der aufrichtigen Herzens Christi ganzes Leben und seine Worte durchforscht, das nicht sehen sollte. Bis zu einem gewissen Grade ist es seither in den Beziehungen von Mensch zu Mensch praktisch anerkannt worden. Nur in einem einzigen Falle wurde es folgerichtig außer acht gelassen, nämlich in Bezug auf diejenige Menschenhälfte, für die er die Gleichheit ganz besonders deutlich ausgesprochen hat. Man muß sich wundern, wenn es Frauen gibt, deren Liebe zu *diesem Erlöser* alles übersteigt, was ein Mann für ihn fühlen kann? Müde der Begegnung mit Vorurteilen, wie sie auch in den Köpfen der gerechtesten und großmütigsten Männern lauern können,

werden solche Frauen getrieben, sich in großer Herzenseinsamkeit vor ihm niederzuwerfen, denn er allein ist gerecht, er allein ist heilig, er allein unendlich liebreich.
(...)

HENRIETTE SCHRADER-BREYMANN

Frei durch Jesus

Briefe an Marie Kellner und Klara Richter (1878, 1894)

An Marie Kellner:

(...)

Wenn man die erste Feuer- und Schmerzenstaufe der Verleumdung, des Kampfes mit Engherzigkeit und Unverstand überwunden hat, dann bekommt man eine Hornhaut oder den verwundbaren Punkt durchs Lindenblatt gedeckt, unter der das Leben frisch pulsiert und der Organismus sich einer guten Gesundheit erfreut. Ich bin jetzt in meinem eigensten Elemente – was mir früher den Kampf verleidete, kam aus der Quelle einer gewissen Hochachtung vor den Menschen, die mich das Bedürfnis fühlen ließ, mich mit ihnen zu verständigen, in Harmonie mit ihnen zu wirken, jeder in seiner Sphäre, an seinem Platze – es hat *schwer* gehalten, mich von der Sehnsucht, die zum Bedürfnis nach solchen schönen Zuständen ward, zu erlösen.

Jetzt bin ich frei, und wie eine neue Jugend kommt es über mich in dieser Freiheit. Ich war im Grunde eine sehr bescheidene, demütige Natur – so wenig die Menschen das glauben mögen, ja, Marie, ich war es; fast bei jedem Menschen war es mir der Mühe wert, Verständigung mit ihm zu suchen, und Verkennung und Mißgunst schmerzten mich tief; ich fühlte mich so gern unter den Menschen, ich stellte mich nicht über sie, und so erlitt ich viel Quetschungen und Stöße und Verwundungen. Ich beklage diesen Durchgangsprozeß zu einem unabhängigen Dasein nicht, aber ich danke Gott von Herzen, der mir geholfen hat, mir letzteres zu erringen.

Jesus hat mich zuerst freigegeben vom Dogmenzwange, von dieser lähmenden Kirchenlehre, diesem Materialismus und Mechianismus der Erlösung durch sein Blut im kirchlichen Sinne, von diesem Zweifel an der unbedingten Hoheit Gottes, von diesem qualvollen Widerspruch zwischen solchem Kir-

chenglauben und dem Wissen und Denken. Nach dieser Freimachung ist mir das Menschwerden des Göttlichen in strahlender Glorie aufgegangen, und ich habe zu Jesu Füßen gesessen und bin unter seinem Kreuze gestanden, an dem er litt um der *Wahrheit* willen – Jesu Tod war die Konsequenz seines Lebens, seiner Lehre – und was hat man aus dieser ebenso einfachen als großartigen Tatsache gemacht?
Und frei, frei sein von den Fesseln des Materialismus im Kirchenglauben schließt tausend Hör- und Sehorgane der innern Natur auf, und sie vernimmt nur das Rauschen des heiligen Geistes, wie sie sich im Menschenherzen weben, Menschenschicksale durchziehen, und sie spürt ihnen nach. Das freigewordene Auge sieht in der Lilie des Feldes, in dem Sterne am Firmamente den christlichen, den Gottesgedanken und vernimmt die tausendfache Sprache aus Gottes Mund!
Und dieser Freiwerdung von der Knechtschaft der Kirche, d.h. der jetzigen, zieht eine Befreiung der andern Art nach sich; von und mit derselben erwächst ein Reichtum von Lebensformen für das eigene Sein.
(...)
Sieh, liebe Marie, die vollständige Aufrichtigkeit zwischen zwei Menschen von Liebe, Verständnis und Sympathie getragen, wirkt so segensreich; ich lerne von Dir, nehme so manches in mich auf. Aber wie kannst Du denken, Marie, ich wollte die Kirche abschaffen? Nein, alles, alles will ich beibehalten, Abendmahl, Trauung, Taufe, Konfirmation; aber befreit von dem Götzendienst. Könnte ich Dich doch einmal längere Zeit sprechen. Wäre ich Prediger, ich würde den Glauben predigen, den Jesus hatte; kennst Du ihn?
Er glaubte an ein liebendes Grundprinzip aller Dinge – an Gott – er glaubte an die Möglichkeit der Vervollkommnung der menschlichen Natur; er stellte das Entwicklungsgesetz auf, daß wir als Menschen den unserm tierischen Körper angeborenen Egoismus bis auf die gebotene Grenze zurückdrängen und die Interessen der andern in uns aufnehmen sollen, d.h. wir sollen streben im Herzen, Verstande und Willen die göttlichen Gesetze zu erkennen und die Verhältnisse des Lebens: Essen, Trinken, Kleider, Schuhe usw. bis zu den feinsten Geistesregungen mit diesen Gesetzen in Einklang zu bringen. Wir können es vermöge der göttlichen Vernunft in uns; aber nicht einer, nein, ein Zusammenwirken

Haus Neu=Watzum 1865
(Turnhalle).

Ganzheitliche Erziehung im Pensionat Henriette Schrader-Breymanns 1865.

aller macht es möglich, und die Menschen in diesen Interessen zu fördern, ihnen Hilfe zu bringen, selbst wenn wir sie hassen, das ist Feindesliebe. Du und ich, wir sind in Menschenliebe verbunden, getragen von natürlicher Sympathie, welche dieser Menschen = dieser Christusliebe den höchsten Zauber gibt, sieh, das ist das Höchste, was das Leben bieten kann. Und solche Liebe strahlt in den verschiedensten Farben: Gatten-, Geschwister-, Kinder- und Elternliebe usw. Aber die natürliche Liebe ohne Christusliebe, ohne den Ernst der göttlichen Interessen, ach, sie ist ein Naturprodukt und den Naturgesetzen des Entstehens und Vergehens, des Festhaltens und Lösens, des Aufblühens und Verwelkens unterworfen, wie Goethe dies in den Wahlverwandtschaften zeichnet, ohne es vielleicht selbst ganz zu verstehen. Nur Christusliebe ist ewig, nur Christusliebe erlöst, nur Christusliebe besiegt Tod, Hölle, Teufel; aber sie ist nicht ein Hangen an seinem Kreuze, nicht ein Götzendienst seiner Person; sie ist ein Erfassen seines Geistes, seines Schauens in die Tiefen und Höhen, seines Erfassens des *einigen* Lebens von Natur = Mensch = und Gott; sein sich Ergreifenlassen vom heiligen Geiste, sein Dienen der Menschheit, nicht um *seinet*-, nein, um der Einheit willen von Gott und Mensch, worin er inbegriffen ist.

O Marie, wandeln wir mit seinem Verständnis der Natur und Gottes, beten wir an, was er anbetete, glauben wir, was er glaubte, an diese ewige Fortentwicklung des menschlichen Wesens; glauben wir, was er glaubte von der menschlichen Natur, und vollziehen wir die Wiedergeburt im Geiste. Wird ein Kind nicht wiedergeboren in der Familie, von den Eltern, wenn sie verstehen, die göttlichen Gesetze auszuprägen in der Art und Weise des Lebens? Wie der Baum im Erdreich wurzelt, aus ihm und der Atmosphäre seine gesunde oder ungesunde Nahrung zieht, so das Kind im Leben von der Familie. Ob unser Körper ein Tempel Gottes werde oder nicht, das hängt von dem *Wie* des Essens, Trinkens, Kleidens, Schlafens ab; von der Durchdringung der Erkenntnis und der Liebe bei jeder Handreichung; von der *Erziehung des Fleisches in Harmonie mit der göttlichen Vernunft in uns.* Aber dazu gehört Freiheit, Einheitlichkeit der Anschauung, Ergreifen der höchsten Menschlichkeit in Jesu, die ihre *Einheitlichkeit* in Gott und Natur gefunden in seiner Zeit, in seinem

Volk, in seiner Individualität, und die nun in der millionenfachen Mannigfaltigkeit der Individualitäten geboren werden muß. Wie Gott uns zeigt, daß auch die Mannigfaltigkeit der Erscheinung unendlich ist, wie die Blumen seines Feldes, Waldes, seiner Berge! Knieen wir mit Jesu in Gethsemane, im Kampfe mit ihm, mit ihm Marie!

Sieh, das wollte ich predigen, wäre ich ein Prediger im Amte; die Menschen wollte ich losreißen aus diesem verquälten Götzendienste der Kirche. Ich wollte ihnen die großartige Psychologie der Bergpredigt entwickeln, ihnen die Eigenartigkeit so mancher Erscheinungen und Aussprüche in der Bibel im Zusammenhange mit der Geschichte enthüllen; ihnen das Bild malen von Korinth, wie es Beyschlag tut, wohin Paulus seine Wirksamkeit führte.

Wahrheit, Wahrheit, Marie, danach hat meine Seele geschrieen!

Und die Taufe? Ich wollte der Gemeinde ans Herz legen, welch eine Mahnung jedes neue Kindlein ist, und jede Taufrede sollte eine Erziehungsrede sein; eingesenkt mit heiligen Gesängen sollte das Kindlein werden in Jesu Geist, getragen von der Gemeinde. Und wie heilig ist die Ehe in der Christusliebe; das Abendmahl, welch tiefsinniges Symbol – doch ich muß aufhören, mein Herz klopft, die Höhenluft ergreift noch meine Nerven und mein Blut.

Lebe wohl, liebe Marie,

Deine getreue Henriette

An Klara Richter:

Ich weiß nicht, ob ich schon mit Ihnen gesprochen habe, daß ich eigentlich leide unter dem Mangel einer ausgesprochenen religiösen Gemeinschaft auch im Pestalozzi-Fröbel-Hause. Aber es ist eine so eigene Sache für mich in diesem Punkte. Ich bin für meine Person so klar über den Standpunkt, den ich in religiöser Beziehung einnehme, und ich prüfe meine Anschauungen immer daran, wenn ich an meine Todesstunde denke, welche mir in schlaflosen Nächten und in Herzensangst nah schien. Aber es ist nicht genug, mit sich selbst eins zu sein auf religiösem Gebiete, die Befriedigung ist nicht vollständig, wenn ihr die bewußte Gemeinschaft fehlt. Um eine solche zu haben, bedarf es aber gewisser Formen, und da liegt wieder eine Gefahr, den Geistesinhalt zu materialisieren

oder zu verzerren und zu beschränken; die Form müßte deshalb so sein, so leicht, so frei sein, daß sich die individuellen metaphysischen Vorstellungen, welche sich die Menschen doch machen, frei bewegen können. Wir müssen eben Symbole haben für den Geist, aber die Symbole auch als solche erfassen, und nicht für die Sache an sich nehmen. Der höchste Grad der Religiosität besteht nun nach meiner Auffassung in der immer wachsenden Harmonie zwischen den Geisteskräften und ihrer Beziehung zu Gott, wenn auch das Gemüt die Führung hat auf diesem Gebiete; es ist eben die unmittelbarste der Geisteskräfte und eilt dem Verstande voraus im Ahnen und Schauen; aber es verliert sich in Phantasterei, wenn es nicht seine Korrektur von der Intelligenz erfährt. Sehen Sie, deshalb ist mir Egidy so antipathisch, weil er ein so unklarer Kopf ist. Mir persönlich würde es so viel leichter werden, das Beste in mir immer zum klaren Durchbruch gelangen zu lassen, wenn ich in einer ausgesprochenen religiösen Gemeinschaft lebte. Und weshalb nicht? Ja, das ist eine so eigene Geschichte. Mein Vater drängte mit orthodoxe Formen auf, und ich sehnte mich nach Freiheit; wie es denn oft geht, man schüttelt mit gewissen Fesseln oft auch heilige Bande ab. Und nun ist mein Mann eine so ganz andere Natur als ich; bei ihm setzt sich sofort jedes Gefühl in Tat um, in Tat für andere; er bedarf dazu keiner Hilfe der Gemeinschaft, er ist eigentlich eine einsame Natur; keineswegs unreligiös, es wirkt auf ihn das Verkehrte, Falsche in unserer Kirche weit stärker als der in ihr verborgene Kern, und die Prediger hält er mit wenig Ausnahmen für Heuchler und Verderber der Menschheit.
5: Juni. Ich kann noch nicht frei werden von dem Eindrucke unserer zauberhaften Umgebung, sie nimmt meinen Geist gefangen, aber ich möchte diese Zeit der Freiheit und der Stille benutzen, um mich mit Ihnen und denen, die mir nahestehen, über die tiefsten Lebensfragen zu verständigen, ich habe mich deshalb auch so sehr nach Ruhe gesehnt. Sie, Annette, Mary Lyschinska, Lili Dröscher und wer sonst noch mit Bewußtsein an unserm Werke arbeitet, müssen ja, in aller Wahrscheinlichkeit die Arbeit nach meinem Tode fortsetzen, und ich möchte Ihnen allen bis dahin das Beste hinterlassen, was ich selbst besitze, die inneren Erfahrungen eines langen Lebens.
Die religiöse Frage ist eine der wichtigsten Lebensfragen, und

sie hat mich viel beschäftigt, mir viel Kampf der Seele gebracht. Ich bin nun zu folgendem Resultat gekommen: Im letzten Grunde wurzelt die Religion im Gefühle der Abhängigkeit von einem Höheren, Größeren als wir, d. h. als der einzelne Mensch und die Gesamtheit der Menschen ist; anderseits in der Sehnsucht, diesem Höheren näher und näher zu kommen in der Idealität. Das Gefühl der Abhängigkeit ist nun in den verschiedenen Völkern, Zeiten, Individualitäten sehr verschieden, je nach dem Grade der eigenen Bildung und dem individuellen Bedürfnisse, sich konkrete Bilder von dem Mächtigeren als wir und die Beziehungen zu uns selbst zu machen. Es ist aufs Höchste interessant, Religionsgeschichte zu studieren und zu verfolgen, wie in den verschiedenen religiösen Bekenntnissen und Kulten der innerste Mensch zum Vorschein kommt mit seinem innersten Leben und Streben. In die ursprüngliche Sehnsucht nach etwas Höherem mischt sich nun der ganze Mensch mit all seinen Unvollkommenheiten, und die Geschichte der Kirchen und die religiösen Gemeinschaften ist einerseits eine Geschichte des menschlichen Egoismus und der Herrschsucht, anderseits ein Tasten und Suchen nach dem Idealen, das Jesus findet in der Liebe, in der Liebe des Menschen zum Menschen. Aber wie hat die Kirche diese Einheitlichkeit zwischen Religion und Sittlichkeit zerrissen, es ist schrecklich, schrecklich!
Was ist die Liebe, die Jesus predigte, die er übte? Sie steht nicht im Widerspruch, im Gegensatz zu der natürlichen, sondern sie gibt derselben ihre höchste Verklärung.
Die Jesuliebe treibt uns, den Menschen immer mehr zu verstehen, zu helfen zum Frieden zu gelangen, d. h. zu einer harmonischen Weltanschauung und zu der Harmonie der eigenen Kräfte in ihrer Betätigung, und in ihr liegt allerdings das erlösende Prinzip. Nichts Schöneres, nichts Herrlicheres auf Erden gibt es als einen harmonischen, friedvollen Menschen mit aufgeschlossenen Sinnen für die Schönheiten des Daseins, und wie werden diese für den einzelnen wachsen, wenn die Jesuliebe ihm entgegenkommt, und wenn er sie in immer größerer Freiheit üben kann? Wir werden dann untereinander immer mehr eins im Geiste, ein Fleisch, ein Blut. Sind wir es nicht von Natur, essen wir nicht unsere Vorfahren, so schrecklich das klingt? Sie werden zu Staub, und wir

nähren uns vom Staube, und was er uns in seinen Verwandlungen hervorbringt.
Und Jesus setzte seine religiösen Anschauungen mit seiner Ethik in innigen Zusammenhang. Er geht vom Verhältnis des Menschen zu Gott, als des kindlichen zum Vater aus, die väterliche, die kindliche Liebe sind ihm Grundprinzip. Aber ohne Kampf keinen Frieden. Die widerstreitenden Elemente im Menschen, der Tiermensch muß Gottmensch werden. Die Anlage zur Hingabe für andere ist so gut im Menschen, wie sein Egoismus, die Anlage zum Gottmenschen so gut wie seine Natur zum Tiermenschen: letzteres nennt die Kirche die Erbsünde, und sie stellt ein künstliches, ein ganz materialistisches System auf, um sie zu überwinden. Und nun komme ich zu dem für uns wichtigsten Punkte, zu der Erziehungsfrage, d. h. zu der Einwirkung der durch innere Erfahrung geläuterten Vernunft des älteren Menschen dem jüngeren gegenüber. Im allgemeinen müssen wir stets das Gefühl der Abhängigkeit und Bescheidenheit pflegen, je nach der Fassungskraft des Kindes, und ich glaube, es gibt nichts Schöneres, als was Fröbel in »Mutter und Koselieder« bietet für das kleine Kind; für das Schulkind muß nach und nach das Unerforschte, noch Unverstandene dem Kinde nahe geführt werden, und auch hier findet das Wort: »Die Vermittlung der Gegensätze« wieder seine volle Verwendung, Mut und Bescheidenheit *zugleich* zu pflegen. Meist preist man den Menschen, wie er es herrlich weit gebracht, wie das Kind schon Großes kann, und diese elende Aufgeblasenheit, die Feindin der Vertiefung erfaßt jetzt so viele Köpfe.
Anderseits muß man die Idealität pflegen, die dem Kinde im Kindergarten, in der Familie besonders unter der Form *wahrer*, Poesie nahe gebracht wird, in der Weise wie wir es tun; erst durch die Tatsache die Gefühle wecken, und dann durchs Wort zusammenfassen, oder umgekehrt. Die Kunst ist überhaupt in ihrer stillen Einwirkung auf das Kind von großer Bedeutung. Ein Schriftsteller sagt von ihr: »Sie ist ein Licht, das nach dem Göttlichen hinstrahlt.« Ich möchte, wenn ich wieder zu Hause bin, eine Anzahl schöner Bilder, besonders aus der italienischen Renaissance, religiösen Inhalts für die Kinder sammeln.
Die Fähigkeiten der Kinder zu pflegen, aus denen wahre Religion entspringt, ist wichtiger, als oft den Namen Gott zu

nennen, als dies direkte Hinweisen auf Gott, im Gegenteil, ich finde letzteres verhärtend; alles Große im Leben ist zuerst so zart, so fein, und es verträgt grobe Eingriffe nicht. Zu der allgemeinen Pflege des Abhängigkeitsgefühls und der Idealität gehört nun als drittes die gemeinsame Andacht, und über letzteres muß ich noch einige Worte sagen.

Wie die Religion überhaupt den Menschen den Trost des Zusammenhanges mit einem höheren und Größeren als wir selbst sind, gibt, wie sie uns aus dem grausamen Gefühl der Verlassenheit und grauenvollen Öde erlöst, so hat das wahre Gebet die Wirkung, uns dies zum Bewußtsein zu bringen, oder doch ein lebendiges Gefühl von dem Einssein mit dem Höchsten, Größten und Schönsten, was wir ahnen und fassen können. Was ist denn Liebe anderes als ein Gefühl des Einseins mit dem andern? Und aus diesem Gefühl entspringt Mut und Stärke; ach, wir haben einander so nötig durch Ergänzung; wie wenig kann der Einzelne, und wie bedurfte auch Jesus der Liebe, der Sympathie, trotz der Einsamkeit seiner Gedankengröße! In dem Gebete konzentrieren wir all' unsere Kraft, uns in Gemeinschaft zu setzen mit dem Höchsten. Für mich hat der Gedanke der Dreieinigkeit eine große Bedeutung.

1. Das bewußte, liebevolle Prinzip, welches ich Gott nenne.
2. Der Mensch, in dem das Göttliche zum Durchbruch gekommen ist, wie ich es in Jesu erkenne, und
3. der heilige Geist, welcher durch die Menschen frei geworden ist, die nach ihm gerungen haben; wie viel hat z. B. Schleiermacher den heiligen Geist gefördert, ein Pestalozzi – o es ist mein Schönstes, in der Stille zu verkehren mit dem heiligen Geiste dieser Menschen.

So ist »das Gebet« für mich eine besondere Seelenkraftäußerung, sich mit der Dreieinigkeit in Beziehung zu setzen, von ihr Kraft zu erflehen. So kann man freilich nicht oft beten, und das ist auch ein persönliches, individuelles Gebet; aber weil das Gebet, die Religion überhaupt immer ein Hinneigen zur Gemeinsamkeit ist, so hat ein gemeinsames Gebet, eine gemeinsame Andacht und Erhebung wieder ihre große Bedeutung, und hiermit ist das eigentliche Wesen der Kirche gekennzeichnet.

Und hier bin ich bei dem Anfange, bei Dingen, die ich früher

gegen Sie berührte, angelangt. Ich vermisse diese Gemeinschaft, ich vermisse die Kirche schmerzlich; ich vermisse sie auch für unser Pestalozzi-Fröbel-Haus. Das Morgengebet, wie wir es haben, ist notwendig, und es sollte *keinesfalls* abgeschafft werden, es spricht wenigstens die Anerkennung der Pflege des Religiösen aus, aber müßte es nicht eigentlich mehr sein? Müßte nicht mehr ein priesterliches Amt zutage treten? Ich meine, daß noch mehr zu den jungen Mädchen gesprochen wird, hie und da ein *kurzes* Wort, sei es aus dem eigenen Herzen, sei es als Bibelwort oder durch den Gedanken eines edeln Menschen? Erschrecken Sie nicht, meine liebe Frau Richter, als ob ich etwas von Ihnen forderte, zu dem Sie sich nicht berufen fühlen, *dies*, was ich meine, kann nur die Berufene tun, und ich selbst habe in meinem eigenen Hause Scheu gehabt, das priesterliche Amt zu üben, wie könnte ich da einem andern etwas aufdrängen wollen? Aber ganz abgesehen von Ihnen – finden Sie nicht, daß wir nicht genug religiöse Pflege an unsern Schülerinnen üben?
Mir sind nun die alten Formen der Kirche heilig und schön, doch eben nur als Symbol betrachtet. Wie herrlich ist die Idee des Abendmahles, der Taufe, der Einsegnung der Konfirmanden, der Eheleute, wenn wir dies alles in *natürlich* religiösem Sinne nehmen – und ich ehre das Historische; aber ich kann diese Sache *nicht* mitmachen unter den jetzigen religiösen Zuständen, und darum habe ich einen Grimm auf Egidy. Er rührt die religiöse Frage an, es kommen hunderte von hungrigen und durstigen Seelen zu ihm, und nun macht er wieder ein Gemengsel von Unklarheiten, bei dem kein logisch denkender Mensch aushalten kann.
Was nun die Ethik, welche mit meiner religiösen Anschauung zusammentrifft, angeht, so leisten wir auf diesem Gebiete das Beste, was ich kenne. Wir haben Verhältnisse, wir haben den gesunden Boden geschaffen, auf dem die Kinder Liebestätigkeit üben können, je nach ihren Kräften; natürlich kann dies immer noch erweitert und entwickelt werden. Auch unsere Schülerinnen sind auf gesundem Boden, ich glaube nur, daß Sie sich freier machen müssen (wie, das wollen wir überlegen), damit diese immer bewußter über ihre Aufgabe werden, und Sie die große Zahl der Schülerinnen mehr durchdringen.
Was ich über die religiöse Erziehungsfrage schrieb, sind nur

Bruchstücke, es ist nichts Ganzes. Sie können mir gar nicht glauben, wie die letzten Jahre mit ihrer inneren und äußeren Unruhe mich innerlich zerrissen und zerstückt und ein Etwas in mir gelähmt haben, was ich vielleicht meine schöpferische Kraft nennen darf – o Gott, ich mußte einmal Ruhe haben, und bis jetzt scheine ich sie hier zu finden...
Ich lese viel von dem Bande »Pädagogik des Kindergartens« von Fröbel und finde einzelne herrliche Sachen, die Sie sehr gut für die Erziehungslehre benutzen können. Später mehr darüber.
(...)

FRIEDA DUENSING

Stationen der Gotteserfahrung

Tagebücher und Briefe (1867-1918)

Tagebuch

2. Oktober 1887

»Ehre Gott! Gott ist die Welt. Du bist aus ihm und kehrst wieder in ihn zurück, daher das Heimweh der Seele, die Sehnsucht nach der Wiedervereinigung mit ihm, das Verlangen nach dem Tode.«
Liebe Deine Nächsten! Sie haben denselben Ursprung wie Du, Du, die Du weißt, was für Jammer es heißt, Mensch zu sein, habe Mitleid mit allen.
Sei wahr! gegen Dich: mache es Dir klar, daß Du viele schwere Fehler hast.
gegen andere: es ist besser, Verfolgung und Ungemach wegen Bekennung der Wahrheit zu leiden, als sich selbst als Lügner verachten zu müssen. Schmeichle nicht, um anderen Leuten dadurch ein Vergnügen zu bereiten.
Arbeite! an Deiner Selbsterziehung. Suche die erkannten Fehler auszurotten; leichter ist die dazu erforderliche Mühe, Selbstverleugnung zu ertragen, als die Qualen, welches uns das anklagende Gewissen bereitet, wenn wir das Gute aus Trägheit oder Leichtsinn unterlassen. Das Ziel dieser Arbeit für Dein äußeres Leben sei die *Gründung einer Unterrichtsanstalt*, wo Du alle Mängel, die der weiblichen Bildung anhaften und die Du selbst so schmerzlich empfunden, vermeidest und wo Du Deine Schüler lehrst vernünftig zu denken, gut zu handeln!
(...)

9. Oktober 1887

... I am worse than ever. Ein tiefer Schmerz über die Verworrenheit, Schwäche und Verworfenheit meiner moralischen Natur bemächtigt sich aller meiner Sinne, jede frohe Lebens-

regung hemmend, jede Hoffnung auf eine klare Zukunft verdunkelnd. Ach, wird es licht und hell und friedlich in mir werden? Törichtes Herz, sehnst du dich denn nach Ruhe? Du verlangst ja nichts mehr als Hindernisse in deinem Wege, die du wegräumend besiegen willst. Kampf ist dein Element, deine Losung. Ob Sieg oder Niederlage das Ende davon ist, ist bis jetzt nicht die Hauptsache. Du kämpfst um zu kämpfen, nicht um zu siegen. Heute in der Predigt rief dich Gott: komme her, hier ist Ruhe. Ist dies Verstocken gegen die Berufung »Sünde gegen den heiligen Geist?« Die Todsünde, für die keine Vergebung im Himmel ist? Mein Gott verlangt ein *ganzes* Herz, und ich kann ihm nur ein *halbes* schenken. O Herr, laß mich ziehen, gib mir das Teil der Güter, das mir gehört: gib mir eisernen Willen, tiefen Verstand, Gelegenheit meine Kräfte zu verwenden, Arbeit, Arbeit. Und dann laß mich fort. Ich muß in die Ferne, muß die Welt kennen lernen, den Pulsschlag fühlen des geheimnisvollen Volkslebens. Ich sterbe in der Ruhe bei dir. Mir wird zu eng in meinem altgewohnten Glaubensleben. Ich will mich in die weite Welt wagen und wenn ich draußen heimatlos und elend bin, dann erwecke in mir das Heimweh nach dir, dann komme ich zu dir und bringe dir mein ganzes Herz. Ich bin gewiß, ich finde den Weg zu dir zurück. Bis dahin laß nicht meine Taten mein Richter sein, sondern deine erbarmungsvolle Liebe.
Ich war heute im Hause Gottes ohne einen Gedanken an Gott: ich sang, um meine Lungen zu stärken, ich hörte die Predigt, um meine Randglossen zu machen und betete überhaupt nicht.
(...)

*An L. C.**

Gauting, 25. April 1917

... ich war eine Gläubige, ich hatte einen Himmel, ein Jenseits, eine Vorsehung mit den Zügen des strengen, aber weisen und im Grunde liebenden Vaters, Christus war da irgendwo und wie als unüberwindliche Kraft. – – – Ich habe nichts mehr davon, es ist von mir abgefallen wie dürres Laub; weiß, wie ein winterlicher schlafender Baum, nicht wann;

* L. C. ist der Archäologe Ludwig Curtius.

aber die Stürme dieses Winters sind es wohl gewesen; eines Morgens war alles weg – – – Zuerst wars mir wie ein wirklicher Schmerz, ach, auch der Tod ein Seufzer! – jetzt aber bin ich froh, daß ich das ganze Theater los bin; weg damit! Was hat es mich gebannt in Furcht und Hoffnung; was hat es mich gefesselt bei nötigen Entschlüssen; wie hat es mir meine Zeit geraubt! – Denn, Laertes, ich habe mein ganzes Leben lang, ich Esel, auf den Arm der Vorsehung gewartet, auf die Stimme vom Himmel, auf die göttliche Hand, die mir zuwinken und die Stelle bezeichnen sollte, wo ich was zu tun fände; und mit diesem frommen blöden Warten habe ich mein Leben verpaßt, – – das sage ich mir jetzt! Es ist nicht so, daß ich aus Einsicht in diese verstandesmäßig erfaßte Tatsache nun meinen Glauben verloren und dem lieben Gott aufgesagt... so etwas liegt mir, die ich den lieben Gott mit tausend Toden rechtfertigen würde, wenn ich noch glauben könnte, nicht. Nein, die Tatsachen dieses Krieges haben meinen Glauben entwurzelt. Aber ich traure ihm nicht nach; im Gegenteil ich bin froh. Jetzt stehe ich ganz auf mir selber und fühle mich sicherer als zuvor. Ich nehme jetzt das ganze ungeheure Gewoge als das Einzige an. Mögens die einen »Gott«, die anderen »Teufel« nennen, ich nenne es Ozean. Ich bin ein Nichts und weiß, daß ich als Einzelschicksal allen Zufällen schutzlos preisgegeben bin, aber... das andere weiß ich auch, daß ich diese Zufälle unversöhnlich hasse und mein letzter Gedanke der sein wird: meine Idee von Ordnung, Gerechtigkeit, Menschlichkeit, Schönheit, kannst Du, brüllendes Ungeheures, nicht überwältigen. *Meine* Idee... ob sie mit denen anderer übereinstimmt wäre mir auch dabei einerlei, – – denn wie ich mir selber leben muß, so muß ich mir selber sterben: daß sie mich hält, trägt, beglückt, daß ist das, was meine Angelegenheit ist, – – – andere laß für ihre Angelegenheiten sorgen!

Nun denken Sie vielleicht, was wird diese Radikalinska jetzt für ein Credo abgeben? Mein *Leben*, Laertes, wird sich nicht unterscheiden von meinem früheren. Ich werde nur ganz anders das Schöne, das Gute, das Gütige, das Menschliche vertreten als bisher, weil ich weiß, daß nur Menschen und nicht mehr Gott dafür kämpft, und ich werde die Menschen, die es vertreten und zwar nicht aus Gottesliebe, sondern aus *Welt*liebe und *Menschen*liebe, tausendmal mehr bewundern

und ihnen nachfolgen als sonst. Wenn Sie erst allen Glauben an ein persönliches Gotteswesen über Bord geworfen haben, dann werde ich Ihre Anhängerin und Schülerin sein, – denn Ihre größere Geistes- und Willenskraft setzt Sie in den Stand, was ich ahne und fühle in faßbare, täglich neu zu verehrende Götterbilder zu verwandeln. Bei mir, die ich nur ein elementares Wesen bin, reichts dazu nicht. Das macht mich nicht traurig, da ich nicht das *Bedürfnis* habe, meinen Ansichten und Anschauungen leibliche Gestalt zu geben, – ich hätte als weibliches Wesen sie Kindern mitgeben sollen ..., aber das ist auch solch eine »Zufälligkeit«.
(...)

Tagebuch

München, 21. August 1918

... Ich bin davon zurückgetreten aus Abscheu vor der Art Wohlfahrtspflege, wie sie von Vereinen und vom Staat getrieben wird. Ich bin krank geworden an der Lunge, nachdem ich zeitlebens schwacher Nerven wegen nur halb gesund war. Ich habe vier Jahre lang so gut wie nichts getan, nur passiv die Stürme und Greuel des Krieges erlebt, nichts verdient, Geld verbraucht, bin arm an Geld, arm an Kräften des Körpers und des Geistes, und doch – Gott näher als je. Das heißt: mein Glaube an ihn als das einzig Wirkliche für meine Seele wächst und ist unerschütterlich. Es ist so wunderbar: bin ich doch ganz schwach, verliere ich den Faden der Gedanken, fehlen mir Name und Ausdrucksmittel, erwecke ich den Eindruck – o, ich fühle so deutlich an den Gesichtern der andern den Eindruck, den ich mache bei meinen Zuhörern: »Ist die geistig zurückgegangen!« – so ist es in mir ganz hell, sehe ich deutlich das Werk Gottes und seinen Willen und auf der anderen Seite das Werk der Finsternis, die weltliche Hölle. Was ahnen die Außenstehenden von den Gesprächen der Seele mit Gott? Von der wachsenden Nähe? Ich beobachtete, daß je mehr die Außenseite des Geistes, der Verstand, die äußere Tatkraft ihren Glanz verliert und ihre Schärfe eingebüßt (das beruht bei mir auch darauf, daß die Sphäre des Verstandes und der äußeren Tatkraft mir langweilig und gleichgültig wird, hoffnungslos erkrankt erscheint desto klarer Gott erscheint, ein Gipfel von rosafarbenem Hauch einer noch unsichtbaren Sonne belebt, hoch noch über den Wolken, mit verhülltem Wege, aber deutlich sichtbar den (geistigen) Augen, den zuverlässigsten Zeugen ...

... Aber Gott, wenn dies dein Wille ist! Zuerst und vor allem will ich dich, zeige mir den Weg zu dir, erfülle mich mit deinem Geiste, lehre mich dich erkennen, gib diesem jammervollen Wesen Freudigkeit und Stärke.

Ich bin ein eben noch glimmender Docht, fach' ihn an, tue ein Wunder, lasse ihn brennen und ein Licht werden, das in die Dunkelheit strahlt und deinen Namen verherrlicht. Ich gebe mich dir hin. Ich will nichts mehr! Erlöse mich von dem Übel, das mich von dir trennt ... sänftige den Groll auf den Krieg und die ihn angezündet haben, mache mich mutig, stark und vergnügt in dir. Laß mich trinken aus deinem Lebensstrome; gieße deinen Atem in meine Seele; aus einer Toten mache mich zu einer Lebenden; sende deinen heiligen Geist den ermutigenden, den liebenden! Lasse mich nicht zurückbeben vor deiner Wahrheit.

LETTY RUSSELL

Frauen und Freiheit

(1972)

(...)

In den meisten Kulturen gibt es eine althergebrachte Rolle für die Frau – nämlich die der Unterordnung unter den Mann. In vielen Kulturen gibt es aber auch eine neue Rolle für die Frau – nämlich die der Partnerschaft mit dem Mann. Aber es gibt darüber hinaus noch eine völlig neue Rolle für die Frau – nämlich die der menschlichen Befreiung!

Diese Berufung zu einer ganz neuen Rolle für die Frau entstand nicht einfach als ein Nebenprodukt der modernen Gesellschaft. Sie war schon länger unter uns als eine revolutionäre Kraft, die immer wieder durchbricht. Sie kam zu uns durch die befreiende Liebe Christi, und sie ist so dynamisch, daß selbst bei Paulus, der nur die alte Rolle der Frau kennt, ein Schimmer der völlig neuen Rolle immer wieder aufleuchtet.

(...)

In der modernen Welt entwickeln sich neue Rollen für die Frau als Partnerin des Mannes. In einer Welt der »Bevölkerungsexplosion« braucht die Gesellschaft Frauen, die sich anderen Aufgaben zuwenden als der des Mutterseins. In einer Welt des Leidens, des Hungers und des Mangels braucht die Gesellschaft Frauen, die an alten oder neuen Zweigen wirtschaftlicher Produktion teilnehmen. In einer Welt der Entfremdung und der Konflikte braucht die Gesellschaft Frauen, die die Fähigkeit zu heilen, zu versöhnen und etwas menschlicher zu machen, beisteuern, ob sie nun Premierminister, Wissenschaftler oder Mitglieder der örtlichen Dienstleistungsgewerbe sind.

Die neuen Rollen für Frauen sind eine Angelegenheit der sich verändernden menschlichen Gesellschaftsformen und nicht die Angelegenheit einer unveränderlichen Schöpfungsordnung. Die Menschen sind frei, zu wählen und sich verschiedene Gesellschaftsformen zu schaffen, die die gewünschten sozialen Beziehungen und Rollen festsetzen. Überall aber wird die Gesellschaft dabei gewinnen, wenn Männer und Frauen gleichermaßen so leben dürfen, daß sie beide an der Arbeit und den Entscheidungen zum Wohle des Ganzen teilhaben können.

Die ganz neue Rolle für die Frau ist die volle menschliche Befreiung. Diese ganz neue Rolle geht über die Tradition von Genesis 1–3 hinaus, da sie auf die neuen Möglichkeiten der Befreiung in Christus hinweist. Die Unruhe dieser befreienden Kraft wird in 1. Kor. 11, 7–12 deutlich. Hier, mitten in seiner Erörterung über die Sitte, gibt Paulus zu, daß in Gott die alte Ordnung der Dinge vergeht: »Doch ist weder das Weib etwas ohne den Mann, noch der Mann etwas ohne das Weib in dem Herrn; denn wie das Weib von dem Manne, so kommt auch der Mann durch das Weib; aber alles von Gott.« Diese Worte weisen auf Paulus' Aussage Gal. 3, 28 hin, wo er völlig mit der Sitte bricht und erklärt, daß in Christus »ist nicht Jude noch Grieche, nicht Knecht noch Freier – nicht Mann noch Weib«. Seit dem Kommen Christi sind in der neuen Ordnung der Dinge Männer und Frauen in einem Körper oder in einer Kirche miteinander verbunden, da Christus die Macht des Gesetzes und der Natur, die sie trennte, überwunden hat. In dieser neuen Wirklichkeit sieht Paulus die Kirche als einen ersten Vorgeschmack der Neuen Schöpfung. Er ruft Männer und Frauen auf, als Brüder und Schwestern zu leben in einer neuen Freiheit der Beziehungen als Kinder Gottes.

Durch die Jahrhunderte hat die Kirche diese Vision der Befreiung weitgehend verloren, so daß in der gegenwärtigen Welt viele andere Gruppen in der Gesellschaft den Frauen mehr neue Rollen zubilligen als manche christlichen Konfessionen. In dem Kampf um Befreiung sollten die Kirchen selbst angegriffen werden, wo immer sie es versäumen, nach der revolutionären Freiheit des Evangeliums zu leben. Christi Ruf zur Freiheit richtet sich noch immer an die ganze Menschheit. Seine Bewegung bricht alte Rollen auf und öffnet die Möglichkeit für völlig neue Rollen.

In ihrer neuen Rolle weiß die Frau nicht nur, daß sie eine Vielfalt von verschiedenen Aufgaben übernehmen kann, je

nach ihrer Begabung und den Bedürfnissen der Gesellschaft, sondern sie weiß sich auch innerlich gänzlich frei. Diese innere Befreiung kommt, wenn sie in ihrem Leben der Geschichte und dem Lebensstil Jesu von Nazareth folgt.
Hier findet sie immer wieder Kraft, jenseits der Sicherheit der alten Ordnung zu leben und neue Lebensformen für eine neue Welt zu finden. Dies ist eine Kraft, die aus dem Glauben an Gottes Liebe in Christus kommt und die das negative Selbstbild überwindet, in dem die Frau befangen war. Es macht sie frei, sich mit anderen zusammenzuschließen zur Gestaltung und Veränderung der Zukunft, so daß schließlich Männer und Frauen ihre wahre Menschlichkeit zusammen finden können.
Die völlig neue Rolle der Frau ist eine Gabe – eine Gabe der Liebe. Sie ist eine Macht – eine Macht, die Zukunft zu verändern. Sie ist eine Partnerschaft – eine Partnerschaft in Freiheit für andere. Es ist die Befreiung, jetzt!

Konflikte mit der Kirche

HENRIETTE SCHRADER-BREYMANN

Ihr kurzsichtigen Theologen

Briefe an die Brüder
(1861–1863)

An den Bruder Karl im Predigerzimmer:

Zwar ist es spät, aber ich kann nicht anders als meiner Empörung Luft machen über das, was Du mir von Deinem berühmten Psychologen geschrieben. Ich werde mit Wollust alle Qualen leiden, die ein vereinsamtes Leben mit sich bringt, wenn ich nur meine Idee über das Weib treu bewahre, und wenn ich je getrauert, daß mir die Ehe versagt blieb, so jauchze ich jetzt darüber; denn ich bin frei, frei von den Banden, die ich verfluche von dem Momente an, wo es mir zum Bewußtsein kam, wie die Männer über uns Frauen denken, was wir ihnen sind.

Wehe, wehe Euch! Das einzige Rettungsmittel aus dem Elende verwerft Ihr! Was wollt Ihr Theologen mit Eurer Bibel und Eurer engherzigen Auffassung derselben? Waren die Apostel nicht etwa Menschen, die unter dem Einflusse ihrer Zeit standen? War Christus nicht von einem Weibe geboren? In ihrem Schoße keimte, entwickelte sich das Göttliche; der Mann ist nur bestimmt, es zu formulieren, wir gebären es und geben es Euch; da liegt das große Geheimnis. Ihr kurzsichtigen Theologen, die nicht schauen können in das Innere der Natur! Immer besser verstehe ich das Jesuswort: »Nicht alle, die in meinem Namen Teufel ausgetrieben, werden in das Himmelreich kommen.« Es gibt keinen Namen, es müßte einer erfunden werden, um die Aussage Deines Psychologen auszudrücken! Hätte er recht, so würde mein einziges Gebet sein, mich zu vernichten.

Ihr Kurzsichtigen, Ihr laßt Euch lieber zu Sklaven eines geschickten Weibes machen, als daß Ihr das Weib in seiner Würde als Eure Gleichberechtigte anerkannt. Geht hin mit Eurem Panier an der Brust, in der der Hochmutsteufel wohnt! Schwört auf Eure Bibelsprüche und Propheten, daß

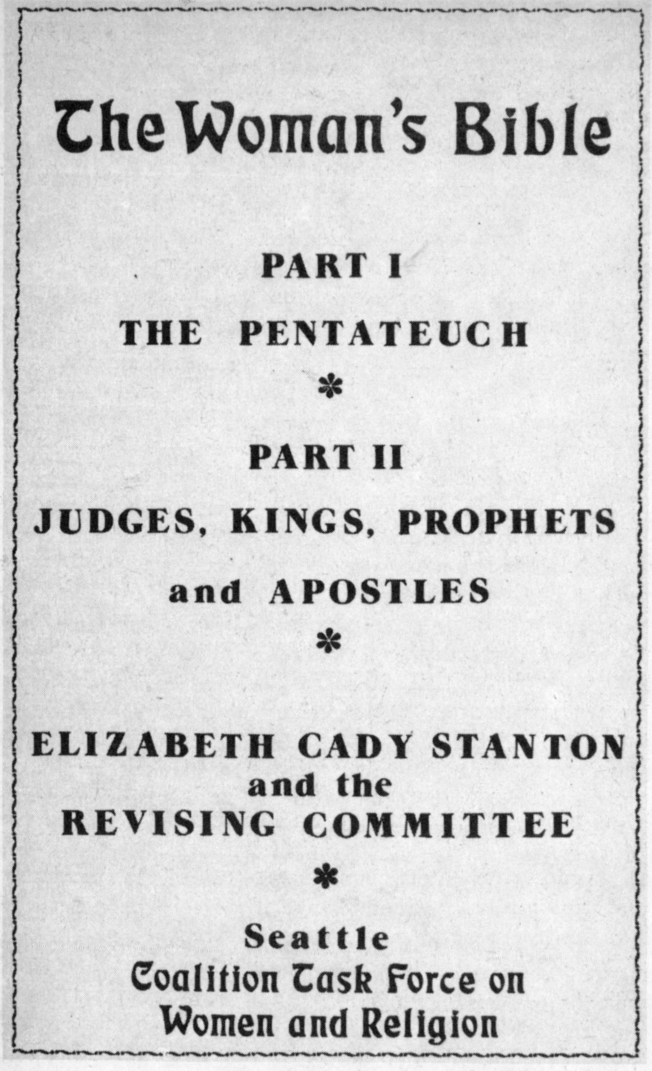

The Woman's Bible

PART I

THE PENTATEUCH

✻

PART II

JUDGES, KINGS, PROPHETS

and APOSTLES

✻

ELIZABETH CADY STANTON
and the
REVISING COMMITTEE

✻

Seattle
Coalition Task Force on
Women and Religion

Die amerikanische Frauen-Bibel von 1895, kommentiert und ausgewählt von Frauen.

das Weib nur in und durch Euch existiere; zieht sie hin in den Staub; seid kurzsichtig, engherzig, unlogisch. Gerade da, wo das Weib steht, steht Ihr selbst, denn sie ist Eure Hälfte! Karl, laß die Stickluft des Theologenseminars nicht Einfluß auf Dich haben ...

Später. Jetzt bin ich wieder ganz ruhig geworden, aber der Zorn hat sich in eine feste Überzeugung verwandelt. Wenn Du Deine Studien absolviert hast, gehe hinaus in die Welt, gehe nach Paris, wo der Wellenschlag des Lebens Dich berührt; in Büchern hast Du genug gekramt, studiere die Natur und das menschliche Leben; dieses wird Dir besser auseinandersetzen, was die Sünde ist der Menschheit, wie des einzelnen Menschen.

An den Bruder Adolf:

Ich, die ich so gerne künstlerisch geschaffen hätte, versenke mich oft in Gedanken, wie ich dieses und jenes darstellen möchte, und so ist mir oft die Ehebrecherin ein interessanter Gegenstand gewesen, über den ich auch gern gepredigt hätte, wenn ich ein Pastor wäre.

Sie ist kein verlorenes Weib, sondern ich denke sie mir als eine reiche Natur, deren Gemüts- und Geisteskräfte nicht die gehörige Richtung und Entwicklung bekommen haben. Die Bestimmung der Eltern brachte eine nach Verständnis lechzende Seele in die Ehe, welche sie an einen Gegenstand fesselte, der eben eine Sache war. Wohin, wohin mit der Allgewalt der Gefühle, die ein Herz suchten, das sie aufnahm und ihr im Nehmen gab? Ein Herz, das ewig dürstende Sehnsucht nach Harmonie und dem Einklang zweier Seelen befriedigte?

Unwürdige Behandlung, ein Drang nach Freiheit trieb sie in die Arme eines andern. Sie wird vor Jesus geführt.

Voll finsteren Trotzes tritt sie in den Kreis, denn trotz der äußeren Schuld ist sie vielleicht reiner als mancher ihrer Ankläger.

Das Weib war nach zwei Seiten hin furchtbar erschüttert. Sie war öffentlich gebrandmarkt. Jeder hatte ein Recht, ihr frech lächelnd ins Gesicht zu schauen, jeder ihr alles zuzumuten. Nun steht sie vor Jesus allein. Und vor der Stille und Reinheit seines Wesens beugt sie sich, weil in ihr noch Reinheit, wenn auch getrübte, lebt. Das ist die zweite Erschütterung, die ihr das Herz bricht. Ein namenloser Jammer erfaßt sie bei dem Gefühl, keinen Anteil zu haben an der Reinheit und Gesetzmäßigkeit, in denen der edle Menschenfreund regiert. Er fühlt, was in ihr vorgeht, dieser größte Psycholog der Welt...

Adolf, zeichne mir einmal das Bild. Ich finde, gerade diese Geschichte von der Ehebrecherin lehrt uns, daß die richtige Entwicklung des Tätigkeitstriebes dem Elende Einhalt tun könnte, das im Verkehr der Geschlechter besteht... O, es wird ein Weh kommen über die Männer und deren Kinder, die dem Weibe die volle, freie Entwicklung ihrer Fähigkeiten nicht gewähren. Was für ein Geschwätz ist das zu sagen: »Der Mann ist Verstand, das Weib Gemüt«, oder: »Der Mann ist zur Selbständigkeit, die Frau zur Abhängigkeit geboren«, oder: »Der Mann gehört ins öffentliche Leben, die Frau ins Haus«...

Die Menschheit ist nach den Lehren des Christentums eine Familie mit vielen kleinen Knotenpunkten, Familien im engeren Sinne. Die Frau gehört *wohl* in die Menschheit, sie gehört *wohl* ins öffentliche Leben, aber ihre Aufgabe daselbst ist eine andere. Sie ist eben fähiger, das persönliche Interesse zu erfassen und zu wahren, als der Mann. Wenn die Männer der Frau nur eine größere Freiheit der Bewegung gestatten wollten!

Wie es nicht nur eine Männlichkeit gibt, so auch verschiedene Weiblichkeiten. Längst würde man den Ritter des Mittelalters, der das Faustrecht übte, jetzt einen Raufbold schelten; aber immer soll die engbegrenzte Frau jener Zeit der Maßstab für unsere jetzige Weiblichkeit sein.

Wenn dieses Kapitel der Weiblichkeit angebrochen wird, hat man auch nie die verschiedenen Altersstufen der Frau im Auge. Man hält sich immer an die Zeit der Knospe, daher sehen wir auch so viele vergilbte und verwelkte Knospen, die keine Blume, keine Frucht getragen. Woher käme sonst das Wort: »Alte Jungfer, altes Weib«, was immer etwas Verächtliches bezeichnet?

Ich wünsche so sehr eine vermenschlichte Auffassung der Bibel, die Vermittlung der Gegensätze, des Idealen und Realen.

HEDWIG DOHM

Was die Pastoren von den Frauen denken
(1872)

Zur Frauenfrage, von Herrn Professor der Theologie Jacobi in Königsberg und Philipp von Nathusius:

Herr Jacobi hat uns in der wissenschaftlich gebildeten Frau das Zerrbild einer Frau gezeigt. Dieser sittlichen Vogelscheuche gegenüber stellt er uns nun das Ideal des Weibes hin. Er sagt: »Es zeigt sich die Vertiefung des weiblichen Ideals durch das Evangelium darin, daß es den Schmerz in sich aufnimmt. Es ist die Verklärung des Schmerzes, in der sich die Geistigkeit und Sittlichkeit des christlichen Ideals als der Weiblichkeit offenbart.«

Von diesem Standpunkt aus läßt sich allerdings gegen die jetzige politische, gesetzliche und soziale Stellung der Frauen nichts einwenden; sie erscheint vielmehr als völlig zweckentsprechend. Jetzt verstehe ich: das sind die besten Ehemänner, die durch schlechte Behandlung um die Stirnen ihrer Gattinnen den Glorienschein der Schmerzverklärung weben!

Darum enthält man den Frauen jeden lukrativen Erwerb vor, damit sie in den Bitternissen der Armut die Seelen von den Schlacken eitler Vergnüglichkeit läutern sollen; darum entwickelt man ihre Intelligenz nicht, damit sie lernen mögen, in weisen Meditationen der Erde Weh zu überwinden!

Wie wäre es, wenn man zur Vervollkommnung dieser Idealität einige mittelalterliche Institutionen wieder ins Leben riefe: die Hexenverbrennungen etwa, die Geißelungen usw.?

Auch hier schließt sich Herr von Nathusius ganz dem Vorredner an, und er fügt noch hinzu: »Die Frau ist stärker als der Mann leiblich und seelisch zum Ertragen von Schmerz, im Harren und Dulden.« Merkt es euch also, ihr meine Leidensgefährtinnen, eure Seelen sind stärker als die der Männer, aber nur im Ertragen von Schmerz, im Harren und

Dulden, aber bei Leibe nicht etwa im Ertragen von Freuden und Genüssen! Die armen Männer müssen doch ein Äquivalent haben für eure Stärke im Dulden! Von den Herren Pastoren aber erwarten wir nun nichts Geringeres, als daß sie von der Kanzel herab feierlichen Protest erheben werden gegen den verderbten Geschmack derjenigen Männer, die an heiteren und vergnüglichen Frauen ein frivoles Behagen finden.

(...)

Auch Herr Jacobi warnt die Frauen vor gewissen Berufsarten. »Jede Tätigkeit«, sagt er, »die größere anhaltende Anstrengung des Körpers fordert, muß dem Weibe versagt bleiben.« Damit meint er, wie schon erörtert wurde, geistige Arbeit, durchaus nicht etwa die anmutigen Spielereien andauernden Waschens, Scheuerns usw.

»Die heidnischen Völker haben das Weib als Arbeitskraft verwertet, das Evangelium und die Kultur, die es begleitet, hat das Joch der Arbeit von seinem Nacken genommen und schonend einen Kreis der Tätigkeit ihm zugewiesen, der Feierstunden der Sammlung, Freiheit und Freude ihm gewährt.«

Was würde diese Kultur für einen Vorzug haben, wenn sie statt den Frauen nun den Männern, ohne ihnen Feierstunden der Sammlung, Freiheit und Freude zu gewähren, das Joch der Arbeit auf den Nacken gelegt hätte? Oder sollte es vielleicht auch Männer geben, Herr Jacobi, die sich manche heitere Feierstunde gönnen?

Das Evangelium hat die Frauen befreit, meinen Sie. Vergaßen Sie jenes Konzils im sechsten Jahrhundert, in dem ernsthaft darüber debattiert wurde, ob die Frauen zu den Menschen zu rechnen seien?

Wer arbeitet mehr, die Christin in der Fabrik, am Waschfaß, über der Nähmaschine, oder die Mohammedanerin in ihrem Frauengemach?

Geschieht es hinter dem Rücken des Evangeliums, Herr Jacobi, daß, wie wir aus dem Bericht einer Unterrichtsbehörde für Schottland erfahren, in den westlichen Küstengegenden Schottlands die Frauen vielfach als Lasttiere benutzt werden, daß gerade die körperlich schwersten Arbeiten in den Bergwerken und im Küstenfischfang den Frauen aufgebürdet werden, während sich die Männer die leichteren und einträglicheren Arbeiten vorbehalten? Geschieht das vielleicht, um ihren zarteren Organismus zu schonen? Und fort und fort wird das christliche Weib, ohne Möglichkeit und Befreiung, seinen Nacken unter das Joch harter Arbeit beugen müssen, bis eine durchgreifende soziale Reform ihm neben den notdürftigen auch die einträglicheren Erwerbsquellen zugänglich machen wird. Man entzieht ihm im Großen und Ganzen (wenn nicht gesetzlich, so doch vermittelst der Sitte und des Vorurteils) alle diejenigen Erwerbsmittel, bei denen Arbeit und Freude zusammenfallen, mit wenigen Ausnahmen alle Berufsarten, die den Ehrgeiz befriedigen, die eine Stellung in der Gesellschaft geben, die sie dem Manne neben- oder überordnen könnten. Die Frau darf die Erwerbsmittel nicht ihren natürlichen Neigungen anpassen. Man gestattet ihr eben nur die Notarbeit, bei der sich nichts erübrigen läßt.

(...)

Als Herr von Nathusius die Beschäftigungsfrage abhandelte, schied er als das unverrückbar Normale zunächst die Ehefrau rein ab. »Das Haus ist die Welt der Frau! Beruf und Lebensaufgabe der Frauen ruhen ein für allemal in festen, ewigen Ordnungen der Natur und des göttlichen Gebots und können nicht wanken und weichen!!«

Herr von Nathusius, wie die meisten ihm wahlverwandten Denker, verwechselt beständig Sitte oder historische Zustände und Naturgesetz.

Naturgesetze zu ergründen ist nur den tiefsten Geistern, den erhabensten Genien gegeben. Ein Newton, ein Kopernikus haben Naturgesetze unserer Erde gefunden. Wer aber hat bis jetzt die Naturgesetze des Menschengeistes so ergründet, um eine ewige Weltordnung darauf zu bauen? Sie vielleicht, Herr von Nathusius?

Sie selbst erzählen von einem wilden Volk, bei dem die Männer sich ins Bett legen, wenn ihre Frauen in die Wochen kommen. Wenn diese Wilden sich gebildet ausdrücken könnten, so würden sie das jedenfalls für ein »Naturgesetz« erklären, das nicht wanken und weichen könne. Und diese Gesetze, »die nicht wanken und weichen können«, nicht wahr, sie haben festgestellt, daß die Tagelöhnerfrau nun schon seit Jahrhunderten jahrein, jahraus im Schweiße ihres Angesichts ihr trockenes Brot herunterwürgen muß, wäh-

rend die reiche Gräfin oder Prinzessin zur selben Zeit mit Delikatessen und Nichtstun ihr Nervensystem ruiniert?
Diese unglücklichen Naturgesetze scheinen die Sündenböcke für alle haarsträubende Dummheit, für jede Niedertracht der Menschen und Zeiten zu sein. Die Sitte knüpft nicht etwa an Naturgesetze an, sie ist viel öfter das Kind des Vorurteils als des Urteils. Sie wissen eben so gut wie ich, daß die Sitte nur die Form ist, in der sich der Geist einer bestimmten Zeitperiode offenbart, umfasse diese Zeitperiode nun die Dauer eines Jahrzehnts oder dreier Jahrtausende.
Das aber ist das Tragische unserer gesellschaftlichen Zustände, daß ihre Formen oft den Geist, der einst in ihnen lebte, überdauern. Und diese toten Formen nun, diese Gespenster haben die unerhörte Anmaßung, bei hellem Tage über lebendige Geister herrschen zu wollen!
Und dann, Herr von Nathusius, als die ersten Frauen geschaffen wurden, gab es wahrscheinlich noch gar kein Haus, und vielleicht Jahrtausende hindurch kein Haus, keine Kleidung und kein Feuer, und es ist anzunehmen, daß, hätte die Natur die Frauen ausschließlich für das Haus bestimmt, so würde sie ihnen einen kleinen Feuerherd, einen Nähtisch und einen Besen mit auf die Welt gegeben haben.
Oder wissen Sie vielleicht vermöge geheimnisvoller Offenbarung etwas von den tausend und abertausend Jahren, die den lumpigen paar Jahrtausenden, von denen wir andern etwas wissen, vorausgingen?
Übrigens dürfen Sie nicht glauben, daß ich gegen das Leben der Frau im Hause etwas einzuwenden habe. Meine Ansichten und Erfahrungen über die moderne Hausfrau werde ich an einer andern Stelle niederlegen.
»Das Haus zu ernähren«, fahren sie fort, »liegt seit dem Paradieses-Ausgang dem Manne ob« usw.
Wie gesagt, außer Ihnen weiß niemand etwas von den Urzuständen der Menschheit, obgleich die Vermutung nahe liegt, daß unsere heutigen Frauen denen der Urzeit ebenso wenig gleichen mögen, wie die Referendare und Leutenants von heute den Pfahlbautenbewohnern. Aber bleiben wir bei der Gegenwart.
»Es ist die Pflicht des Mannes«, sagen Sie, »das Haus zu erhalten.«
Warum vergessen Sie bei dieser Gelegenheit Ihren Bannstrahl

zu schleudern gegen die Männer, die reiche Frauen heiraten? Oder finden Sie vielleicht, daß in diesem Fall die Verführung zu groß sei, und deshalb alle reichen Frauen mit Stumpf und Stiel auszurotten seien?

(...)

Aber hören wir, wie Herr von Nathusius der Poesie eine Stätte am häuslichen Herde zu bereiten versteht. Vor allen Dingen fordert er, daß die Hausfrau musikalisch sei. Er sagt: »Ein Mädchen könnte ohne Spiel und Gesang schon auskommen; für eine Hausfrau gehört beides unter das Allernötigste zur Erfüllung ihrer Pflichten. Denn einfach: ihre Pflicht und ihr Lebensberuf ist es, das Haus zu verschönern, dessen Hauskantor zu sein, wie der Mann der Hauspriester ist, und ihre Kleinen in einem fröhlichen Liederleben aufwachsen zu lassen.«

Mit diesen Worten, Herr von Nathusius, revolutionieren Sie ja förmlich gegen Gott selber! Sie wollen, wenn die Natur es der Frau versagt hat, zu singen und zu spielen was sie fühlt, dieser Natur Gewalt antun?

Gott schütze jedes unglückliche Kind vor einer unmusikalischen Mutter, die Musik macht!

Aber damit noch nicht zufrieden, empfiehlt der Harr Pastor, wohl gemerkt, nicht als Beruf, sondern »zum kleinen Hausgebrauch« als Schmuck des Hauses – man staune! – die Ölmalerei und Holzbildnerei. »In dieser Anwendung sind sie besser als in Galerien und Museen.«

Dieser Ausspruch bedarf wohl keiner ernsthaften Gegenrede. Über den Geschmack, wie gesagt, läßt sich nicht streiten. Mir steht die bescheidenste Arbeit in der Küche oder am Nähtisch hoch über jeder Kunstpfuscherei.

(...)

Zum Schluß will ich nur bemerken, daß ich von ganzem Herzen mit Stuart Mill, den Herr von Nathusius einen überstudierten Nationalökonomen nennt, übereinstimme, wenn er sagt, daß die Frau (wie jedes organische Gebilde der Schöpfung) den Zweck ihres Daseins in sich selbst habe, also nicht in den Männern. Und die naiven Männer, bei denen die letztere Anschauung die Quelle ist, der all ihre Meinungen über Frauen entspringen, kommen mir wie jene weisen Hausfrauen vor, die, wenn sie auf dem Markt ihre geschlachteten Tauben und Hühner kaufen, der festen Überzeugung

leben, Gott habe dieses Geflügel nur geschaffen, um ihnen Braten für ihre Tafeln zu liefern.
Die guten Männer reden uns ein, wir lebten unter ihrer Herrschaft wie im Paradiese. Vergebens rufen wir uns heiser, daß wir vom Baum der Erkenntnis gegessen haben und des Paradieses nicht mehr würdig seien. Wie der Engel im Paradies, hält der Mann das flammende Schwert in Händen, aber, der Gute, der Barmherzige, nicht um uns auszutreiben, sondern um uns gewaltsam gegen unsern Willen darin festzuhalten!

ELISABETH MALO

Eine Anfrage an die Herren Theologen Deutschlands aus den Kreisen christlicher gebildeter Frauen (1891)

Ihr werdet die Wahrheit erkennen, und die Wahrheit wird euch frei machen. Diese herrliche Verheißung unseres Herrn hat ihre Kraft bisher bewährt in allen Verhältnissen des öffentlichen und privaten Lebens; wer hätte sie nicht auch schon in seinem eigensten persönlichen Leben erfahren dürfen, wenn es ihm ernstlich um Erkenntnis der Wahrheit zu tun war? Und würden wir die befreiende Macht der Wahrheitserkenntnis nicht noch in viel größerem Umfange erfahren haben, wenn wir ernster darum gerungen hätten?

Eine wichtige Frage, die in unsrer Zeit eine brennende geworden ist, scheint mir in dem Ringen um diese Wahrheitserkenntnis ganz besonders vernachlässigt zu sein, ich meine die *Frauenfrage.*

Wäre es nicht längst in erster Reihe die Pflicht der evangelischen Theologie gewesen, in freier, vorurteilsloser, echt protestantischer Schriftforschung diese Frage zu behandeln? Oder hat sie es vielleicht getan? Mir wenigstens ist keine einzige wissenschaftlich-theologische Schrift bekannt geworden, so sehr ich auch danach gesucht habe, die diese Frage zum Gegenstande gründlicher Untersuchung gemacht hätte. Veranlassung dazu hätten die Verhältnisse des praktischen Lebens sowohl, als auch die verschiedenartigsten Schriftstellen wahrlich reichlich genug gegeben. Mit einer Predigtweise, wie etwa der berühmte Monod dieses Thema behandelt in seinen Predigten »Das Weib«, und wie er dazu die betreffenden Schriftstellen ein- und ausdeutet, ist wahrlich zur Klarstellung dieses Punktes nichts getan; im Gegenteil, es ist das eine Tröstung und Beschwichtigung, die jeden klar denkenden und gesund fühlenden Menschen verletzen muß. Tatsächlich wird durch eine solche Art der Schriftbehandlung mehr Schaden als Nutzen gestiftet; denn ich habe es erlebt,

Kirche und Pfarrhaus in Züllsdorf 1981, wo Elisabeth Malo vor fast hundert Jahren lebte und schrieb. (Fotos: Rosemarie Stappenbeck)

daß gerade sehr tüchtigen und charaktervollen Frauen dadurch das Christentum fremd, ja verleidet ward.
Wollen es die Theologen etwa wirklich der Sozialdemokratie überlassen, diese ungemein wichtige, mit der sozialen und religiösen Frage so eng verflochtene Frauenfrage in die Hand zu nehmen und sie in ihrer Weise, vielleicht aus einem falschen Prinzip heraus zur Entscheidung zu bringen, ähnlich wie sie die Sonntagsfrage in eine schiefe Richtung zu drängen suchen? Das dürfte wohl weder zum Segen der Kirche noch der Frauen, sowie des gesamten Volkslebens ausschlagen.
Meine Frage an die Herren Theologen allgemein gefaßt ist nun diese: *Hat die Ansicht der Apostel Paulus und Petrus über die Stellung der Frauen im öffentlichen und privaten Leben göttliche Autorität,* weil sie in Übereinstimmung mit Christi Sinn und Geist ist, oder entbehrt sie dieser Übereinstimmung und wäre vielleicht aus den damaligen kulturgeschichtlichen Zeitverhältnissen zu erklären, also nicht für alle Zeiten verbindlich?
Viele Punkte scheinen mir für letztere Anschauung zu sprechen. In einigen Punkten sicher ist die göttliche Autorität der Ansichten Paulus von allen, auch den strengsten evangelischen theologischen Richtungen bisher verneint worden, wenn auch mehr stillschweigend, so doch allgemein durch die Praxis: wir halten uns nicht mehr für verpflichtet, bedeckten Hauptes zu beten, wie Paulus das 1.Kor.11, 5–6.10.13 verlangt.
Sodann: wenn der Apostel 1.Kor.7 der Ehelosigkeit das Wort redet, so wird dem oft mit einer Energie, die fast komisch wirken könnte, widersprochen, auch von solchen strengen Bibelgläubigen, die sonst auf jedes Wort des Apostels schwören. Sie sprechen es bei jeder Gelegenheit als Dogma aus, daß der einzige von Gott gewollte Beruf des Weibes die Ehe sei.
Ich möchte aber etwas näher auf die andern, die Frauenfrage betreffenden Schriftstellen eingehen. Ich betone jedoch ausdrücklich, daß ich weit entfernt davon bin, theologische Lehrsätze aufstellen zu wollen; nur Fragen und Bedenken erlaube ich mir hier offen zu äußern, wie sich diese wohl jedem denkenden Laien beim ernsten Forschen in der Schrift aufdrängen; ich bitte nur um Belehrung.
Die erste und grundsätzlich wichtigste Frage drängt sich mir

auf aus folgenden beiden apostolischen Stellen: 1.Kor.11,3 u. 7:

Ich lasse euch aber wissen, daß Christus ist eines jeglichen Mannes Haupt; der Mann aber ist des Weibes Haupt; Gott aber ist Christi Haupt. – Der Mann aber soll das Haupt nicht bedecken, sintemal er ist Gottes Bild und Ehre; das Weib aber ist des Mannes Ehre; sowie Eph. 5,22–33:
Die Weiber seien untertan den Männern, als dem Herrn. Denn der Mann ist des Weibes Haupt, gleichwie auch Christus das Haupt ist der Gemeine, und Er ist seines Leibes Heiland. Aber wie nun die Gemeine ist Christo untertan: also auch die Weiber ihren Männern in allen Dingen. Ihr Männer, liebet eure Weiber, gleichwie Christus auch geliebet hat die Gemeine und hat sich selbst für sie gegeben, auf daß er sie heiligte, und hat sie gereinigt durch das Wasserbad im Wort, auf daß er sie ihm selbst darstellte, eine Gemeine, die herrlich sei, die nicht habe einen Flecken oder Runzel oder des etwas, sondern daß sie heilig sei und unsträflich. Also sollen auch die Männer ihre Weiber lieben als ihre eignen Leiber. Wer sein Weib liebet, der liebet sich selbst. Denn niemand hat jemals sein eigen Fleisch gehasset, sondern er nährt es und pfleget sein, gleichwie auch der Herr die Gemeine. Denn wir sind Glieder seines Leibes, von seinem Fleisch und von seinem Gebeine. Um deswillen wird ein Mensch seinen Vater und seine Mutter verlassen und seinem Weibe anhangen und werden Zwei ein Fleisch sein. Das Geheimnis ist groß: ich sage aber von Christo und der Gemeine. Doch auch ihr, ja ein jeglicher habe lieb sein Weib als sich selbst; das Weib aber fürchte den Mann.

Also die erste Frage ist diese: *Wie ist das Verhältnis der Frau zu Christus aufzufassen?* Hat sie eine andre Stellung zu ihm als der Mann? Eine erst durch den Mann vermittelte? Hat die Frau etwa auch ein andres *Sittlichkeitsideal*, als der Mann es hat an Christus? Fast könnte es scheinen, als sei das allerdings die Meinung des Apostels, und doch widerspricht er selbst dieser Annahme Galater 3,28:

Hier ist kein Jude noch Grieche, hier ist kein Knecht noch Freier, hier ist kein Mann noch Weib; denn ihr seid allzumal einer in Christo Jesu.

Ich komme zu der zweiten Frage. Sie betrifft die *Stellung der Frau ihrem Manne* gegenüber in der Ehe.
Leider haben wir für dieses Verhältnis keine bestimmte Weisung von Christus; doch wo er auf die Frage der Pharisäer über die Ehescheidung antwortet (Matth. 19 und in den Parallelstellen), behandelt er beide Teile, Mann und Frau, als völlig gleichberechtigt und gleichverpflichtet. Für das Gemeinschaftsleben im allgemeinen aber gibt er nur das Gebot der Liebe und der Demut, in dem einer dem andern dienen

solle (Matth.23, 8–12, dazu die Parallelstellen). Sollte er dies nicht auch auf das innigste menschliche Gemeinschaftsverhältnis angewendet wissen wollen?
Die geheimnisvollste und mir völlig unbegreifliche Auseinandersetzung des *Apostels Paulus* bezüglich des ehelichen Verhältnisses bleibt mir aber Eph.5, 22–33 (vgl. oben). Wäre ich nicht stets dessen eingedenk, daß Paulus unter den Dienern und Boten Christi das größte religiöse Genie und ein sittlicher Charakter ersten Ranges ist, ich würde versucht sein, in dieser Entwicklung die größte männliche Anmaßung zu finden, deren nur ein Orientale fähig ist, sogar in Rücksicht auf Christus diese Parallele eine Blasphemie zu nennen.
Was stellt denn den Herrn Christus so hoch seiner Gemeinde gegenüber und gibt ihm das Recht der Forderung des Gehorsams in allen Dingen? Ists nicht vor allem die Einzigartigkeit seiner heiligen Persönlichkeit und seines Erlösertodes, womit er sich diese Gemeinde teuer erworben und gewonnen hat und er sie fortan bauet und zur Vollendung führt durch Ausgießung seines heiligen Geistes? Wo ist auch nur eine Spur dieser Rechtsgrundlage in dem Hoheitsanspruch des Mannes der Frau gegenüber?
Ferner: Ist die Begründung des männlichen Hoheitsanspruches in 1.Tim.2, 13f.

Denn Adam ist am ersten gemacht, danach Eva. Und Adam ward nicht verführet, das Weib aber ward verführet, und hat die Übertretung eingeführet

und in 1.Kor.11, 8f.

Denn der Mann ist nicht vom Weibe, sondern das Weib ist vom Manne. Und der Mann ist nicht geschaffen um des Weibes willen, sondern das Weib um des Mannes willen

bei den Ergebnissen der heutigen wahrheitsgemäßen Geschichts- und Schriftforschung als berechtigt aufrecht zu erhalten? Angenommen aber, die theologische Wissenschaft vermöchte es heute nicht mehr, den Standpunkt des Apostels Paulus zu teilen, der augenscheinlich für geschichtliche Tatsache hält, daß Eva um Adams willen aus einer seiner Rippen gemacht und später zuerst verführt wurde, würde sie dennoch die Folgerungen, die sich dem Apostel aus dieser Tatsache ergeben, aufrecht erhalten wollen und können?

Ich komme zu dem dritten Punkte, zur *Stellung der Frau im öffentlichen Leben,* und zwar zuerst als *lernende* 1.Kor.14, 35:

Wollen sie aber etwas lernen, so laßt sie daheim ihre Männer fragen. Es steht den Weibern übel an, unter der Gemeine zu reden.

Es handelt sich doch wohl darin um das Lernen zur Erlangung religiöser Erkenntnis. Ist es nun wirklich in Christi Sinne und Geiste: erstens, daß es völlig in das Belieben der Frau gestellt ist, ob sie »etwas lernen will« oder nicht; gilt denn nicht auch ihr die sittliche Forderung 1.Kor.14, 20: »Werdet nicht Kinder an dem Verständnis, sondern an der Bosheit seid Kinder; am Verständnis aber seid vollkommen«? und Kol.1, 11: »Wachset in der Erkenntnis Gottes« u.a.m.? Zweitens: entspricht das der Praxis Christi, die Frau mit diesem Lernbedürfnis nur an ihren Mann zu verweisen? Hat nicht Christus allezeit auch die Frauen um sich versammelt, und lesen wir je, daß er sie ins Haus verweist? Sogar das Weib, das seine Rede mit einer lauten Seligpreisung unterbricht (Luk. 11, 27), ermahnt er nicht zum Schweigen, sondern antwortet ihr mit einer Belehrung von großer Wichtigkeit.

Der vierte Punkt nun betrifft das *Verbot des Lehrens,* 1.Tim.2, 12:

Einem Weibe aber gestatte ich nicht, daß sie lehre.

Ich frage wieder: Haben wir auch dafür einen Maßstab in Christi Handlungsweise? Mir scheint dies so; aber ebenso scheint mir auch hier wieder die Übereinstimmung zwischen Christus und Paulus zu fehlen. In allen Evangelien lesen wir nämlich, daß die ersten, von Christus selbst beauftragten Verkündiger der Auferstehungstatsache die Frauen gewesen sind. Und nicht nur das; der Maria Magdalena gibt er einen Auftrag prophetisch-lehrhaften Inhalts von der größten Wichtigkeit: »Gehe aber hin zu meinen Brüdern und sage ihnen: Ich fahre auf zu meinem Vater und zu eurem Vater, zu meinem Gott und zu eurem Gott.« Jesus läßt also seine Jünger durch dieses Weib erstens darüber belehren, daß er zu ihnen in ein neues Verhältnis getreten, ihr Bruder geworden sei, und zweitens über seine eigne, der Auferstehung nun folgende Vollendung. Gibt diese Schriftstelle nicht viel zu denken?

Eine Einschränkung hinsichtlich ihrer Lehrtätigkeit scheinen allerdings auch von ihm die Frauen zu erfahren. Er bildet keine weiblichen Apostel gleich den männlichen aus, die er mit dem Evangelium in die ungläubige, feindselige Welt hinaus sendet; seine den Frauen gegebenen Aufträge gelten nur seinen Gläubigen. Oder gälte das etwa auch den mitversammelten Frauen, was uns Apostelgeschichte 1, 8 berichtet wird von den letzten Reden des Herrn: »Ihr werdet die Kraft des heiligen Geistes empfangen, welcher auf euch kommen wird, und werdet meine Zeugen sein zu Jerusalem, und in ganz Judäa und Samaria und bis an das Ende der Erde.« Sowie die Worte in Matth.28, 19 und Luk.24, 48f? Jedenfalls ein Verbot dieser weitergehenden Verkündigung durch die Frauen lesen wir nirgends. Läßt nicht vielmehr die Erzählung von Jesu und der Samariterin Evang. Joh. 4 auf das gerade Gegenteil schließen?

Diese Geschichte ist mir in vieler Beziehung lehrreich. Zunächst das Gespräch an sich, soweit es uns mitgeteilt ist. Von den einfachsten Dingen ausgehend leitet der Herr über zu dem, was seine ganze Seele erfüllt, indem er zu dem Weibe (nicht etwa in erbaulicher Art, nur an ihr »Gefühl« sich wendend) religiöse Wahrheiten von größter Tiefe und Tragweite ausspricht. Keine Spur von geistiger Herablassung ist bei ihm zu bemerken, wie sie so leicht bedeutende und unbedeutende studierte Männer im Gespräch mit Frauen fühlen lassen, die oft so verletzend, mitunter aber auch komisch wirkt. Sollte es sich nicht empfehlen, zumal für die Herren Theologen, den »Damen« gegenüber auch einfach von dem zu reden, was diese Herren selbst begeistert und bewegt, und nicht so oft zu tun, als übersteige das unsern Horizont und sei nicht geeignet für eine »Damenunterhaltung«, als müsse diese sich nur immer hübsch auf der Oberfläche halten, damit ja nicht die »echte Weiblichkeit« in Gefahr gerate, durch geistige Vertiefung ihres »Zaubers entkleidet« zu werden. Doch das nur nebenbei.

Die Hauptsache, um die es sich für mich in der Geschichte von der Samariterin handelt, bezüglich meiner obigen Frage ist dies, daß Christus, nachdem er sich dem Weibe als den verheißenen Messias zu erkennen gegeben hat, sie keineswegs etwa zurückhält und in die Stille verweist, da sie nun hingeht in die Stadt, den Leuten dort ihre persönliche Erfahrung mitzuteilen und sie zu Christo zu rufen.

Und wie die Samariter nun diesem Rufe folgen und schließlich den Herrn bitten, bei ihnen zu bleiben, wie er diese Bitte gewährt, wie dann diese Leute das schöne Bekenntnis zu dem Weibe ablegen: »Wir glauben nun fort nicht um deiner Rede willen, wir haben selbst gehöret und erkannt, daß dieser ist Christus, der Welt Heiland«: hat sie da nicht einen gesegneten Erfolg ihrer Wirksamkeit »durchs Wort« aufzuweisen, um den jeder männliche Prediger sie beneiden könnte? Und wäre nicht wahrscheinlich ganz Samaria um seine seligste Erfahrung gekommen, wenn das Weib nach der Unterhaltung mit Christus nun still nach Hause gegangen wäre und den Leuten nur durch einen »reinen stillen Wandel ohne Wort« gepredigt hätte? Jedenfalls hat sie's auch daran nachher nicht fehlen lassen, und daran darf es wohl kein Jünger und Prediger Christi fehlen lassen, wenn das Wort die rechte Kraft haben und nachhaltig wirken soll.

Bei vielen Gelegenheiten bleibt aber oft gar nicht so viel Zeit, um in dieser langsamen, nicht sogleich die Aufmerksamkeit erweckenden Weise zu predigen; soll darum die Gelegenheit unbenutzt vorübergehen? Es wird doch gerade oft genug den Frauen (in spöttischer Weise) eine bedeutende Redegabe zuerkannt; warum soll diese nicht geheiligt und in den Dienst des Reiches Gottes gestellt werden wie jede Gabe? In der Apostelgeschichte 21, 8f. wird uns ja auch berichtet, daß die vier Töchter des Evangelisten Philippus in Cäsarea weissagten. Wenn also der heilige Geist sich bei den Frauen mit den gleichen Gaben erweist, wie bei den Männern, heißt es denn dann nicht wider den heiligen Geist streiten mit solchen Verboten des Lehrens?

Hiermit habe ich nun schon den letzten Punkt berührt: die *Befähigung der Frau zur öffentlichen Arbeit im Reiche Gottes.* Veranlassung dazu bietet mir zunächst 1. Petri 3, 7:

Gebet dem weiblichen, als dem schwächsten Werkzeuge seine Ehre, als auch Miterben der Gnade des Lebens.

Ich muß auch hier wieder gestehen: niemals finde ich in des Herrn Christus Reden hinsichtlich der Frauen einen solchen herablassenden Ton, wie er aus diesen Worten klingt. Ich frage: was heißt das »schwächste Werkzeug« und: wessen »Werkzeug« und wozu? Ists nicht so gemeint: Gottes oder Christi zum Bauen seines Reiches? Gilt denn aber auch im

Reiche Gottes der als schwach und minderer Ehre wert, der über geringere physische Kräfte zu verfügen hat? Ist nicht in diesem Reiche die größte Kraft, zufolge einer Fülle von Bibelstellen, der Glaube, der durch die Liebe tätig ist? Wem aber hat Christus ein größeres Lob des Glaubens gespendet, als dem kananäischen Weibe (Matth. 15, 28)? Und um Gottes Liebe in ihrer größten Innigkeit und Treue anschaulich zu machen, gebraucht Jesajas 49, 15 das Bild eines Weibes, die ihres Kindleins nicht vergessen könne. Usw.

Wenn also die Frau nicht minder eines bergversetzenden Glaubens fähig ist als der Mann und sie in der Liebe sogar Hervorragendes zu leisten vermag: mit welchem Rechte bezeichnet denn Petrus das Weib als das »schwächste Werkzeug«, dem auch »seine Ehre« gegeben werden solle –, also nur eine verhältnismäßige Ehre, wie ja auch aus den vorhergehenden Versen zu schließen ist? Und ferner: gilt denn nicht auch in bezug auf die Frauen, was Paulus von der Mannigfaltigkeit der geistlichen Gaben schreibt (1.Kor. 12)? Was berechtigt denn die Apostel, die Frauen alle in eine Schablone zu zwängen und ihnen zu verbieten, ihre »mannigfaltigen Gaben des Geistes« sich auch in ihnen erzeigen zu lassen zum »gemeinen Nutzen?« Ich vermag es kaum zu fassen, wie der Apostel Paulus mit seinen sonstigen großartigen Freiheitsgedanken und Grundsätzen der Hälfte der Menschheit so furchtbare Fesseln anlegen konnte. Ist das nicht um so erstaunlicher, als ihn doch Propheten des alten Bundes, wie Joel (3, 1), auf den sich ja auch Petrus in seiner ersten Pfingstpredigt bezieht (Apostelg.2, 16–18): »Das ist es, daß durch den Propheten Joel zuvor gesagt ist: Und es soll geschehen in den letzten Tagen, spricht Gott, ich will ausgießen von meinem Geist auf alles Fleisch, und eure Söhne und eure Töchter sollen weissagen und eure Jünglinge sollen Gesichter sehen und eure Ältesten sollen Träume haben, und auf meine Knechte und auf meine Mägde will ich in den selbigen Tagen von meinem Geiste ausgießen und sie sollen weissagen«) hätten eines andern belehren müssen?

Und wenn ich nun bedenke, welche außerordentlich *weittragenden Konsequenzen* aus den Ansichten der Apostel in diesem Punkte sich durch beinahe zwei Jahrtausende geltend gemacht haben, so staune ich, aber sicher nicht freudig, wie die theologische Forschung bisher diesen wichtigen Gegen-

stand so hat umgehen können. Wie ist es nur möglich gewesen, frage ich mich immer und immer wieder, dieses Gebiet von der wissenschaftlich-theologischen Forschung so gänzlich auszuschließen? Oder wenn man das nicht so gänzlich getan hat, als es mir scheint, warum werden wir Laien nicht mit den Ergebnissen bekannt gemacht?
Es nimmt mich das um so mehr Wunder, als ich immer voller erkenne, daß die Frauenfrage kein Gebiet für sich ist, das still in Frauenvereinen auszubauen wäre, sondern vielmehr für die religiöse wie soziale Frage von der größten Bedeutung und Tragweite ist! Wäre nicht auch vielleicht darauf zurückzuführen, daß der »lebendige Leib«, den die Gläubigen in Christo darstellen (Röm.12, 4; 1.Kor.12, 12 u. 27), zu einer recht normalen, gesunden Entwicklung noch nicht hat kommen können, weil man der Hälfte der Glieder dieses Leibes stets nur »einerlei‹ Geschäfte« zugewiesen hat: muß der Leib da nicht notwendig irgendwie verkümmern? Was hat die Kirche der Reformation zumal für eine Entschuldigung in dieser Hinsicht? Da doch schon Luther auf einem so freien Standpunkte hinsichtlich der Schriftforschung stand, wie er köstlicher nicht gedacht werden kann, der besonders gut gekennzeichnet wird durch Aussprüche wie etwa folgender:

Das aber ist der rechte Prüfstein für alle Bücher, wenn man sieht, ob sie Christum treiben oder nicht; was Christum nicht lehrt, ist nicht apostolisch, wenns gleich Petrus oder Paulus lehret; was Christum prediget, apostolisch, wenns gleich Judas, Hannas oder Pilatus täte.

Warum sind die gestrengen Herren Lutheraner nicht in diesen Bahnen weiter gewandelt?
Was berechtigt denn überhaupt einen Menschen, und wenn es der Apostel Paulus ist, einer nur irgendwie vorhandenen geistigen Fähigkeit und Begabung Fesseln anzulegen und ihr einen bestimmten engen Wirkungskreis anzuweisen, in dem diese Begabung nur allein und ausschließlich sich betätigen dürfe, und wenn dieser enge Kreis von Fähigkeiten und Begabungen nicht genügend Raum zur Betätigung bietet, diese dann einfach zu lebenslänglicher Haft zu verurteilen? Ziemt es uns Menschen nicht vielmehr, jeder geistigen und geistlichen Begabung zu ihrer gesunden Entwicklung und Betätigung Freiheit und Förderung zu gewähren? Müßten nicht gerade die geistbegabtesten Persönlichkeiten des weib-

Das

Recht der Frau in der christlichen Kirche

von

Elisabeth Malo.

(Der Abschnitt von Seite 28 bis S. 59 ist verkürzt bereits in der „Protestantischen Kirchenzeitung“ erschienen.)

Züllsdorf:
Im Selbstverlag der Verfasserin.
In Kommission bei: Richard Kahle's Verlag,
Dessau und Leipzig.
Inhaber: Hermann Österwitz, Kgl. Hofbuchhändler.

Titelseite des Buches »Das Recht der Frau in der christlichen Kirche« von Elisabeth Malo.

lichen Geschlechts sich von einem Evangelium abgestoßen fühlen, das für sie keine Freiheitsluft hat? Und wenn es nur Menschensatzungen wären, die die Frauen von dieser Freiheitsluft des Evangeliums absperrten, könnten diese dann eine Kirche als ihre treue Mutter lieben, die das durch die Jahrhunderte hindurch duldete, ohne sich auch nur zu rühren?

Ist denn nicht dieser furchtbare Geisteszwang, den unser Geschlecht durch die Jahrhunderte hindurch hat tragen müssen, nächst dem Gewissenszwang, unter dem Luther geseufzt und gerungen, und gegen den er dann mit aller Kraft gekämpft hat, der schlimmste, der einem geistbegabten Wesen auferlegt werden kann? Ja, er ist eben in vielen Beziehungen derselbe.

Ist es dieser Tatsache gegenüber nun nicht heilige Pflicht, daß mit dem größten sittlichen und wissenschaftlichen Ernst untersucht werde, ob dieser Zwang wirklich dem *Geiste und Willen Christi* entspricht? Stellt es sich denn dabei heraus, und zwar unzweideutig, daß dem wirklich so ist, nun dann haben wir uns einfach stillschweigend zu fügen und die schwere Last, die Gottes Wille uns auferlegt, in Geduld zu tragen. Ergibt es sich aber, daß *nur Menschensatzung* ein so schweres »Joch« auf der Jüngerinnen Hälse legt, so verlangt Wahrheitsliebe, Gerechtigkeit und Gewissen, daß es energisch abgeschüttelt werde, folge daraus, was da wolle!

Sollen wir uns nun mit der Bitte um Hilfe in diesem Ringen an die Kirche und Theologie wenden, oder an die Sozialdemokratie?

Ich ziehe das Erstere vor in der freudigen Zuversicht, daß in unsrer Kirche doch, trotz aller Versäumnis, der Geist des Herrn regiert, von dem es verheißt: »der wird euch in alle Wahrheit leiten«.

»Wo aber der Geist des Herrn ist, da ist Freiheit.«

LYDIA STÖCKER

Die Frau in den frühen Kirchen

(1907)

(...) Die Stellung, die die Frau bei den Häretikern einnahm, machte die Kirche mißtrauisch gegen jedes Frauenamt.

In der Polemik der Kirchenväter gegen die Sekten spielt immer das Argument eine Rolle, daß Weiber sich dort Rechte angemaßt haben, die ihnen nicht gebühren. Hier wurde wirklich ernst gemacht mit dem Begriff der christlichen Freiheit und der Ebenbürtigkeit der Frau. Wofern nur die einzelne Persönlichkeit sich als gut und tüchtig erwies, übertrug man ihr jedwede Tätigkeit, ohne danach zu fragen, ob Mann oder Weib. Mitbestimmend ist dabei, dass hier das ekstatische Element stärker ist, als in der Großkirche; und wie hätte man den Geistbegabten wehren sollen! Freilich sind unsere Nachrichten nur sehr gering. Ein weniges wissen wir über die Stellung der Frau im Gnostizismus, jener Bewegung, die, den gesamten Kreis damaliger Bildung umspannend, zum erstenmal den großartigen Versuch einer wirklichen Verschmelzung christlichen und griechischen Geistes unternahm. Der Gnostizismus denkt sich die Selbstentfaltung der Gottheit in Syzygien vor sich gehend, in Paaren göttlicher Wesen, beiderlei Geschlechts. Damit ist dem Weiblichen sein Platz in der Sphäre des Göttlichen geschaffen; während die Großkirche so gern für »jene Zeit« den Frauen dasselbe Geschlecht mit den Männern versprach. Der Gnostiker hofft für die Zukunft auf die »himmlische Hochzeit«, wo sich die »Weisheit«, mit Christus vermählt, und wo die Pneumatiker, die Geistesmenschen, selbst von den Engeln als Bräute heimgeführt werden.

Wie die Großkirche hin und wieder ihre frauenfeindliche Stellung mit Bezugnahme auf Worte Jesu zu begründen suchte, so umgekehrt der Gnostizismus sein Entgegenkommen den Frauen gegenüber. In einer gnostischen Schrift stehen Maria, die Mutter Jesu, Salome und Martha gleichberechtigt neben den Aposteln; Maria Magdalena, die hier als Hauptsprecherin erscheint, überragt sogar die Jünger, abgesehen von dem jungfräulichen Johannes. Sie hält fest, als die Jünger schwanken; sie ist es auch, die immer die Auflösung der Worte Jesu verkündet, bis Petrus sich drohend zum Herrn wendet: »Herr, wir können dieses Weib, (Maria Magdalena) nicht ertragen, das uns den Platz wegnimmt und keinen von uns reden läßt, sondern selber fort und fort spricht.« Und Maria klagt dem Herrn: »Ach Herr, ich möchte gern die Auflösung der Worte sagen, aber ich fürchte den Petrus, weil er mir droht und mein Geschlecht haßt.« Petrus wendet sich dagegen abermals an Jesus: »Herr, die Weiber können doch aufhören zu fragen, damit auch wir einmal fragen können.« Da sagt jener zu Maria und den Frauen: »Gebt Euren Brüdern, den Männern, Gelegenheit, auch Fragen zu stellen.« Aber kein Wort der Mißbilligung kommt hier, wie so oft in den großkirchlichen Erzählungen, aus dem Munde Jesu. Dazu konnte und hat sich höchstwahrscheinlich der Gnostizismus, dem ja – echt griechisch – eine durch Offenbarung vermittelte Erkenntnis das Höchste war, sicherlich auf die griechischen Philosophinnen als Vorbild berufen, deren selbst die Kirchenväter Erwähnung tun. Aber noch höher steht in einzelnen Sekten das Ansehen der Frau. Im Koptischen sind uns sogar Bruchstücke eines *Evangeliums der Maria* erhalten, und hier und da werden sogar Frauen als Sektenstifterinnen genannt. Häufig steht neben dem Gründer der Sekte eine Frau, ihm ebenbürtig, so daß man es gewissermaßen mit einem Sekten stiftenden Paare zu tun hat. Über eine von ihnen Philumene, die Gefährtin des Apelles, wissen wir Genaueres. Apelles, so erzählt Tertullian, soll durch ihre Zauberkünste umgarnt worden sein und habe die »Offenbarungen«, die er von ihr erhalten, niedergeschrieben. In seinen Gemeinden, das wissen wir, ist dieses Buch hoch angeschrieben gewesen, ja, es stand fast der heiligen Schrift gleich. Über den Inhalt sind wir leider gar nicht unterrichtet. Wir wissen nur, daß die Jungfrau Philumene selbst ihre Visionen als Wirkungen eines ihr innewohnenden Engels ansah, aus dem Tertullian flugs einen Teufel macht. An anderer Stelle wird uns noch berichtet von Gesichten, die ihr zu teil wurden. »Und dieser Knabe, der ihr erschien, zeigte sich bald als

Christus, bald behauptete er, Paulus zu sein. Die Philumene pflegte dieses Phantasma zu erfragen, und dasselbe pflegte ihr zu antworten, was sie dann den Hörenden mitteilte, sie soll auch hin und her Wunder getan haben.«

Von der bedeutendsten und interessantesten der gnostischen Sekten, den Valentinianern, ist uns ein Brief erhalten, den ein Mitglied der Gemeinde, Ptolemäus, an eine gewisse Flora schreibt. Es ist von ihr nichts als der Name bewahrt; aber der Inhalt dieses Briefes, der nicht weniger ist, als der Versuch einer Kritik der 5 Bücher Moses von sittlichen und religiösen Gesichtspunkten aus, gestattet mehr als einen Schluß auf die geistige Höhe der Adressatin. Die Worte des Ptolemäus sollen die Schülerin zur Erfassung des »Seienden« führen, ein Begriff, der schon eine ganz bedeutende philosophische Schulung voraussetzt. Wohl ist Flora, wie jedes Mitglied des Kreises, solcher Erkenntnis *gewürdigt* worden, weil selbst alle Erkenntnis schließlich auf Offenbarung beruht. Aber nirgends ist jener Ton besonderer Herablassung gegen das Weib, wie er manchen Kirchenvätern so geläufig ist, nirgends ein Hinweis darauf, daß ihr gegenüber andere Gebote gelten, als für die männlichen Mitglieder der Sekte. Hier scheint im tiefsten Sinne des Worts erfüllt, was Clemens von den kirchlichen Frauen gesagt:

Diese Frau ist Philosophin; bemüht, um zu erkennen, »was die Welt im Innersten zusammenhält.«

Um die Mitte des zweiten Jahrhunderts entsteht in Phrygien in Kleinasien eine Bewegung, die versucht, noch einmal altchristliche Prophetie, altchristliche Sittenstrenge und die altchristliche Hoffnung auf die Wiederkehr des Herrn lebendig zu machen. Nach ihrem Stifter Montanus bezeichnen wir sie als Montanismus; hier hat die Frauentätigkeit ihren Höhepunkt erreicht. Neben dem Führer nehmen zwei Frauen, Maximilla und Priscilla, eine führende Rolle, um nicht zu sagen, *die* führende Stelle ein; glaubte man doch, daß in ihnen wie in Montanus selbst der Paraklet, der einst von Jesus verheißene Tröster, gekommen sei, und jeder ihrer Aussprüche galt als göttliches Orakel. Dazu kommt, daß Montanus früh starb, und die Leitung der ganzen Bewegung blieb jetzt in den Händen der Frauen, speziell der Maximilla. Wir wissen, daß man in den montanistischen Gemeinden die Gebote des Parakleten, die er durch Priscilla und Maximilla gegeben, als »die evangelische Verkündigung« betrachtet hat, »die neusten Satzungen und Prophetien«, und damit war gegeben, daß sie als die letzten alle bisherige Prophetie überragten. Nur wenige dieser Worte sind uns erhalten; sie sind wild, gewaltig und groß und zeugen von der Bedeutung dieser Frauen. Christus selbst erscheint einmal der Priscilla in weiblicher Gestalt, in glänzendem Gewande, – »und er goß auf mich aus seine Weisheit«, vielleicht auch ein Beweis, wie man hier mit der Gleichwertigkeit der Geschlechter ernst macht, zugleich aber auch ein Beweis, wie frei die christliche Phantasie damals noch schalten konnte. Neben diesen beiden Frauen sind uns die Namen einer ganzen Reihe von Prophetinnen in anderen montanistischen Gemeinden aufbewahrt. Freilich sind sie nicht von solcher Bedeutung. So erzählt Tertullian von einer, sicherlich montanistischen »Mitschwester«, die in der Kirche während der Sonntagsfeier »Verzükkungen erhält, mit den Engeln, zuweilen auch mit dem Herrn verkehrt, Geheimnisse sieht und hört, zuweilen die Herzen unterscheidet, und denen, die es verlangen, Heilmittel angibt«. – »Nach Vollendung des Gottesdienstes und Entlassung des Volkes erzählt sie ihre Visionen.« Von anderen montanistischen Gemeinden wird erzählt, daß sieben Fackeln tragende, weiß gekleidete Jungfrauen auftreten, »damit sie dem Volke weissagten«.

Aus einem Brief des Kirchenvaters Cyprian hören wir von einer montanistischen Prophetin, die großes Ansehen, sogar unter den Klerikern, gehabt hat, prophezeite, selbst das Abendmahl darbrachte und viele taufte. Auch der spätere Montanismus gewährt den Frauen ein dauerndes Amt der Leitung. Hier konnten sie zu Bischöfen, Presbytern etc. ordiniert werden.

Daß die Kirche mit allen ihren Kräften gegen diese Bewegung kämpfte, kämpfen mußte, wenn nicht das Christentum sich auflösen sollte in Ekstase, ist klar. Und unter den Argumenten gegen die Montanisten hören wir auch schon das, »daß sie von Weibern verführt sind«. So versteht man den Ausspruch der Maximilla: »Ich werde verfolgt wie ein Wolf im Schafstalle.« Und sie fügt hinzu: »Ich bin kein Wolf. Ich bin Wort und Geist und Kraft.« Wir wissen auch von einem Zusammentreffen der kirchlichen Bischöfe mit ihnen, und jenen gelingt es nicht, »den aus ihnen redenden Geist auszutreiben«, will sagen, sie zu widerlegen, ein Grund mehr, sie um so heftiger zu verfolgen, wohl aber auch ein Beweis von der Gewalt und Kraft dieser Persönlichkeiten.

Im Montanismus hat die Frauentätigkeit ihren Höhepunkt und ihr Ende erreicht. Für die Großkirche war die Frauenarbeit damit stärker diskreditiert, als es Unfähigkeit und mangelnde Leistung je vermocht hätten. Die Kirche selbst entwickelt sich jetzt aus der Kirche des Geistes zu der des Worts, um nicht zu sagen des Buchstabens, aus der Kirche der freien Dienstleistung jedes einzelnen Gliedes zur Kirche der strengen Ordnung und Regel mit einem ganzen Stand abgestufter beamteter Diener; sie wird Priesterkirche.

Aber, während die gesamte Antike neben den Priestern Priesterinnen gekannt hat, schließt die christliche Kirche von dem Moment an, wo man sie als die katholische bezeichnen kann, die Frauen aus.

EFFIE MCCOLLUM JONES

Frauen als Geistliche*

(1910)

Frau Präsidentin, meine Damen und Herren, verehrte Kongreßteilnehmer, liebe Freunde!

Als Vertreterin der Vereinigung weiblicher Missionare der Universalisten-Kirche (of the Womens Missionary Association of the Universalist Church) in Amerika ist es mir ein großes Vergnügen, Sie hier auf diesem Kongreß begrüßen und Ihnen gleichzeitig einen Bericht geben zu dürfen über die geistige Bewegung innerhalb der heutigen Frauenwelt, über den Eintritt der Frau in den vollen Tätigkeitsbereich des geistlichen Berufes.

Der Wunsch der Frau, für ihre Religion zu wirken, ist nicht neu. Jede Glaubensform hat ihre ergebenen Anhängerinnen gehabt, und wir Christen werden nie vergessen, daß auch Frauen treue und eifrige Schüler des Herrn während seines irdischen Wirkens gewesen sind, daß sie bei ihm waren in seinem Todeskampf, daß sie als erste seinem Andenken Ehrfurcht erwiesen haben. Es ist nur natürlich, daß die Frauen seiner Kirche treu und hingebend dienten, da seine Lehre, in der er den Wert und die Würde der einzelnen menschlichen Seele predigte, so viel dazu beigetragen hat, die Frau zu heben. Die Art dieses Dienstes ist im Lauf der Zeiten natürlich durch die Bedingungen jedes Zeitalters bestimmt worden. Überall, wo die Frau etwas zu tun fand, auch in den niedersten Stellungen, war sie voll Eifer bei der Sache. Es ist wie ein wundersames Märchen, mit dessen Wiedergabe ich mich aber nicht aufhalten kann, die Geschichte all der Opfer teuerster Hoffnungen und Bande, die Frauen um der Religion willen gebracht haben: dieses Helfenwollen mit oft schwachen und ungeübten Händen, die gleichwohl die Mühen und

* Vortrag, gehalten beim 5. Weltkongreß für freies Christentum und religiösen Fortschritt in Berlin 1910.

Lasten eines gottgeweihten Lebens auf sich nahmen. Der heutigen Zeit ist es vorbehalten gewesen, uns, den Nachkommen einer langen Reihe frommer Frauen, Gebiete von größerer Nutzbarkeit zu erschließen, und die willkommen zu heißen, die sich berufen fühlen, die geistliche Arbeit, die bisher ausschließlich Männern überlassen war, auf sich zu nehmen.

Wenn ich von weiblichen Geistlichen spreche, so kann ich dabei nur von Amerika reden, da dieses jüngste Volk in dieser Beziehung bahnbrechend vorgegangen ist. Ich spreche zu Ihnen als eine von jenen, deren Erfahrung weit zurückreicht im Vergleich zur Gesamtdauer der Bewegung, die nun nicht mehr ein Experiment genannt werden kann. Die erste Frau, die in unserem Lande angestellt wurde, und somit der erste weibliche Pfarrer im Sinne unserer heutigen Erörterungen, war Lydia Sexton, die 1851 ernannt wurde, so daß also die Geschichte dieser Bewegung kaum 60 Jahre zurückreicht. Meine eigene Amtstätigkeit erstreckt sich über zirka 20 Jahre, ein volles Drittel der ganzen Zeit, in der Frauen sich dieser Art des Gottesdienstes gewidmet haben. Viele von meinen Vorgängerinnen können erzählen von Vorurteilen, Bigotterie und Widerstand, so daß ihr Weg in mancher Hinsicht ein Marterpfad gewesen ist. Durch das rapide Verschwinden solch ungünstiger Umstände sind wir jüngeren Frauen in der Lage, eine ganz andere Geschichte zu erzählen – von treuer Kameradschaft und Mitarbeit unserer männlichen Amtsgenossen, von Kanzeln, die uns offen stehen, so rasch wir sie nur besetzen können und von wachsendem Heil und Gedeihen in unseren Pfarrbezirken.

Alle die, denen der Gedanke an die geistliche Tätigkeit der Frau ungewohnt ist, möchten gerne die leitenden Gründe kennen lernen, die uns dazu geführt haben, und sie möchten unsere Antwort wissen auf die allbekannten Einwände, die man jedem Fortschritt auf unserer Seite entgegenhält.

Zum ersten – unsere Gründe sind die gleichen, wie die der Männer, die sich in der gleichen Arbeit versuchen. Liebe zur Kirche und ihren Lehren, das brennende Verlangen, mehr für sie und mehr für die Menschheit zu tun, als auf irgend eine andere Art möglich scheint, der innere Drang zur Heilbotschaft, die verkündet werden muß; sind das nicht dieselben Beweggründe, die überall im Leben zum Höchsten anspor

nen? So mögen diese auch die Antwort sein auf die Frage, warum auch Frauen den geistlichen Beruf ergreifen.
Was nun die Einwände betrifft, die man unserer vollen Teilnahme an diesem herrlichsten und begehrenswertesten Beruf entgegenhält, so bin ich bei ihrer Beantwortung hoffentlich zugleich imstande, über diesen Zweig weiblicher Tätigkeit etwas Positives auszusagen.
Der erste Einwand, der gegen die Frau im geistlichen Beruf gemacht werden könnte, ist wohl der, daß es zur Verweiblichung der Religion führen würde, eine Katastrophe, die keiner von uns heraufbeschwören möchte, denn Religion sollte nie an das Geschlecht gebunden sein, soll sich nur halten an die Not der Menschheit und die Antwort Gottes. Es ist in der Tat schon Mode geworden, über die Verweiblichung der Religion zu jammern und damit die Gleichgültigkeit so vieler Männer der Kirche gegenüber zu erklären. Aber wahrhaftig, die paar weiblichen Geistlichen – nach der weitesten Schätzung übersteigt unsere Zahl nicht 2000 in allen Denominationen zusammen genommen, und diese sind kaum mehr als ein halbes Jahrhundert an der Arbeit – können weder im Guten noch im Schlechten dafür verantwortlich gemacht werden, daß der Geist der Lehre, der 1900 Jahre hindurch ausschließlich männlich war, sich nun so plötzlich verändert haben soll. Das hieße die Ausbreitung und Größe unseres Einflusses höher einschätzen, als irgendeine von uns sich träumen lassen würde. Nein, wenn die Religion von heute verweiblicht ist, so ist es unter einer vorwiegend männlichen Geistlichkeit dazu gekommen, und das Gegengewicht könnte wohl in einer gemischten Geistlichkeit zu finden sein, so daß dann beide Anschauungsweisen zusammen näher an das wirkliche Bild der Wahrheit, wie es sich uns in Jesus Christus darstellt, herankommen. Wenn das heroische Element der Religion verloren gegangen ist, während Männer sie lehrten, so können wir, die wir in mancher Weise größere Opfer bringen um der Verkündigung des Evangeliums willen, es vielleicht wieder hineintragen.
Ein anderer Grund, der aller Ausbreitung weiblicher Tätigkeit entgegengehalten wird, ist der, daß wir die Männer verdrängen könnten. Ich habe selbst Männer zugestehen hören, daß diese Furcht ihr einziger Grund ist, der gegen unseren freien Eintritt in den geistlichen Beruf spricht.

Darauf gibt es sofort eine unwiderlegliche Antwort. In jeder Denomination wird darüber geklagt, daß das Angebot von Geistlichen der Nachfrage durchaus nicht entspreche. Wir haben einfach nicht genug männliche Geistliche für unsere Kirchen heutzutage, und die Ausbreitung der Kirche wird weithin lahmgelegt, da niemand hören kann ohne einen Prediger und keine stellenlosen Prediger zum Verschicken da sind. In vielen Teilen der Vereinigten Staaten ließ sich die Zahl der Kirchen nur dadurch aufrecht erhalten, daß man Frauen, die einigermaßen als Diakonissinnen und Sonntagsschullehrerinnen ausgebildet waren, zum Pfarrdienst heranzog. So lange die Männer die Arbeit so unvollständig getan lassen, ist es nur billig, daß es der Frau ohne Widerstand gestattet werde, die ledigen Stellen auszufüllen. Auch zeugt die Furcht, daß Frauen die Männer aus einem Beruf, der ihnen seit jeher gehört hat, verdrängen könnten, von einem gewissen Gefühl der Unzulänglichkeit auf ihrer Seite, die keine Frau auch nur anzudeuten wagen würde. Bis jetzt haben wir nicht genug Geistliche aus beiden Geschlechtern zusammen genommen und so kann man diesen Einwand wohl fallen lassen.

Ferner fürchtet man, daß die Gehälter gedrückt werden würden. Das ist eine unwürdige und grundlose Furcht, denn wenn die Männer mehr verdienen als wir, so werden sie es auch bekommen. Nicht oft kommt eine Pfarrei an den, der am niedrigsten geboten hat. Die Güte der Arbeit bestimmt die Größe des Gehalts, und wir Frauen bekommen überall, soweit ich sehen kann, dieselben Gehälter, die an Männer in der gleichen Stellung gezahlt worden sind; ich könnte sogar bezeichnende Fälle anführen, wo Frauen in offenem Wettbewerb mit Männern um die gleiche Stellung den Vorzug erhalten haben bei höherem Gehalt, als dieselbe Kirche je vorher an einen männlichen Geistlichen gezahlt hatte. Alle berufsmäßig ausgebildeten Frauen sind völlig durchdrungen von dem Grundsatz: Gleicher Lohn für gleiche Arbeit; freier Wettbewerb sollte individuelle Fähigkeit und Tüchtigkeit steigern. Wir Frauen haben wirklich mehr Vertrauen zu den Männern, als ein paar zaghafte unter ihnen zu sich selbst zu haben scheinen, denn wir sind überzeugt, daß das Verdienst immer seinen Platz behauptet, und wir fordern nur freie Bahn und keine Begünstigungen.

Aber jetzt könnte man einwenden, daß die Kirche ja gar nicht Frauen auf ihren Kanzeln haben will. Meine eigene Erfahrung aus einer 20jährigen Pfarrtätigkeit, die fast ganz in zwei bedeutenden Kirchen verlaufen ist, bestätigt diesen Einwand nicht, denn in beiden Pfarreien habe ich männliche Vorgänger gehabt, und als ich die eine verließ, wurde ein Mann mein Nachfolger, meine jetzige Pfarrstelle habe ich ohne Bewerbung über mehrere männliche Kandidaten hinweg bekommen. Im Verhältnis ist die Zahl der ständig angestellten Frauen ebenso groß wie die der Männer. Es gibt männliche sowie weibliche Geistliche, die eine feste Stellung nicht behalten oder nicht bekommen können. Der Tüchtigste behauptet das Feld. Nach meiner Erfahrung als Konventsbeamter gibt es Kirchen, die lieber weibliche als männliche Geistliche nehmen, andere, die sie gar nicht in Betracht ziehen, und wieder andere, die einfach den tüchtigsten Geistlichen wählen. Die Anmaßung, Vorsehung spielen und im vorhinein festlegen zu wollen, was unfehlbar scheitern muß – das ist kein stichhaltiger Einwand, und darin scheint mir ein mit Bewußtsein gemachter logischer Fehler zu liegen. Wenn die Kirchen uns nicht brauchen können, so möge man uns selbst überlassen, es herauszufinden. Nur das fordern wir und lassen wir gelten.
In Wirklichkeit jedoch liegt der Kern dieser ganzen Sache in dem Bedürfnis der Welt nach geistlicher Führung. Sünde, Leiden und Zweifel gibt es im Überfluß. Den Traurigen zu trösten, den Unwissenden zu belehren, den Verstockten zu erweichen, den Strauchelnden zu stützen – nicht Hände genug gibt es für all diese Aufgaben. Solange noch irgendwo Unrechtmäßigkeit herrscht, weil keine Mahner zur Gottesfurcht da sind, so lange Gemeinden im Dunkeln schmachten und Kinder nicht auf den Weg der Wahrheit gewiesen werden, solange irgendeine menschliche Not noch der Linderung harrt, sind das unsere unwiderlegbaren Gründe für den vollen und freien Eintritt der Frau in den Pfarrdienst. Manche Arbeit der Kirche mag immer hauptsächlich Männer erfordern, aber andere wieder kann kaum von Männern geleistet werden. Ich bin nicht für eine ausschließlich oder auch nur vorwiegend weibliche Geistlichkeit. 1900 Jahre haben wir nur mit teilweisem Erfolg versucht, der Welt das Heil zu verkünden durch eine nur männliche Geistlichkeit.

Von jetzt an wollen wir gottgeweihte Männer und Frauen haben, die sich dem Dienste Gottes und der Menschheit widmen. Laßt uns Gott verherrlichen und den Menschen helfen ohne Mißgunst und jeder nach bestem Können. Die Liebe zur sozialen Arbeit ist ohne Rücksicht auf das Geschlecht in uns gelegt, möge auch ihre Ausübung ungehindert vor sich gehen.

Oft haben mir Männer gesagt: »Wir sind ganz Ihrer Meinung, aber wir glauben nicht, daß es richtig ist, jungen Frauen zum geistlichen Beruf zuzureden.« Ich kann darauf nur antworten, daß der Strand des Lebens bedeckt ist von den Trümmern von Kirchen und Menschen, zu Grunde gegangen dadurch, daß man junge Leute zu einer Arbeit drängte, für die sie nicht geeignet waren. Wir müssen soweit kommen, daß wir die Probe bestehen können, der Paulus sich unterwarf, der von sich sagen konnte: »Wehe über mich, wenn ich nicht das Heil verkünde!« Diejenigen unter uns, die in ihrer Pfarrtätigkeit Freude empfinden, sind nicht zu diesem Beruf gekommen, weil ein Freund dazu nötigte, sondern weil der innere Drang unwiderstehlich war. Wird der geistliche Beruf aus äußeren Gründen ergriffen, dann muß er unfehlbar scheitern, aber es sollte nur eine Meinung über die herrschen, die wissen, daß sie die Probe des Paulus bestehen können. Ist es denn nicht sehr gefährlich, jemanden zu hindern, dem Ausdruck zu verleihen, was die Stimme Gottes selbst ihn zu tun heißt?

Ein Leben, dem christlichen Gottesdienst geweiht, gewährt reichere Freuden, als irgendein anderer Beruf. Wer aus dem geistigen Bedürfnis heraus diese Arbeit erwählt hat, der findet in der täglichen Arbeit seinen vollen Lohn. Und die sich so ein volles und reiches Leben geschaffen haben, sollten die letzten sein, denen, die aus ähnlichen Motiven dazu gekommen sind, Hindernisse in den Weg zu legen. Zum ersten Mal geht erst jetzt die alte Prophezeiung wirklich in Erfüllung: »Und deine Söhne und deine Töchter sie werden Priester sein.« Mögen wir lernen, für solchen Gehorsam gegen den Geist Gottes und seine Führung das vollste Mitgefühl und Verständnis zu empfinden, bis jegliche Stimme, die sich zu Mahnung und Gebet erheben will, ehrfurchtsvoll und unparteilich gehört werde.

MARY DALY

Der qualitative Sprung über die patriarchale Religion
(1978)

1. Es gibt ein weltweites sexuelles Kastenwesen – in Saudiarabien wie in New York; die Unterschiede sind nur gradueller Art.
2. Dieses System wird getarnt durch die Rollenverteilung der Geschlechter, die Doppelidentität der Frauen, durch Ideologien und Mythen.
3. Einer der wichtigsten sexistischen Exerzierplätze ist die Grammatik.
4. Mit den »Methoden« der verschiedenen »Fachgebiete« lassen sich feministische Gedanken nicht angemessen ausdrücken. Auf Methodenanbeterei müssen Frauen mit Methodenmord antworten: eine intellektuelle Mutprobe.
5. Alle großen Weltreligionen dienen dem Patriarchat als moralische Untermauerung. Auch religiöse Sekten wie die Krishnabewegung und die Jesus Freaks.
6. Die Mythen und Symbole der christlichen Religion sind im wesentlichen sexistisch. Da »Gott« männlich ist, ist das Männliche Gott. Gottvater ist das Vorbild aller irdischen Herrgötter wie Vito Corleone, Papst Paul, Präsident Gerald Ford, den Göttern in Weiß (z. B. der Amerikanischen Medizinischen Gesellschaft), den Göttern von Forschung (z. B. NASA), Medien, Psychiatrie, und Bildung, und den Göttern sämtlicher -ologien.
7. Der Mythos vom bösen Weib, der in der Geschichte vom Sündenfall Ausdruck findet, wird noch verstärkt durch den Mythos von der Errettung/Erlösung durch ein einziges menschliches Wesen männlichen Geschlechts. Der Gedanke einer einmaligen Menschwerdung Gottes in Gestalt eines Mannes, des Gottmenschen der »Hl. Dreifaltigkeit«, ist im Kern sexistisch und öffnet der Unterdrückung Tür und Tor. Christusanbetung ist Götzenanbetung.

8. Eine ziemlich große, wachsende, kognitive Minderheit von Frauen, radikalen Feministinnen, bricht aus den schützenden heiligen Hallen patriarchalischer religiöser Mythen aus.
9. Dieses bewußte Ausbrechen ins Normenlose, von denjenigen, die Bedeutung und Funktionsweise des Patriarchats durchschaut haben und sie nicht mehr akzeptieren, ist ein öffentliches, politisches Ereignis. Es ist eine Offenbarung, eine schöpferische, politische Seinsbezeugung.
10. Das Verbündet-sein der wachsenden kognitiven Minderheit von Frauen, die angefangen haben, bewußt zu leben, wird im allgemeinen als *Schwesterschaft* bezeichnet und hat eine inhaltliche Überprüfung und Veränderung der Sprache zur Folge. Worte werden aus ihrem alten Bedeutungsfeld herausgesprengt und in einen neuen Sinnzusammenhang gestellt. Beispielsweise waren die »Schwesterschaften« des Patriarchats, wie die religiösen Frauenorden, in Wirklichkeit Mini-Bruderschaften. Im neuen Verständnis bedeutet *Schwesterschaft* Verbündet-sein der Frauen zum Ziel der eigenen Befreiung.
11. Die revolutionäre Frauenbewegung in jüdisch-christlichen Gesellschaften entwickelt eine natürliche antikirchliche Dynamik, unabhängig davon, ob Feministinnen eine besondere Beziehung zu Kirchen haben oder nicht. Das liegt daran, daß die jüdisch-christliche Tradition das Patriarchat – die verbreitetste Herrschaftsform und die verbreitetste Weltanschauung – moralisch untermauert, und gerade davon nimmt die revolutionäre Frauenbewegung Abschied.
13. Das Wertsystem der jüdisch-christlichen Kultur wird beherrscht von der Höchst Unheiligen Dreifaltigkeit: Vergewaltigung, Völkermord und Krieg. Sexismus zeugt Rassismus. Frauenmord zeugt Völkermord, denn Sexismus (sexuelle Gewalt gegen Frauen) ist der gesellschaftliche Nährboden für die Verdinglichung »des Anderen«.
14. Die revolutionäre Frauenbewegung will die qualitative Veränderung der Werte, den Sprung über die von der Unheiligen Dreifaltigkeit beherrschten Normen.
15. Der revolutionären Frauenbewegung geht es nicht einfach um Gleichstellung innerhalb einer patriarchalischen Gesellschaft (ein Widerspruch in sich). Es geht um *Macht* und um eine Neudefinierung der Macht.

16. Da die christlichen Mythen zutiefst sexistisch sind, und da es in der revolutionären Frauenbewegung nicht um »Gleichberechtigung«, sondern um Macht geht, müssen die Ziele der feministischen Bewegung naturgemäß über Bestrebungen zur Reform der christlichen Kirchen hinausgehen – denn es wird sich zeigen, daß solche Bemühungen nichts anderes sind als die Anstrengungen eines Schwarzen, der versucht, den Ku-Klux-Klan zu reformieren.

17. Innerhalb des Patriarchats wird Macht im allgemeinen als Macht *über* Menschen, Umwelt, Dinge verstanden. Von den bewußtwerdenden Frauen wird Macht erlebt als *Macht* des für uns und füreinander *Lebendigseins*, indem wir unser wirkliches Sein durchsetzen gegen die uns im Patriarchat verordnete verfremdete Identität (Nicht-Sein). Dies wird erlebt als *Macht des Nicht-Daseins* von denjenigen die die Frauen als Objekt, als »das Andere«, als Vergrößerungsspiegel, sehen.

18. Das selbst-bewußte Lebendigsein der Frauen und für Frauen, das für den Unterdrücker *Nicht-Dasein* ist, ist die eigentliche Stärke der revolutionären Frauenbewegung, die sie befähigt, über sich selbst hinauszuwachsen und zum Motor einer Menschheitsbefreiung zu werden. Sie ist eine Herausforderung an die Adresse der Männer, sich mit dem Nicht-Sein auseinanderzusetzen und ihr wirkliches Ich zu bejahen.

19. Es ist nicht anzunehmen, daß viele Männer diese Herausforderung bereitwillig annehmen, oder auch nur in der Lage sein werden, sie zu vernehmen, da sie ein starkes, angestammtes (obgleich selbstzerstörisches) Interesse an der bestehenden gesellschaftlichen Kräfteverteilung haben.

20. Die Frauenbewegung ist eine neue Art, mit sich selbst, miteinander, mit Männern, mit der Umwelt – in einem Wort mit dem Kosmos in Beziehung zu treten. Sie ist selbstbejahend und verneint die Verdinglichung des Ich und des Anderen.

21. Der Eintritt in neue feministische Zeit/Raum – eine bewegliche Zeit/Raum an den Grenzen patriarchalischer Institutionen – ist aktives Teilnehmen an der letzten Wahrheit (wahre Realität), die ent-dinglicht und als Verb begriffen wird, als intransitives Verb, dessen schöpferische Kraft von keinem Objekt gebremst wird.

22. Eintreten in radikales feministisches Bewußtsein bedeutet, zu erkennen, daß alle männlich-dominierten »Revolutionen«, die nicht die weltweite unterdrückerische Wirklichkeit, d. h. das Patriarchat abschaffen, in Wirklichkeit nur Reformen sind. »Revolutionen« sind sie nur insoweit, als sie Umdrehungen im Räderwerk ein und derselben klapprigen Maschine bewirken.
23. Eintreten in radikales feministisches Bewußtsein bedeutet, sich darüber klar zu sein, daß die revolutionäre Frauenbewegung der »Endzweck« ist, radikal gemeint als der Zweck, der die anderen Zwecke vorantreiben kann. Sie ist der Katalysator, der echte Veränderung bewirken kann, da sie der Aufstand der weltweit und seit jeher zum Objekt degradierten »Anderen« ist und aufräumt mit den Märchen, die die Ideologie der Vergewaltigung rechtfertigen. Die Ideologie der Vergewaltigung ist in erweitertem Sinn die Verdinglichung und Zerstörung aller »Anderen« und ist darauf angelegt, die Menschheit und alles Leben auf diesem Planeten zu vernichten.
Radikaler Ferminismus, die Reise der Frauen zu sich selbst, ist eine Reise in eine andere Welt. Er ist sowohl Entdeckung als auch Schaffung einer Welt, die nicht Patriarchat ist. Ein wenig Beobachtungsgabe genügt, um festzustellen, daß das Patriarchat »überall« ist. Selbst der Weltraum und die Zukunft sind Kolonien des Patriarchats. Normalerweise können/wollen selbst die phantasiebegabteren Autoren von Zukunftsromanen (dem Anschein nach die besten Kenner der Zukunft), keine Welt und und keine Zeit erfinden, in der Frauen es viel weiter als zur Weltraum-Stewardess bringen. Dieser Zustand existiert aber nicht nur in der Männerwelt, einzementiert in Institutionen, von denen wir uns physisch trennen können. Er ist auch noch verinnerlicht und wirkt wie ein Geschwür in den Köpfen der Frauen, selbst in feministischen Köpfen.
Auf ihrer *Reise* zur *Selbstwerdung* also müssen die Frauen den verinnerlichten Gottvater in seinen vielfältigen Erscheinungsformen (sein Name ist Legion) austreiben. Sie müssen gefahrvolle Begegnungen mit diesen Dämonen bestehen. Im Christentum wurden, besonders im Mittelalter, böse Geister gelegentlich mit den Sieben Todsünden in Verbindung gebracht, als deren Verkörperung und als deren Ursachen.[1] Zu

einem »typischen«, gern gebrauchten Sündenregister gehören selbstverständlich: Stolz, Geiz, Wut, Begierde, Völlerei, Neid und Faulheit.[2] Ich bin der Meinung, daß das alles absolut falsche Bezeichnungen sind, d. h. daß die Begriffe in der christlichen Welt falsch verstanden und sogar absichtlich verdreht wurden. Sie wurden und werden dazu benützt, die Unterdrückten, insbesondere Frauen zu mißbrauchen. Ihre Verwendung ist beispielhaft für die allgemeine Gepflogenheit, Frauen mit Hilfe des »Sünde« Begriffs zu verteufeln. Zur feministischen Reise gehören Auseinandersetzungen mit den dämonischen Fehlinterpretationen der Sünde.

Warum fand man es in unserer Kultur absolut »in Ordnung«, daß ein populäres Buch und seine populäre Filmfassung von einem Jesuiten handeln, der einem »besessenen« kleinen Mädchen den »Teufel austreibt«? Warum gibt es kein Buch und keinen Film über eine Frau, die einen Jesuiten vom Teufel befreit?[3] In einer Kultur, die fanatisch an das Märchen vom sündigen Weib glaubt, haben Definitionen, Beschreibungen und Theorien über Gut und Böse sich zu einem Lügengespinst, einer Maja*, verdichtet. Die Reise der Frauen zu sich selbst ist ein Durchbrechen dieses Gespinstes, ein Sturz in den freien Raum. Auf dieser Reise werden die Frauen vom Objekt wieder zum Subjekt und lernen, Gut und Böse aufgrund ihrer eigenen unmittelbaren Erkenntnis zu unterscheiden.

Die Zerstörung der Männlichen Maja ist zugleich Exorzismus und Ekstase. Es sind dies zwei Aspekte derselben Reise. Da den Frauen echtes Reisen, d. h. die Begegnung mit dem Neuen, Unbekannten immer verboten war, ist die Frauenbewegung ein Aufbrechen in unkartographiertes Territorium. Das bedeutet, daß die Schleier abgenommen werden müssen, die eine Begegnung mit dem Unbekannten verhindern. Ich möchte noch erwähnen, daß »Reise« ein vielschichtiges Wort ist, und daß die verschiedenen Bedeutungen und Vorstellungen, die das Wort heraufbeschwört, nicht scharf voneinander abgrenzbar sind. Man denkt an mystische Reisen, an Glückssuche und Abenteuerfahrten, an Versuche, Kenntnisse zu vertiefen, sportliche Leistung zu steigern, in geistiges Neu-

* Maya = Begriff aus dem Hinduismus, der eine täuschende Erscheinung (einer Gottheit), (laut Muret Sanders), oder eine Scheinwelt bezeichnet.

land vorzudringen, an Prozesse der Vervollkommnung und Wandlung der Persönlichkeit. Ebenso vielschichtig und verwoben sind die »Schleier«, die schützenden Hüllen gegen das Unbekannte, die den Frauen von männlichen Mittlern verpaßt wurden. Die Schleier sind aus religiösen Mythen gewirkt (z. B. dem Mythos von der »guten Frau«, der jungfräulichen Mutter Maria, die nur einen Sohn, und keine Tochter hat), aus gesetzlichen Schranken, gesellschaftlichen Gepflogenheiten, medizinischen und psychoanalytischen Vorurteilen und Praktiken, akademischen Einschränkungen (Versperrung des Zugangs zu »höherer« Bildung und zu bestimmten Berufen), aus grammatischer Programmierung (»er« beinhaltet angeblich auch »sie«), ökonomischen Abhängigkeiten. Schon das Austreiben der Dämonen, das Abwerfen der blind machenden Schleier an sich, ist lebendiges Sein, befreit von dem patriarchal verordneten Wirklichkeits- und Identitätsgefühl. Dieser Entmystifizierungsprozeß, das Sein/Leben außerhalb der Lüge, *ist* Ekstase.

Der Prozeß der Begegnung mit dem Unbekannten, der Befreiung von der »Beschützer«-Masche, ist ein beständiges Umwandeln von Dingen, die uns bisher fremd gewesen sind, in Vertrautes.[4] Dazu brauchen wir Werkzeuge und Instrumente, die noch im Besitz unserer Oberaufseher sind. Es müssen Amazonenexpeditionen unternommen werden in die männlich-kontrollierten »Gebiete« wie Jura, Medizin, Psychologie, Philosophie, Theologie, Literatur, Geschichte, Soziologie, Biologie und Physik, wenn wir aus dem finsteren Kerker der Väter heraus und an der Sonne leben wollen. Eine entscheidende Schwierigkeit bestand bisher darin, daß wir, mit vollem Recht zu plündern lernen und daß wir gleichzeitig ein zu langes Festsitzen im Kerker vermeiden. In den Universitäten und in praktisch allen Berufen machen sich giftige Gase breit, die beinahe unsichtbar und geruchlos sind und Denken und Fühlen der Frauen unmerklich lähmen. Denjenigen, die die notwendigen Expeditionen durchführen, kann es passieren, daß sie dasselbe klägliche Schicksal erleiden wie die irregeführte Athene, die zweimal Geborene*, die ihre Mutter und ihre Schwestern vergißt und verleugnet. »Wiedergebo-

* Nach der ursprünglichen Version war Athene (Parthenogene) Tochter der Titanin Metis. Nach einer späteren patriarchalischen Version wurde sie aus dem Haupt des Zeus geboren. (Anm. d. Übers.)

ren« vom Vater, wird sie Vatis braves kleines Mädchen, wird die mythische Neuzüchtung, die den Zwecken des Herrn dient. Die Scheinfrau, die in Wirklichkeit angekettet ist und besessen wird, glaubt zu wissen, daß sie frei ist. Sie ist ein nützliches Werkzeug der Patriarchen, das vor allem als Waffe gegen ihre Schwester Artemis gebraucht wird, die ihr Frausein bejaht, zu ihren Schwestern steht und sich weigert, ihre Freiheit, ihr Recht auf natürliche Geburt gegen eine Portion Respektabilität zu verschleudern.

Teufelaustreibung, Prozessionen und neue Legenden

Welche Anhaltspunkte gibt es über »Natur« und Ziel der Reise-in-eine-andere-Welt der radikal feministischen (d. h. bewußten) Frauen? Einige wichtige Hinweise finden sich in »Three Guineas«, einem erstaunlichen Buch, das in den 30er Jahren von einer prophetischen Schwester veröffentlicht wurde. In diesem Buch stellt Virginia Woolf eine Verbindung zwischen Prozessionen (z. B. akademischen, kirchlichen, militärischen, gerichtlichen Prozessionen) und Berufen her. Sie fragt:

Was sind das für Zeremonien, und warum sollten wir an ihnen teilnehmen? Was sind das für Berufe, und warum sollten wir durch ihre Ausübung Geld verdienen? Wohin führt sie uns letztlich, die Prozession der Söhne gebildeter Männer?[5]

Sie führen ganz klar zur Zerstörung der Menschheit und des ganzen Planeten. Die starren, stilisierten, hierarchischen, für Frauen und Völker mörderischen Prozessionen männlich-kontrollierter Berufe – in Kirche, Staat, Universität, Armee – sind alle eng miteinander verwandt. Diese Prozessionen setzen alles Lebendige, in Bewegung Befindliche fest und lassen es zur Form erstarren. Sie sind tödlich. Es ist wichtig, sie zu begreifen, um zu begreifen was feministischer Entwicklungsprozeß/Reisen nicht ist.

Patriarchale Prozessionen sind Ursprung und Abbild der Urvorstellung der »Prozession« von Gottvater weg und zu ihm zurück. In der christlichen Überlieferung gibt es ein stets wiederkehrendes Muster von Abschied und Rückkehr. Christen werden automatisch zu Teilnehmern – Mitläufern –

der Prozession durch die Taufe, zu der ausdrücklich ein Austreibungsritual gehört. Am Anfang dieser mytisch-symbolischen Prozession zu »Gott«, steht also der Glaube an Besessensein von bösen Kräften (»Besessensein« natürlich im erweiterten Sinn), von denen eine Befreiung nur in der Gefangenschaft der Kirche möglich ist. Das höchste Ziel ist die Versöhnung mit dem Vater.

Die reinste Verkörperung der »Prozessions«-Idee ist eindeutig die Reine-Männer-Dreifaltigkeit selbst. Auf unterschiedliche und verworrene Weise haben Theologen sich über das »Mysterium«, oder, wie manche sagen würden, das »Symbol« der Dreifaltigkeit ausgelassen. Von höchster Bedeutung ist die Tatsache, daß es sich hier um einen Mythos von absoluter Einheit von Vater und Sohn (keine Mutter und keine Tochter im Spiel) handelt, und zwar ist die Einheit so total, daß diese »Liebe« durch die Dritte Person, den Heiligen Geist, verkörpert wird. Dies ist der Inbegriff der Männerbündelei und übertrifft noch die wildesten Träume von Lionel Tiger*. Es ist ein (beinahe?) erotischer männlicher homosexueller Mythos, die perfekte Männerehe, die Heilige Familie nur für Männer. Es ist asymetrisches Patriarchat in seiner absurdesten, widersprüchlichsten Form, ausgegeben als »Mysterium«. Auf die gelegentlichen, schüchternen Einwände christlicher Frauen kam stets die klassische Antwort: »Ihr gehört doch dazu. Der Heilige Geist ist weiblich.«

Die Absurdität dieser Argumentation läßt sich leicht auf die Spitze treiben mit der Frage: Wie hat »er« dann die Jungfrau Maria befruchtet?

Einfache menschliche Männer können sich natürlich nicht ganz mit dem göttlichen Sohn identifizieren. Vollkommene Wesensgleichheit mit dem Vater kann deshalb nicht verwirklicht werden. Das Grundschema der irdischen Prozessionen von Menschensöhnen ist der Identifikationswunsch mit dem Vater (der Herrgott, Großvater, der Ödipale Vater) Der Nachwuchspolitiker träumt davon, der Herr Präsident zu werden. Der Jungakademiker (Jünger) träumt davon, der Herr Professor zu werden. Der Meßdiener träumt davon, der Herr Pfarrer zu werden. Und die todverheißenden Militärprozessionen enthüllen, wie Woolf erkannte, die wahre Ziel-

* Lionel Tiger, Professor für Anthropologie, bekannt für seine sexistische Einstellung.

richtung des ganzen theatralischen Auzugs: es ist ein Leichenbegängnis, bei dem die Menschheit zu Grabe getragen wird. Gottvater verlangt Menschenopfer.
Die bewußt werdenden Frauen müssen sich tatsächlich darüber klarwerden, daß sie einem teuflischen System zum Opfer gefallen sind. Allerdings ist die Rettung nicht »Wiedergeburt« oder Taufe aus den Händen der Stellvertreter Gottes, denn gerade diese vergesellschafttete »Wiedergeburt« ist die Gefangenschaft, aus der wir uns befreien wollen. Radikaler Feminismus ist *nicht* Versöhnung mit dem Vater. Der erste Schritt ist vielmehr ein »Nein« an die Adresse des Vaters, der versucht, unsere Mutter auszulöschen und Neuzüchtungen aus uns zu machen durch erzwungene »Wiedergeburt« (sei es aus Zeus' Kopf, aus einer Rippe Adams, oder durch die »Gnade« der Taufe). Und mehr noch: radikaler Feminismus heißt »Ja«-Sagen zu unserer natürlichen Geburt, zum echten Hinbewegen/Drängen zum Leben. Es ist ein Erinnern und ein Wiedererkennen. Athene besinnt sich wieder auf ihre Mutter und erkennt sie wieder. Was zwischen uns entsteht, ist Schwesterschaft. In dem Moment sind wir nicht mehr eingesperrt in unserer Identität als »Mutter« oder »Tochter«. Die Tochter ist der Mutter *nicht* gehorsam »bis zum Tode«. Die Mutter schickt sie nicht in die Welt, um sie kreuzigen zu lassen für die Sünden von Frauen oder von Männern. Im Gegenteil, sie brechen gemeinsam auf, als Schwestern. Radikaler Feminismus setzt die der Mutter-Tochter-Beziehung innewohnende Kraft frei für die Schwesterschaft, die im männlichbeherrschten System verkümmert. Die Mutter verlangt *nicht* die Selbstaufopferung der Tochter. Vielmehr verlangen beide voneinander gegenseitige Bestätigung in einem fortwährenden persönlich/politischen Prozeß, einem zutiefst mythischen Prozeß, Dämonen beschwörend und neue Mythen schaffend. Das »Opfer«, das gefordert wird, ist nicht Verstümmelung durch die Hand der Männer, sondern das Maß an Disziplin, das notwendig ist für die gemeinsame Aktion, für Selbstverteidigung und Selbstverwirklichung auf einem Planeten, der von einer Herrschaft des Schreckens regiert wird, denn nichts anderes ist die Herrschaft der Gottväter. Es ist wichtig für uns, die realen Bedingungen in diesem Land, durch das unsere Reise geht, genau zu betrachten.

Wie Phyllis Chesler aufgezeigt hat, ist die Geschichte von der Jungfrau Maria, die von Gott befruchtet wurde, um seinen einzigen Sohn auf die Welt zu bringen, der klassische patriarchalische Vergewaltigung/Inzest-Mythos. Die Jungfrau Maria hat keine Göttliche Tochter. Und, wie dieselbe Autorin zurecht feststellt, entsagt sie sexueller Freude, körperlicher Leistung und wirtschaftlicher und geistiger Macht, um »Mutter« ihres »göttlichen« Sohnes zu werden.[6] Dies ist das Rollenvorbild schlechthin für Frauen unseres Kulturbereiches. Dies ist das Leben, zu dem Frauen verdammt sind – eine persönliche, soziale, mythische Entfremdung, die umso tiefer sitzt, weil sie unbewußt und verdrängt ist.

In einer Gesellschaft, in der Frauen physische Leistungsfähigkeit, wirtschaftliche und geistige Macht faktisch *mit Gewalt genommen* wird, leben wir in einem Belagerungszustand.[7] Jeanne Lafferty und Evelyn Clark drückten es so aus:

Jede weibliche Person kennt das erniedrigende Gefühl, dauernd von männlichen Wesen verfolgt und belästigt zu werden. Sie weiß, was es heißt, wenn überall – auf der Straße, am Arbeitsplatz, in der Schule, zuhause – nach ihr gepfiffen, gebrüllt, geröhrt, gegröhlt, gejault wird, wenn sie von Männern mit Blicken zerstückelt, fixiert und provoziert wird.[8]

Das ist die reale Situation der Frauen in einer Vergewaltiger-Gesellschaft. Die Zerstückelung geschieht nicht immer nur mit Blicken. Der männliche Fetischismus in bezug auf den weiblichen Körper, die Gepflogenheit, ihn zu zerlegen in gebrauchsfertige Teile – dem Rohmaterial für Reklame und Pornographie – führen in logischer Konsequenz zu den brutalen Sexualmorden und zu tatsächlicher körperlicher Verstümmelung, wie sie in derartigen Gesellschaften geschehen. In einer Welt, in der Gottvater regiert, wird so etwas nicht als echtes Problem angesehen. Eine feministische Autorin schrieb: »Vergewaltigung ist ein zu persönliches und zu schreckliches Verbrechen, als daß man es der Bestrafung durch das gleichgültige maskuline Recht überlassen dürfte.«

In einer Gesellschaft, in der das sexuelle Kastenwesen herrscht, d. h. in einer Gesellschaft, die der Vergewaltigungsideologie huldigt, führen diejenigen, die in die Rolle der

»Opfer« gedrängt werden, einen leidenschaftlichen Kampf, um das Gefühl des Betrogenseins zu vertreiben, das die Seele zerfrißt. Der Betrug, der den Frauen angetan wird, ist eine Art geistig-seelischer Verkrüppelung, vergleichbar der Fußverkrüppelung, die ein Jahrtausend lang Millionen von Chinesinnen zu Krüppeln machte.[9] Genauso wie die Verkrüppelung der Füße die körperliche Bewegungsfähigkeit – die Fähigkeit zu gehen, zu rennen, zu tanzen – zunichte machte, beschädigt die Verkrüppelung von Geist und Seele die Fähigkeit zu selbstständigem schöpferischem Tun, Handeln, Denken, Vorstellen, Wollen. Das Herunterreißen der aus Lügen gemachten, Geist und Seele verkrüppelnden Bandagen, die die Frauen zu Objekten körperlicher, geistiger und seelischer Vergewaltigung degradieren, ist in einer derartigen Gesellschaft der höchste Liebesbeweis.

Der qualitative Sprung

Eine schöpferische, lebendige, politische Hoffnung auf eine Entwicklung, die über die frauenmörderische Herrschaft der Väter hinausweist, kann sich nur verwirklichen, wenn wir Frauen immer neue qualitative Sprünge auf unserer Reise zu neuen Horizonten machen. Eine fehlgeleitete Hoffnung auf eine Öffnung und Weiterentwicklung hat viele dazu bewegt, in den Kirchen zu bleiben, und manchmal schien die patriarchalische Religion die Sehnsucht nach Öffnung und Weiterentwicklung auch zu befriedigen. Das Problem liegt darin, daß sowohl die Sehnsucht als auch die Befriedigung, die von solchen Religionen erzeugt und angeboten werden, uns Frauen von unseren ureigenen Bedürfnissen weitgehend entfremdet haben. Gefangen im patriarchalischen Räderwerk, in einem nicht enden wollenden Teufelskreis aus künstlichen Bedürfnissen und fremdbestimmtem Besußtsein, waren die Frauen unfähig, ihre eigenen Erfahrungen zu machen.
Was wir brauchen, ist meiner Meinung nach die *Sprengung der geistigen Grenzen*, die spielerische Entfaltung der Intuition in unseren eigenen geistigen Raum als Nährboden eines Denkens, das kraftvoll ist, kenntnisreich, viel-dimensioniert, unabhängig, schöpferisch, unbestechlich. Ein befreites,

schöpferisches Denken ist Denken aufgrund von Erfahrung. Ich meine damit nicht die Erfahrung, alles auszugraben, was die Mutter falsch gemacht hat, nicht die Erfahrung spontaner Vertrautheit in Selbsterfahrungsgruppen, und auch nicht die Erfahrung der Warterei in der akademischen Armenapotheke* oder der eigenen Gehirnoperation**, nur um publizieren, krepieren und so den eigenen Marktwert erhöhen zu können. Ich meine die Erfahrung, zu sein. Das Verb *sein* drückt die Dimension der Tiefe in allen Verben aus, wie erfassen, durchdenken, lieben, ersinnen, tun, handeln, wie auch muthaben, hoffen und spielen, was immer dazugehört, wenn man wirklich lebt.

Es kann sein, daß im Patriarchat ein paar Änderungen eintreten, aber eines bleibt im wesentlichen: Frauen sind immer Randfiguren. Von diesem Beobachtungsposten an der Grenze können wir das, was sich innerhalb der Grenzen abspielt mit der Klarheit der Totalen Außenseiterin betrachten. Anders ausgedrückt: Die Systeme im System scheinen sich gar nicht so stark voneinander zu unterscheiden für diejenigen, die aus ihnen allen ausgeschlossen sind. Hoffnung auf einen qualitativen Sprung liegt in uns selbst, gerade wegen dieser Abweichung von der »Norm«, die uns zunächst aufgezwungen wurde, die aber auch zu unseren eigenen Bedingungen *selbstgewählt* werden kann. Das heißt, daß wir umschalten müssen von »akzeptabler« weiblicher Andersartigkeit (als typisch dafür gelten Oberflächlichkeit, Unkonzentriertheit, Abhängigkeit des Selbstbildes von anderen, geringe Selbstachtung, Ohnmacht), auf ein Anderssein, das für andere unannehmbar sein mag, das aber für uns selbst annehmbar ist, und das in Wirklichkeit Selbstbejahung *ist*.

Für Frauen, die sich mit philosophischen/theologischen Fragen beschäftigen, bedeutet das, wie mir scheint, daß sie irgendeine Wahl treffen müssen. Sie versuchen, entweder die »akzeptable« Andersartigkeit (»normale« weibliche Idiotie)

* ›Doctoral dispensary‹ bezeichnet anscheinend eine speziell am. Einrichtung, für die es bei uns keine Entsprechung gibt.

** (Anm. d. Übers.) Im Original ›Self-Lobotomization‹ = Gehirnoperation, bei der bestimmte Nervenverbindungen durchtrennt werden. Wird angewendet in Fällen schwerer chronischer Geisteskrankheiten. Patient »wird ruhiger und ist leichter zu behandeln, jedoch tritt auch eine gefühlsmäßige Abstumpfung sowie eine Verminderung der Fähigkeit zum abstrakten Denken ein«. (Der Mensch, Herder) Deshalb heute nur noch bei »schwersten Angstzuständen und Depressionen«.

zu vermeiden, um als maskulin eingestufte Karrierefrau akzeptiert zu werden, oder aber sie riskieren den qualitativen Sprung zum selbstannehmbaren Anderssein als schöpferisch denkende Person, als totale Infragestellerin, als Irrsinnige, als Hexe.

Ich sage ganz bewußt Hexe. Die Ungläubige, die die Idole des Patriarchats infragestellt, ist die gotteslästerliche Schöpferin ihrer eigenen Gedanken. Sie findet ihr Leben und ist entschlossen, es festzuhalten. Das Hexentum, das in jeder Frau schwebt, die genug Lust und Mut hatte, überhaupt eine philosophisch/geistig suchende Feministin zu werden, scheint sich dieser Tage lautstark bemerkbar zu machen mit dem Schrei: »Facht mein Feuer an!« Der qualitative Sprung, das Licht dieser Flammen geistiger Erfindungskraft und gedanklichen Vorstellungsvermögens kann der Beginn eines neuen Morgens sein.

ANMERKUNGEN

1 Eine ausführliche Geschichte der Sünden findet sich in Morton W. Bloomfield, The Seven Deadly Sins, Michigan State University Press, 1952, 1967.

2 Bloomfield gibt eine Vielzahl von Sünden-›Registern‹ für verschiedene Perioden und Kulturen an und bringt eine Menge sachdienlicher Informationen.

3 Vgl. Dolores Bargowski's Filmbesprechung in Quest: A Feminist Quarterly I. No. 1, (Sommer 1974), S.53–57.

4 Dieser Gedanke ist Gegenstand eines bemerkenswerten Artikels:,Vgl. Peggy Allegro, »The Strange and the Familiar«, in: Amazon Quarterly, I, 1, S.29–41

5 Virginia Woolf, Three Guineas, New York, Harcourt, Brace, and World, Inc., 1938, 1966, S.63. (deutsche Ausgabe: Drei Guineen, Verlag Frauenoffensive, 1978.)

6 Phyllis Chesler, Frauen – das verrückte Geschlecht, Rowohlt, 1977.

7 Diesen Ausdruck gebrauchte Emily Culpepper in einem unveröffentlichten Artikel mit dem Titel: »Reflections on Ethies and Self Defense: Establishing a Firm Stance«.

8 Elizabeth Gould Davis, Autorin von »Am Anfang war die Frau«, Verlag Frauenoffensive, Oktober 1977, schrieb dies in einem Artikel über ihre eigene vernichtende Vergewaltigung in Prime Time, Juni 1974, S.3.

9 Die Schrecken der Fußverkrüppelung werden geschildert von Andrea Dworkin in ihrem Buch »Woman Hating«, New York, Dutton, 1974, S.95-117. Diese »winzigen Füße« waren übelriechende, verstümmelte Fleischklumpen. Die Frauen fielen beim Gehen von dem einen auf den anderen Fuß. Diese Stümpfe wurden in einer phantastisch täuschenden schönfärberischen Sprache beschrieben und wurden zum Gegenstand eines sadistischen männlichen Fetischismus.

MARIE-AUGUSTA NEAL

Pathologie der Männerkirche
(1980)

Das Hauptgebrechen einer Männerkirche besteht darin, daß sie eine Kirche für eine Männerwelt ist zu einer Zeit, in der es nicht mehr nötig ist, eine so einseitige Welt zu verherrlichen. Bei dem in den achtziger Jahren zu erwartenden Anwachsen der Weltbevölkerung auf fünf Milliarden Menschen und bei den Gesellschaftskrisen, die diese Entwicklung begleiten werden, können wir nicht mehr überleben mit einer Arbeitsteilung, welche die volle Verantwortung für wichtige wirtschaftliche und politische Entscheide Männern überläßt. Kirchen verherrlichen Gesellschaftssysteme. Das Hauptgebrechen, das eine Welt von fünf Milliarden Menschen charakterisiert, ist nicht die zahlenmäßige Größe oder die Verteilung der Bevölkerung, sondern die gewaltige Kluft zwischen Reichen und Armen und der abnormale Zustand, daß – von Japan abgesehen – der Reichtum in den christlichen Nationen von Nordamerika, Westeuropa, Australien und Neuseeland konzentriert ist. Die Länder, in die diese Nationen Missionare, Händler und Industriefachleute sandten, haben wenig entwickelt außer den in ihrem eigenen Interesse liegenden Exportindustrien. Am Ort selbst ist kaum Kapital vorhanden. Die Preise schwanken sehr. Die Zölle wirken sich zu Ungunsten der Güterherstellung am Ort selbst aus. Die Handelsbedingungen sind unfair, und das Monopol des Westens dient zum Profit der Zwischenhändler. Kurz, die armen und Kolonialvölker sind im Nachteil[1].

In den armen Nationen genügt die Bildung immer noch nur minimalen Ansprüchen. Was die Schulung zustande gebracht hat, ist gerade soviel, als es braucht, um zuverlässig dienende Arbeitskräfte heranzubilden. Die Gewinne beim Export kommen den reichen Handelsnationen zugute. Diese Ungleichheit nimmt jetzt aufgrund der Verteilung der Bevölkerungsbasis, auf der sie aufruht, gewaltige Ausmaße an. Zudem reicht jetzt diese Ungleichheit zurück in den kolonisierenden Länder.

Hätte die Religion, wie einige humanistische Wissenschaftler behaupten[2], lediglich die Funktion, unsere Errungenschaften im Kampf ums Dasein zu verherrlichen, könnte man dies als Anlaß zu Freude ansehen, da in diesem harten Kampf die Christen überleben, während andere zugrunde gehen. Doch wenn man diesen Erfolg mit den Augen eines Christen ansieht, ist er nicht in Ordnung.

Dem Auftrag der Bibel gemäß haben wir uns vermehrt und vervielfacht und die Erde erfüllt. Das Anwachsen der Bevölkerung ist nun ein Gesellschaftsproblem. Wir können nicht, wie der Herr am siebten Tag, ausruhen und sagen, daß es gut sei. Diesem Wachstumsgebot weiterhin den Vorrang einzuräumen, wäre angesichts der Bevölkerungsmasse etwas Pathologisches. Als Kirche haben wir unser Augenmerk zur Hauptsache schon auf eine zweite uns von der Bibel gestellte Aufgabe gelenkt und befassen uns mit den Krankheitserscheinungen, die sich daraus ergeben, daß man den ersten biblischen Auftrag über den Punkt hinaus, an dem er erfüllt ist, weiterführt. Die neue Priorität, die in der Schrift ebensosehr begründet, aber noch nicht so weit in die Tat umgesetzt worden ist, besteht im Auftrag, soziale Gerechtigkeit zu üben. Dieser Auftrag fand, nachdem er seit »Rerum Novarum« (Leo XIII. 1891) während achtzig Jahren zunehmend ins Bewußtsein getreten war, seinen vollen Ausdruck in »Octogesima Adveniens« (Paul VI. 1971)[3].

Die Kirche hat eine sehr wichtige soziale Aufgabe auf sich genommen, indem sie sich auf die Entwicklung der Völker ausgerichtet und ihre Mitglieder zu tätigem Einsatz aufgerufen hat, um in der Welt soziale Gerechtigkeit zu schaffen. Zu dieser neuen Einstellung kam es nach mehreren Jahrhunderten der Hauptausrichtung auf eine überweltliche Spiritualität, welche die Glieder der Kirche ihr Augenmerk so sehr auf das Endheil ausrichten ließ, daß das Wirken in dieser Welt, worin sich die Sorge für die soziale Entwicklung des Mitmenschen äußert, dem Verdacht der Verweltlichung ausgesetzt war. Selbst die sozialen Bestrebungen, die unternommen wurden, gaben den »geistlichen Werken der Barmherzigkeit« den Vorzug gegenüber den »leiblichen Werken der Barmherzigkeit«; sie dienten eher zur Beseitigung der Folgen der Armut als zur Ausmerzung der Ursachen des menschlichen Elends. Der Umstand, daß man früher das Endheil betonte und auf die unsozialen Folgen dieser einseitigen Betonung nicht achtete, ist die kulturelle Hauptursache der Gebrechen, welche die Männerkirche von heute kennzeichnen.

Die Heilige Schrift betont, daß es eines planvollen sozialen Einsatzes bedarf, um das Endheil zu erreichen. Sie enthält Weisungen, die darauf dringen, selbst Fremden und Feinden in ihrer materiellen Not zu helfen[4]. Trotz dieser Weisungen des Evangeliums hat sich unter den Auspizien der Kirche die Gesellschaft in starken Bindungen zu Familie, Volk und Nation entwickelt; Menschen anderer Rassen und Völker blieben von ihr ausgeschlossen und selbst dem Tod überlassen, als ob andere Stammesgötter für ihr Leben verantwortlich zu sein hätten.

Nicht die animalische Natur dieses sehr natürlichen Verhaltens ist pathologisch, sondern die Nachsicht, die die Kirche dafür aufbrachte, indem sie Systeme verherrlichte, die es praktizieren. Diese Verkettung der Bestrebungen der Kirche mit den Bestrebungen der Gesellschaft war zu Beginn des zwanzigsten Jahrhunderts so offensichtlich, daß ein führender Soziologe aus seinen Beobachtungen schloß, daß das Gottesvolk geradezu die Gesellschaft anbete, von der es unterstützt werde[5]. Obschon das Jenseitsdenken als heilig hingestellt wurde, trafen die Kirchenbehörden Entscheide über Finanzen, Organisation und Bildungswesen im Namen der Kirche nach dem Modell weltlicher Geschäftsinteressen. Dieses Auseinanderklaffen von Zielen und Mitteln kommt in »Mater et Magistra«[6] genügend klar zum Ausdruck, um daraus schließen zu dürfen, daß sich diese Krankheitserscheinungen als solche der Männerkirche charakterisieren lassen, wenn man, wie ich es tue, annimmt, daß diejenigen, welche die Vollmacht haben, Entscheide zu treffen, auch dic Verpflichtung haben, die Verantwortung für die getroffennen Entscheide zu übernehmen[7].

Im Grunde sind die Krankheitserscheinungen der Kirche Krankheitserscheinungen der Gesellschaft. Die Kirche als Kirche, will sagen als moralische Solidarität von Menschen, die Gott verehren, den man sich in spezifischen Bildern denkt und in einer bestimmten Reihe akzeptierter Stile anbetet, legitimiert das Verhalten in der politischen, wirtschaftlichen und Klassenstruktur der Gesellschaft durch die Feier der Liturgie und die Pflege von Gebetsstilen, die behilflich sind, die Menschen auf die bestehende Gesellschaftordnung auszurichten.

Im Anschluß an eine jahrhundertelange Anstrengung der christlichen Kirche, eine sozial empfindende Gerechtigkeitsethik zu schaffen, können wir drei Krisen besehen, welche die Welt des Menschen und die entsprechenden Kirchenstrukturen, die diese Welt stützen, charakterisieren. Es sind dies der Rüstungswettlauf, die voreilige Erzeugung von Atomkraft und die abnehmende Lebensqualität in der patriarchalischen Gesellschaft.

Wenn die Gesellschaftsordnung ein solches Waffenarsenal beschafft, daß dieses genügt, die Weltbevölkerung mehr als zwölfmal zu vertilgen, und die Kirche, die doch das Leben bejaht, in ihren Gliedern nicht genügend sozialen Verantwortungssinn zu wecken vermag, daß sie sich weigern, diese Bewegung auf die Zerstörung der Welt hin zu fördern, dann ist es an der Zeit, die grundlegenden Voraussetzungen zu prüfen, auf denen diese Haltungen zum Krieg beruhen, sowie die Mentalität der Ratgeber, deren sich die Kirche bedient, um sich in Hinblick auf das Fällen von sittlichen Entscheiden zu informieren.

Die Arbeitsteilung zwischen Männern, welche Geräte zur Zerstörung des Lebens ersinnen und hervorbringen, und Frauen, die ihre Kräfte einsetzen, um das Leben dieser Männer hervorzubringen und am Leben zu erhalten, hat dazu geführt, daß wir über keine akademisch gelehrte Ethik verfügen, welche die Jugend der Welt zwingend davon überzeugen könnte, daß die Zerstörung menschlichen Lebens, um Wirtschaftsprobleme und Sozialkonflikte zu lösen, eine Verletzung unserer Menschenwürde und einen Widerspruch zu unserem christlichen Glauben darstellen. Wir bejahen immer noch eine Ethik, welche die Verwendung von Gewalt für dermaßen natürlich hält, daß sie die Entwicklung einer international geförderten Rüstungsindustrie zuläßt, statt daß man ein gleichwertiges System der Nahrungsmittelproduktion zur Erhaltung des Lebens entwickelt. Es ist pathologisch, Lebensprobleme mit todbringenden Waffen lösen zu wollen.

An der Konferenz über Glauben, Wissenschaft und Zukunft, die der Weltrat der Kirchen im Sommer 1979 am Massachusetts Institute of Technology abhielt, gab der an diesem Institut wirkende Physiker Philip Morrison zur Kenntnis, daß auf der Welt jetzt ein so großer Vorrat an Nuklearwaffen vorhanden ist, daß er zur endgültigen Vernichtung genügen würde. An Atomwaffen, deren Zerstörungskraft eine Megatonne übertrifft, besitzen die Vereinigten Staaten 7000, die Sowjetunion 4600, Großbritannien 200, Frankreich 250, China 150; Indien, Südafrika und Israel sind imstande, solche Waffen hervorzubringen. Wenn zwei Nationen soviel Vernichtungswaffen besitzen, daß damit die Weltbevölkerung zwölfmal ausgelöscht werden könnte, und sechs weitere Nationen bestrebt sind, ebenso viele Vernichtungswaffen hervorzubringen, so ist das Weltsystem, das seine solche Rüstungsproduktion zuläßt, einfach pathologisch.

Die Kirchen bilden moralische Solidaritäten, die eine geeignete Stätte bieten können, um über Aktionen nachzudenken, die dieses System tiefgreifend umgestalten und ändern könnten. Wenn also, obwohl diese Möglichkeit gegeben ist, eine Kirche ihre apostolischen Anstrengungen auf eine psychologisch unterbaute seelsorgliche Beratung ausrichtet, um den Menschen behilflich zu sein, in einem solchen System zu überleben, statt auf die Prüfung und Änderung der gesellschaftlichen Hauptursachen dieses Systems zu drängen, so ist dies wiederum pathologisch.

Pathologisch ist es auch, sich über die sittliche Berechtigung der Produktion von Kernenergie nicht eindeutig auszusprechen, obschon beunruhigte wissenschaftliche Fachleute ausdrücklich erklärt haben, daß bis jetzt noch kein Weg bekannt ist, den Nuklearmüll, den Atomkraftwerke im normalen täglichen Betrieb hervorzubringen, zu beseitigen, und wenn Verwaltungsstellen weiterhin den Nuklearmüll in nicht haltbaren Behältern zu lagern gestatten, obwohl sie wissen, daß der Müll Tausende von Jahren über die natürliche Lebensdauer der Behälter hinaus gefährlich bleiben wird, und daß die schlimmste Wirkung des Nuklearmülls in der Möglichkeit besteht, Krebs zu erzeugen, wenn er in das Essen und Trinken gerät, und daß der Müll den Boden verseucht, auf dem die Nahrungsmittel wachsen, und die Ströme, denen das Trinkwasser entnommen wird.

In einer Welt, die unter dem Damoklesschwert des Atomkriegs lebt und deshalb mit der möglichen Zerstörung der wenn auch noch so sorgfältig verschlossenen Behälter radioaktiven Mülls rechnen muß, und wenn Behälter nahe an erdbebenträchtigen Erdfalten gelagert werden und wenn Atomkraftwerke ihre Abfälle insgeheim in der Nähe ungeschützter Menschen lagern, ist es pathologisch, anzunehmen, daß die Kernkraftanlagen und ihre geheimen Müllablagerungssysteme an Orten, wo schutzlose Menschen leben, nicht Zerstörungsakten ausgesetzt sein werden. Kirchen, die sich mit solchen Systemen abfinden, indem sie dazu schweigen, sich gleichgültig verhalten oder sich schuldhafter Unwissenheit schuldig machen, da vom Seminar, das männliche Anwärter auf den kirchlichen Dienst ausbildet, dieses Wissen geflissentlich nicht übermittelt wird, führen zu pathologischem Verhalten. Wenn man in einem solchen Weltsystem geplanter Vernichtung die persönliche Heiligkeit und die Gemeindesolidarität überbetont, verkleinert man Gott zu einer Stammesgröße, während doch der Gottesgedanke und der Bezug Gottes zum Universum allumfassend und die Idee einer katholischen Kirche allumschließend ist.

Wenn doch soviel Beweismaterial dafür vorliegt, daß das Weltwirtschaftssystem in seiner jetzigen Form nicht imstande ist, für die ganze Weltbevölkerung richtig zu sorgen, sondern weiterhin bloß für ein Drittel sorgt, für das unterdrückte Drittel aber so wenig sorgt, daß mit dessen Tod zu rechnen ist, wenn also eine solche Lage besteht, und diese Lage besteht tatsächlich, die Kirche aber weiterhin an der Zeugung von Menschen auf Wegen, die das Problem noch verschlimmern, festhält, gleichzeitig aber es unterläßt, sich mit wirksamen Beratungsgremien auszurüsten, die menschliche Lösungen ausarbeiten könnten, obwohl es in ihrer Macht läge, dies zu tun, so ist dies pathologisch. Wenn eine Kirche, den Geboten ihres Evangeliums entsprechend, der Welt verkündigt, daß durch das Wirken des auferstandenen Erlösers alle eins sind, und dann daran geht, eine Weltstruktur zu bestätigen, die einigen Ansehen und Reichtum, anderen Fronarbeit verschafft und ein Drittel der Weltbevölkerung der Mittel beraubt, die zum bloßen Überleben notwendig sind, wenn sie den Bevorteilten Lebensfreude predigt, den Arbeitern Arbeitsdisziplin und den Enterbten geduldiges

Warten auf den Himmel, dann sind diese Predigten, da sie den bestehenden Verhältnissen entsprechende ungerechte Verteilung der Reichtümer der Welt gutheißen, die nur für das Überleben der bevorzugten Klassen sorgt, ein schlimmer pathologischer Mißbrauch des Gotteswortes[8]. Gegenwärtig ist der Haß im Krieg institutionalisiert, das Eigeninteresse in der Wirtschaft und die Liebe in der Familie. Die Wissenschaft bietet heute größere Versuche, diese Aufteilungen zu rechtfertigen indem man sie als natürlich ausgibt[9]. Die Kirche kann dazu mißbraucht werden, diese Aufteilungen als etwas Heiliges erscheinen zu lassen, indem man sich über Gott Vorstellungen macht, die diesen Aufteilungen entsprechen. Falls dies vorkommt, ist das Sprechen der Kirche pathologisch geworden. Es liegt Grund zur Vermutung vor, daß dies tatsächlich vorgekommen ist, obschon die Kirche verkündigt hat, daß das Eintreten für die Gerechtigkeit ein Wesenszug des Evangeliums ist[10]. Effektive Weisungen, diesen Auftrag zu erfüllen, stoßen auf den Widerstand von Kirchenbehörden. Es gibt jedoch Hebel, um einen Wechsel herbeizuführen. Dieses Gebot der Gerechtigkeit ist in die Menschenrechtskonventionen der Vereinten Nationen aufgenommen worden[11], zu deren Abfassung die Kirchen einen wichtigen Beitrag geleistet haben[12]. Diese Konventionen bekräftigen das Recht eines jeden Menschen auf Gesundheitspflege, Bildung, soziale Sicherheit, Vereinigung, und zwar aufgrund des Menschseins und nicht bloß aufgrund der Staatsbürgerschaft. Sie bestätigen auch die Rechte der Menschen auf die Nutzung ihrer Ländereien und Landreserven, kurz, sie bekräftigen die sozialen Rechte. Zudem bestätigen sie die Rechte der einzelnen Menschen auf gerechtes Gerichtsverfahren, die Äußerungsfreiheit, Versammlungs-, Religions- und Abstimmungsfreiheit, kurz, die persönliche Freiheit sowie die soziale Sicherheit. Diese Dokumente verwehren die Institutionalisierung des Hasses im politischen Kampf und des Eigeninteresses in der Wirtschaft. Die Liebe soll sich über die eigene Familie, Gemeinschaft und Nation hinaus erstrecken.

Will man die natürlichen menschlichen Qualitäten wieder auf gerechte politische, wirtschaftliche und gesellschaftliche Ziele richten, muß man die Natürlichkeit des Klassenkampfes in Frage stellen und die Rollenbeziehungen zwischen Männern und Frauen in der Gesellschaft reorganisieren, denn den institutionalisierten Beziehungen liegen primär die sexuellen Partnerschaften zugrunde. Diese Partnerschaften sind für das Leben immer noch wesentlich, aber nicht mehr das Hauptmodell für das Überleben. Neue Modelle von Paarbeziehungen und neue Fertigkeiten im Paarverhalten sind notwendig. Man muß sich kraft des Glaubens auf die menschliche Solidarität einlassen, ohne daß man, weil man sich ein entsprechendes Gottesbild macht, insgeheim annimmt, der Mann oder der Weiße stünden höher[13]. Man muß zugeben, daß die Sünde in allen ihren Erscheinungsformen gesellschaftlichen Charakter hat und mit dem Geben und Nehmen des Lebens zusammenhängt.

Wir bedürfen einer radikalen Kehrtwendung zu einer neuen Einstellung, um Gottes Willen zu tun, eines Übergangs von einer bloß lebenweckenden Einstellung zu einer globalen Entwicklung der Menschen, einer Ausweitung unserer Sicht, damit unser Verbundenheitsgefühl nicht mehr durch die engen Grenzen der ethnischen Solidarität und der Klassenabkunft bestimmt wird, sondern von einem neuen Verständnis der Freiheit des Gottesvolkes, von der Entdeckung, daß Altruismus mit Gottes Hilfe eine erreichbare Tugend ist.

Unsere herkömmlichen Modelle für die Aufteilung der Arbeit auf Herz und Kopf, Himmel und Erde, Sklaven und Freie, kurz, auf Frau und Mann, Schwarze und Weiße, Arme und Reiche, Diener und Bediente schließen eine solche Ausweitung der Einstellung aus. Diese engen Modelle führen letztlich zu der pathologischen Erscheinung der Rettungsbootethik, die jetzt als plausible Lösung für das Problem der Übervölkerung der Welt in aller Form vertreten wird[14]. Daß die Wissenschaftsgremien überhaupt eine solche Lösung ins Auge fassen, obschon es doch Alternativen einer anderen Weltwirtschaft gibt, ist die schlimmste aller Pathologien. (In den durch Nationen der Ersten und der Zweiten Welt erlassenen Einwanderungsbeschränkungen kommt diese pathologische Einstellung dauernd zum Ausdruck, aber auch in der Grundlogik der internationalen Finanzwelt). Die Grundvoraussetzungen des internationalen Systems von Produktion, Handel und Zugang zu den Ressourcen, die es für das Überleben braucht, wurzeln in Mythen des Eigeninteresses, die es verhindern, Probleme des menschlichen Überlebens zu

lösen, es aber ermöglichen, Prozesse der Vernichtung des Menschen auf Weltebene einzuleiten.
Es ist nicht so, daß es für die Probleme keine technische Lösung geben würde, nur sind die Parameter zur Lösung der Probleme des menschlichen Lebens gegenwärtig zu eng für die Variabeln, die mitberücksichtigt werden sollten. Unsere Grundmythen schließen die Lebensgeschichten einiger Leute aus. Unsere Ideen über Gott und die Beziehung Gottes zur Welt beschränkten sich auf eine Männerkirche in einer Männerwelt[15]. Die Menschen, die sich zur Beratung über die Weltprobleme versammeln und über Entscheidungsmacht verfügen, repräsentieren nicht die historischen Gruppen, deren Entwicklung von denen zugelassen wurde, die die Macht hatten und haben, solche Entscheide zu treffen. Um pathologische Machtmißbräuche auszuschließen, die zur Unterdrückung des Menschen geführt haben, müssen die Menschen, die zur Beratung zusammenkommen, sämtliche Menschen repräsentieren. Bevor dies der Fall sein kann, muß die Kirche anerkennen, daß alle ihre Glieder nach Gottes Bild geschaffen und zu Gottes Willen berufen sind[16]. Die Kirche muß anerkennen, daß die Form ihres Gottesdienstes die Form der Welt ist, welche ihre Form im Sinnbild und Ritus prägt. Wenn der Zutritt zu Gott durch die Form eingeschränkt wird, ist die Form pathologisch.

ANMERKUNGEN

1 Zu dieser abnormalen Lage in den ersten Jahrzehnten des zwanzigsten Jahrhunderts äußerte sich Barbara Ward. Vgl. ihr Buch: The Rich Nations and the Poor Nations (New York 1962).

2 Vgl. Edward O. Wilson, On Human Nature (Cambridge 1978) 192. 206. Dagegen vgl. Franz Fanon, Black Skins White Masks (New York 1967) 89.

3 Leo XIII, AAS 23 (1891) 641 – 670; Paul VI., Octogesima Adveniens: L'Osservatore Romano, 15. Mai 1971; Paul VI., Populorum Progressio: AAS 59 (1967) 257 – 299. Die ganze Reihe der wichtigsten Verlautbarungen der römisch-katholischen und der protestantischen Kirchen zu der Frage der sozialen Gerechtigkeit, die in den letzten hundert Jahren erschienen sind, werden in vier Heften von »Church

Alert« (Nr. 17 – 20, 1977 und 1978) der SODEPAX in Genf analysiert.

4 Vgl. z. B. Lk 3, 10 – 11; Mt 25, 31 – 46; Mk 10, 25; Jes 58, 6 – 8.

5 Emile Durkheim, Les Formes Elementaires de la Vie Religieuse (Paris 1912).

6 Johannes XXIII.: AAS 53 (1961) 401 - 464.

7 Marie-Augusta Neal, Value and Interests in Social Change (New Jersey 1965).

8 Max Weber, Gesammelte Aufsätze zur Religionssoziologie (Tübingen 1922), Kap VI, VII und VIII.

9 Wilson, a. a. O.

10 Römische Synode 1971, »Gerechtigkeit in der Welt«, Nr. 6.

11 16. 12. 1966.

12 Vgl. Päpstliche Kommission Justitia et Pax, The Church and Human Rights, Working Paper No. 1 (Vatikanstadt 1975) und Church Alert, The SODEPAX Newsletter, Nr. 17 – 20 1977 und 1978 (Ökumenisches Zentrum, Genf, Schweiz). Diese Hefte besehen das soziale Denken der Kirchen aus katholischer und aus protestantischer Sicht. Vgl. auch die neueren Dokumente der Lateinamerikanischen Bischofskonferenz: Witness to Justice: A Society to Be Transformed (Mai 1979, Ottawa, Ontario). Die »Call to Action Conference« der Bischofskonferenz der Vereinigten Staaten von 1976 hatte eine ähnliche Aufgabe.

13 Sabelo Ntwasa und Basil Moore, The Concept of God in Black Theology, in: Basil Moore (Hg.) The Challenge of Black Theology in South Africa (Atlanta, Georgia 1974) 18 – 28.

14 Vgl. Carrett Hardin, The Tragedy of the Commons: Science 162 (1968) 1243 – 1248; ders., Living on a Lifeboat: Bio Science 24 (1974) 561 – 568.

15 Marie-Augusta Neal, Women in Religious Symbolism and Organization: Harry M. Johnson (Hg.), Religious Change and Continuity (San Francisco 1979) 218 – 250.

16 Vgl. die Erklärung der Kongregation für die Glaubenslehre zur Frage der Zulassung der Frauen zum Priesteramt: Verlautbarungen des Apostolischen Stuhls 3 (Bonn 1976). Vgl. auch J. O'faolain/L. Martines (Hg.), Not in God's Image (New York 1973).

Frühe Erlebnisse

Glaubenswechsel

Briefe
(1842)

Bonn, den 29. August 1842

Verehrter Herr Pfarrer!
Die Bitte, die ich in diesem Briefe an Sie richte, wollte ich Ihnen schon in den ersten Tagen nach Ihrer Abreise schriftlich vortragen, aber ein Geschäft, das nicht aufgehoben werden konnte, zehrte mir Zeit und Gedanken völlig auf. Glauben Sie indes nicht, daß ich leichtsinnig das erste und wichtigste um einer Nebensache willen von mir schob; ich hielt es im Gegenteil nur darum geraten, alles Zerstreuende vorerst abzutun, um Sammlung und eine vollig befreite Gemütsstimmung zu gewinnen.
Was mir unser Freund Gottfried schon früher über Ihre Gesinnung mitgeteilt, wie auch unser Gespräch an jenem Nachmittage, wo ich Sie persönlich kennen lernte (und der mir zu den liebsten und reinschönsten Erinnerungen gehört), gab mir vollkommen Vertrauen, gerade Ihnen meinen Wunsch hinsichtlich des Wiedereintritts in die Kirche darzulegen. Einen Übertritt kann ich diesen Schritt nicht eigentlich nennen, da ich seit ungefähr zehn Jahren schon außer allem äußeren kirchlichen Leben stehe und innerlich seit meiner Kindheit mich von dem mir angeborenen und gewaltsam anerzogenen Katholizismus losfühlte.
Gestatten Sie mir, Ihnen die Form zu schildern, in der mir die ersten religiösen Eindrücke wurden, damit Sie den Widerwillen verzeihlich finden, mit dem ich so viele Jahre hindurch alles Kirchliche von mir stieß.
Außer wenigen Kindergebetchen, die ich im zweiten Jahr auswendig wußte, wurden mir von einer alten Großmutter, einer überaus gutmeinenden, aber ganz unwissenden Frau, sämtliche Heiligenlegenden als unumstößliche Glaubenswahrheiten erzählt. Später lernte ich Religion nur als Zeremo-

nie kennen. Der Begriff eines Christen war mir kein andrer als: der da sonntags die Messe hört, freitags Fisch speist u. s. w. Unsre Gebetbücher quälten mich mit der schauerlichsten Langweile. Ich forderte, man solle mich in Gedanken beten lassen; dies gestatteten mir meine Angehörigen nicht in der Kirche, weil sie dann keine Gedankenkontrolle üben konnten. Die sonntägige Messe schien mir gar nicht zu überstehen, weil die neben mir knieende Großmutter stets aufpaßte, ob ich kein andres Gebet zu meiner Unterhaltung aufschlug. Ich war angewiesen, mich genau nach der Stelle zu richten, die vorgeschrieben war, z. B. zum Offertorium, zur Wandlung u. s. w. Da nun der Priester die dazu gehörige Zermonie bei weitem langsamer machte, als ich las, so mußte ich stets das Gebetchen von neuem anfangen, um genau mit ihm auszukommen. Ich kann sagen, daß ich im Lauf meiner Kinderjahre tausende Mal diese nämlichen Zeilen überlesen gemußt. Mein Herz ward auf das äußerste geängstet, da ich mit den Gedanken immer von der Messe wegschweifte und nur mechanisch las, was man mir als eine große Sünde darstellte. Wirklich blieb dies bei der Beichte die stehende Sünde: »Nicht andächtig die Messe gehört,« für die mich die auferlegte Buße regelmäßig in neue Sünden stürzte, denn ich bekam nebst mehreren andern auch jedesmal die Litanei von allen Heiligen und von der Jungfrau Maria (ich glaube, fünfmal nacheinander?) zur Strafe abzubeten. So müßte ich denn die Langweile als den ersten Hebel bezeichnen, der mich vom Kirchlichen loslöste. Ich will nicht so ungerecht sein, zu verneinen, daß der Katholizismus (der sich mir in seiner allerunwürdigsten Form aufdrang) *damals* vielleicht in einer edleren Gestalt befriedigend auf mich hätte einwirken können. Jetzt wäre auch das zu spät. Meinem Verstande widerstrebte es, mich zu einer Kirche zu bekennen, die, sich für unfehlbar haltend und sich die alleinseligmachende bezeichnend, somit jeden Fortschritt innerhalb ihres Gebiets aufhebt. Auch erinnere ich mich sehr wohl, daß Sünden gegen Gott und Welt im Beichtstuhl leicht verziehen wurden, hingegen eine Vernachlässigung priesterlicher Autoritäten unendliche Rüge nach sich zog. Dem katholischen Christen ist eben nicht erlaubt, nur Christus als Mittler zwischen sich und Gott anzuerkennen, nein, die Geistlichkeit schiebt sich noch einmal als Mittler zwischen ihn und den Mittler. Nach

meinem 17. Jahr begann ich aufmerksam unsre großen Dichter zu lesen und fand bald manche Stelle aus, die mir verriet, daß die Klugen nicht eben alles glauben, was die Priester lehren.
Auf die ersten Zweifelsäußerungen erhielt ich von den Frauen die Antwort: »Jene Bücher sind nicht von Christen, sondern von Protestanten geschrieben; wer noch nicht alt und fest genug ist, sollte solche Religionsspöttereien lieber gar nicht lesen.« Die Männer ließen merken: »Der christliche Glaube ist nur da, um das Volk im Zaum zu halten; die Gebildeten brauchen ihn nicht.« Es währte nicht lange, so hatte ich im Innern jede Schranke umgeworfen und ersehnte nur eine glückliche Gelegenheit, mich auch von dem äußeren Zwange zu befreien.
Von dem, was gut und böse sei, hatte ich sehr oberflächliche Begriffe. Ich für meine Person hielt mich sogar für besonders gut, da man mir unbedingten Gehorsam gegen die Eltern als erste Tugend eingeschärft hatte und ich diese eine gute Strecke über die Kindesjahre hinaus übte. Dann aber begannen alle meine Neigungen und Ansichten einen schnurstracks entgegengesetzten Weg zu nehmen, und in dem Maße, wie mein Glauben an die Unfehlbarkeit fremder Autorität sich verminderte, wuchs die (wohlgemeinte) Tyrannei der Erziehenden.
Die Hoffnung, mich diesem geistigen Zwange zu entziehen, vermochte mich zum Teil zu einer Heirat, die ich (von vielen Seiten überredet) gegen meine Überzeugung schloß, nicht wie man ein freudiges Liebesbündnis eingeht, sondern wie man zu bestimmter Zeit etwa ein Amt antritt, weil es so hergebracht.
Die wenigen Monate, die ich verheiratet in Köln zubrachte, führten nebst viel unsäglichem Unglück auch noch die Pein eines bei weitem größeren Zwanges zu religiöser Heuchelei mit sich. Herr M. gestand mir unverhohlen, daß er nichts glaube, daß es aber sein Geschäft fordere, sich die Geistlichkeit zum Freunde zu halten.
Innerlich empört und erzürnt, mußte ich mit ihm vor den Knöchelchen der 11 000 Ursula-Jungfrauen nachmittags auf den Knieen liegen und früh oft zwei Messen nacheinander aushalten. Krank kam ich ins elterliche Haus zurück mit dem Entschluß: auf Scheidung anzutragen. Die speziellen Ursa-

chen gehören nicht hierher; nur das berühre ich noch, daß niemand, dem sie bekannt geworden, sie leichtsinnig begründet fand ...
Daß ich in den letzten zehn Jahren ohne alle religiösen Empfindungen, ohne Gebet, ohne Sehnsucht nach einem Höheren nur so hingelebt hätte, kann ich nicht sagen, nur ward ich selten an Gott gemahnt, da ich von tausend Dingen mein Inneres zerstreuen ließ. Ich meinte mich berechtigt, Ersatz für ein verlorenes Lebensglück zu suchen, und indem ich dem Schimmernden, Freude verheißenden eifrig nachjagte, ward ich dem ärgsten Egoismus zur Beute und trug seine Strafe. Von Hochmut, Sucht zur Isolierung, Überdruß am Leben, ganz zerrissen, auf dem Punkte eines völligen inneren Zerfalls, lernte ich unsern herrlichen Freund Gottfried kennen; er schenkte meinem Schicksal seine Teilnahme, und damit fing ein helles, geordnetes Leben für mich an. Nächst Gott danke ich ihm alles, was ich jetzt habe und bin, was ich zu werden hoffe; er hat mir zwiefach das Leben erhalten und sein eignes Glück an meine Rettung gesetzt.
Ich hatte, bei unserm ersten vertrauteren Zusammentreffen, ihm meinen Unglauben nicht verhehlt und ward durch seine Anworten mit Erstaunen belehrt, daß unter den Geistlichen nicht nur die Beschränkten und Unwahren die Gläubigen sind. Ich las nun zum erstenmal die Bibel und ward von dem Christentum so gefaßt, daß ich nie mehr ganz in mein altes Heidentum zurück könnte. Die Schwärmerei der ersten Monate, wo ich in Reuethränen, Gebeten, Selbstverdammung mich halb selig, halb elend fühlte, gingen freilich bald vorüber, und ich wünsche auch solche ungesunde, extreme Zustände nie mehr zurück. Später las ich außer religiösen Schriften fleißig Geschichte. Hier lernte ich recht genau Kirche und Religion unterscheiden. Haß und Verachtung gegen Priesteranmaßung, gegen die ungeheure Perfidie des Papsttums erfüllten mich. Mit Begeisterung hingegen versetzte ich mich in die Reformationszeit und mußte mir gestehen, daß, wenn ich damals gelebt hätte, ich gewiß mit unter den frühesten der neuen Bewegung gefolgt wäre, in der ich einen großen, wahren Fortschritt erkenne, wenn ich gleich nicht umhin kann, dem heutigen Protestantismus ebenfalls einen neuen Fortschritt zu wünschen.
Um Gottfried einmal predigen zu hören, ging ich in Köln in

die evangelische Kirche, die ich nachher öfter besuchte, und immer ward ich erbaut, befriedet und herzlich gerührt.
Nicht *allein* kann ich dies der Person des Redners zuschreiben. Ich ward dort an das Gottesgebot frisch gemahnt, sammelte mich von manchem Verwirrenden, was mir bei einsamem Bibellesen nicht stets so gut gelang, und fühlte mich vor allem den mir längst entfremdeten Menschen wieder mit einem gemeinsamen Liebesband verbunden.
Jede Form des kirchlichen Gottesdienstes hat freilich etwas Kleines, sehr Kindliches der ungeheuren Idee eines Weltgeistes gegenüber; aber hier trat mir wenigstens nichts Lächerliches entgegen, nichts, was die gesunde Vernunft und den Schönheitssinn beleidigt, und vor allem tat dem Gemüte diese ernstruhige, würdige Form einer Sonntagsfeier überaus wohl.
Bei mir beschloß ich damals, auch äußerlich zur evangelischen Kirche zu treten, nur wollte ich Gottfrieds Verheiratung abwarten, um nicht den Schein zu geben, als habe ich unredliche Nebenabsichten. Habe ich mit diesem durch Rücksichten veranlaßten Aufschub einen Fehler begangen, so trage ich die Strafe doppelt dafür, indem ich bei den jetzigen Verhältnissen diesem Schein gar nicht mehr entgehen kann.
Ich frage Sie aufrichtig: Kann mich die evangelische Kirche auf dieses innige Verlangen hin aufnehmen, indem ich die Gründe dieses Verlangens nur wie folgt ausdrücken kann:
»Solange ich mein Christentum als Geheimnis bewahre und nicht öffentlich bekenne, befürchte ich sowohl die Resultate *meiner* Bestrebungen für das Gute geschmälert zu sehen, wie das weiter ausgreifende Wirken desjenigen, der seine Zukunft mit der meinen verbinden wird, da Liebe und Vertrauen der Menschen sich von demjenigen wenden, der sich von ihnen abgesondert hat.«
Über alle einzelnen Punkte des Glaubens will ich gerne Rede stehen und Belehrung suchen. Eines kann ich mit voller Überzeugung aussprechen: daß ich an Christus als den Erlöser von der Sünde glaube – durch das Vorbild, das der Menschheit sein Leben und Sterben gab, und vermittelst seiner edeln, göttlich schönen Lehre; daß ich mich den Geboten dieser Lehre nach Kräften in meinem künftigen Leben unterwerfen will, daß ich von der Gnade Gottes die Fortdauer der Seele nach dem Tode erhoffe. Von allen

bestehenden Kirchen erscheint die evangelische meiner Einsicht diejenige, die sich der ideellen, die Christus stiften wollte, am meisten nähert. Wenn es Ihnen Ihr Gewissen gestattet, mir zum Eintritt in diese Kirche den Weg zu eröffnen, so bitte ich Sie dringend, es so bald als möglich zu tun.

Ich kann mir kaum denken, daß mir zum zweitenmal eine Persönlichkeit wie die Ihrige begegnen möchte, die so milde und vorurteilslos meine Bestrebungen ansah. Soviel habe ich erfahren, daß die milderen, freieren Geister, zu denen ich Sie und Gottfried zählen muß, gewiß dem Christentum mehr Seelen gewinnen werden wie die starren, in enge Grenzen abgeschlossenen.

Mein Glaubensbekenntnis:

Nichts, was dein Herz nicht innig glaubt,
Sollst mit den Lippen du bekennen.
Gottfried Kinkel.

Ich glaube an einen Gott, der die Welt geschaffen hat und regiert, der jeden Menschengeist mit seinem Leben durchdringt, und die Fähigkeit und den Trieb in ihn gelegt hat, zur Wahrheit und Tugend hinzustreben, der mit Liebe und Gerechtigkeit über allen Wesen waltet und den Weltlauf zu dem Ziele lenkt, daß Liebe und Gerechtigkeit über Haß und Sünde den Sieg davontragen.

Ich glaube, daß dieser Gott, wie die Schrift sagt, von keinem Menschen fern ist, daß unter allen Völkern und unter allen Glaubensformen diejenigen ihm wohlgefällig sind, die ihn fürchten und seine Gebote halten.

Ich glaube, daß keine menschliche Autorität uns die Form vorschreiben und gebieten darf, in der wir ihn äußerlich verehren und anbeten sollen; daß zwischen ihm und der einzelnen Seele keine priesterliche Vermittlung notwendig ist, und daß er vor allem durch reinen Wandel, heilige Liebe zu ihm und Brudersinn gegen unsern Nächsten geehrt sein will.

Ich glaube, daß Jesus Christus das vollkommene Bild der religiösen Menschheit in sich darstellt, und daß in ihm das unsichtbare Wesen Gottes als Liebe, Gnade, Wahrhaftigkeit

und Gerechtigkeit so vollständig sich ausspricht, als es der menschlichen Fassungskraft möglich ist, dies Wesen zu begreifen.
Ich erkenne, daß in der Menschheit die Selbstsucht den Antrieben des von Gott in uns gelegten Geistes und den Forderungen des Gewissens widerstrebt, und daß sie mich und alle (im natürlichen Lauf der Entwicklung) zur Sünde als zum Tun dessen fortreißt, was wider Gottes Willen ist.
Ich glaube, daß Jesus Christus durch sein Leben, seinen Tod und seine Lehre die Macht der Sünde in der Welt gebrochen hat und sie endlich ganz überwinden wird.
Ich glaube, daß Jesu Leben der Menschheit das vollkommenste Beispiel der Selbstverleugnung gewährt und daß seine Lehre vollständig die Pflichten der religiösen und moralischen Vortrefflichkeit in sich schließt. Ich erkenne ihn als meinen Herrn und Meister, und sein Wort als für meine Handlungsweise maßgebend und verpflichtend an...
Ich glaube, daß jedem Menschen, der im Vertrauen auf die Liebesfülle Gottes von diesem Geiste sich durchdringen läßt und getreu danach trachtet, dem Beispiel und der Lehre Jesu gemäß zu wandeln, seine früheren Sünden vergeben sind und ihn nicht mehr hindern, der Liebe Gottes gewiß zu werden.
Ich hoffe, im Glauben an Gottes Liebe, auf ein unsterbliches Leben nach dem Tode des Leibes, in dem das hier begonnene, aber durch Sünde, Irrtum und Schwäche oft unterbrochene Werk der Heiligung zur Vollendung durchdringen werde. –
Ich erkenne die evangelische Kirche, ohne die andern bestehenden Kirchen als unchristlich zu verurteilen, für diejenige an, die am treuesten das echte Wort Jesu in seiner Reinheit von menschlichen Zusätzen bewahrt hat, die auch in der Sittenlehre die Grundgedanken des Evangeliums am entschiedensten festhält und am kräftigsten die christliche Freiheit vom Gesetze des Buchstabens vertritt.
Ich verpflichte mich, diesen von mir ausgesprochenen Glauben nach Kräften im Leben durch Bruderliebe zu bewähren, weder aus Scheinfrömmigkeit noch Menschenfurcht oder aus andern äußeren Gründen jemals zu verleugnen und beson-

ders in Demut, Wahrhaftigkeit und Gerechtigkeit nach dem Maße der Kraft weiterzustreben, die Gott mir auf mein Gebet verleihen wird. Solches gelobe ich treu zu halten, so wahr mir Gott helfe. Amen.

Johanna Mathieux Mockel.

Bonn, im November 1842

MALWIDA VON MEYSENBUG

In der freien Gemeinde
(1858)

Die Nachricht, daß ein deutsches Vorparlament sich in Frankfurt versammeln werde, erfüllte mich mit namenloser Freude. Die Stadt war in einer grenzenlosen Aufregung. In der Versammlung der freien Gemeinde, die ich schon während des ganzen Winters statt der protestantischen Kirche besucht hatte, stieg der Redner nicht auf die Kanzel, um irgendeiner Betrachtung regelrecht zu folgen, sondern er sprach am Altar feurige Worte der Begeisterung, indem er die Gemeinde aufforderte, bereit zu sein, einen freudigen Kampf zu kämpfen um die heiligsten Rechte der Menschheit. Draußen hörte man Waffengeklirr, denn die Bürger eilten in das nahe Zeughaus, um sich zu bewaffnen. Mir war todesfreudig zu Mute. Ich hätte gewünscht, daß der Feind draußen vor dem Tore der kleinen Kirche gestanden hätte, und daß wir alle hinausgezogen wären, Luthers Choral singend, um für die Freiheit zu kämpfen oder zu sterben.
(...) Zu der Zeit hörte ich von mutigen und begeisterten Frauen, die, denselben Ideen huldigend, wie ich, in Hamburg eine Hochschule für das weibliche Geschlecht eröffnet hätten, an der den Mädchen dieselben vollständigen Mittel zu geistiger Entwicklung geboten werden sollten, wie dies auf den Universitäten für die jungen Männer der Fall ist.
(...) Ich hatte der Frau des Professors Karl Fröbel, der der Hochschule vorstand, geschrieben, um sie wegen der Möglichkeit der Aufnahme usw. zu fragen. Sie hatte mir geantwortet, ich solle so bald als möglich kommen. Meine Mutter und meine Schwester begleiteten mich nach Hamburg, wo sich das Institut befand. (...)
Die ökonomische Unabhängigkeit der Frau möglich zu machen durch ihre Entwicklung zu einem Wesen, das zunächst sich selbst Zweck ist und sich frei nach den Bedürfnissen und

Fähigkeiten seiner Natur entwickeln kann – das war das Prinzip, auf das die Anstalt gegründet war. Man muß sagen, daß hier, wie auch in anderen deutschen Städten, der Gedanke der Emanzipation der Frau sich infolge der freien Bewegung in der Kirche entwickelt hatte. Die freien Gemeinden, die sich zuerst von der katholischen, dann auch von der protestantischen Kirche, unter dem Namen Deutsch-Katholiken, Lichtfreunde usw. trennten, hatten seit der Revolution von achtundvierzig einen mächtigen Aufschwung genommen. Alle großen und viele kleine Städte Deutschlands besaßen solche. Die Reformatoren, die an der Spitze dieser Gemeinden standen, waren mehr oder weniger bedeutende Männer, aber sie handelten alle so ziemlich in gleichem Sinne. Die Unabhängigkeit des Gemeindelebens vom Staat, die eigne Verwaltung in den religiösen Angelegenheiten und denen des Unterrichts, die freie Wahl der Prediger und Schullehrer durch die Gemeinde selbst, die Gleichheit der bürgerlichen Rechte für Männer und Frauen – das waren so ziemlich überall die Grundlagen. In einigen Gemeinden strebte man sogar auch in den äußeren Formen nach der Einfachheit der ersten christlichen Zeit; man redete sich allgemein mit Du an und feierte die Kommunion wie Liebesmahle der Brüderlichkeit. Andere hatten Abendmahl, Taufe und andere Zeremonien des Kultus ganz abgeschafft, da Sie ihnen keine Ideen mehr vorstellten. Sie tauften nur noch aus ziviler Notwendigkeit, um den Kindern ihre bürgerlichen Rechte zu sichern. In Hamburg hatte die freie Gemeinde, durch Johannes Ronge in das Leben gerufen, zahlreiche warme Anhänger gefunden. Die Frauen, die die Hochschule begründeten, hatten aber eingesehen, daß es nicht genug wäre, den Frauen gleiche Rechte mit den Männern in der Gemeinde zuzugestehen, sondern daß man ihnen auch die Mittel reichen müßte, würdig von diesen Rechten Gebrauch zu machen. Nun gab es eben für die Frauen, wie für das Volk, nur ein Mittel, die Freiheit zum Segen zu gestalten: Bildung.

(...)

Eine andere beglückende Überraschung wurde mir zuteil, als man mich am Sonntag in die Versammlung der freien Gemeinde führte, die von allen Mitgliedern der Hochschule besucht wurde. Ein großer Saal war einfach und würdig für diese Versammlung eingerichtet; ein zahlreiches Auditorium

Die Tonhalle in Hamburg, wo die freie Gemeinde sich versammelte, um 1845. (Staatsarchiv Hamburg)

füllte ihn und folgte mit gespannter Aufmerksamkeit der Rede eines jungen, einfach und bescheiden aussehenden Mannes, der von einer Tribüne herab zu ihm sprach. Die Rede gehörte einer bereits vor meiner Ankunft begonnenen Reihe von Betrachtungen an, in denen der Redner mit der systematischen, wissenschaftlichen Kritik der alten Dogmen die Entwicklung neuer Ideen auf allen Gebieten des menschlichen Lebens, im Staat, in der Gesellschaft, in der Familie verband. Jedes Wort, das er sprach, fand ein freudiges Echo in meiner Brust. Das war das Anbeten im Geist und in der Wahrheit, nach dem ich mich gesehnt hatte; die Religion, aus den Schranken der Kirche befreit, wurde lebendiges, blühendes Dasein, Wesen, Inhalt, und nicht leere, starre Form. Mit Entzücken sah ich den Anteil, mit dem nicht bloß Leute der

gebildeten Stände, sondern Menschen aus dem Volk, schlichte Arbeiter, der Rede folgten und sich so mit jenen zu der wahren Gemeinde der geistigen Gleichheit vereinigten. Die Gleichheit im Reiche Gottes war ja bis dahin immer noch eine Lüge gewesen. Das Recht der Bildung und dessen, was den Menschen adelt: die Freiheit des Gedankens gehörte nur auf die eine Seite; so wie sogar in der Kirche, wo man den Vater *aller* Menschen verehrte, die begünstigten Kinder in reichem Putz auf vornehmeren Sitzen saßen, während die Aschenbrödel sich in ihren Lumpen in die Ecken drängten und mit Angst das so oft unerhörte Gebet murmelten: »Unser täglich Brot gib uns heute.« Hier in dieser Gemeinde war die Religion zu der wahren *Soziologie* geworden, wo auf dem Grunde allgemeiner humaner Lebensanschauungen die bitteren Unterschiede des Ranges, Reichtums und der vielseitigeren Kenntnisse sich milderten und versöhnten. Das Ideal war nicht mehr in der Vergangenheit als ein absolutes ein für allemal festgestellt; es leuchtete in der Zukunft wie der Stern des Orients und zeigte den Weg.
(...)
Nach einiger Zeit ließ ich mich als Mitglied in die freie Gemeinde aufnehmen. Es war dies einfach genug: Man wendete sich an den Verwaltungsrat und wurde dann der Gemeinde vorgeschlagen, die durch allgemeine Abstimmung über die Zulässigkeit der Aufnahme entschied. Danach wurde man in die Register der Gemeinde eingeschrieben und bezahlte einen äußerst geringen jährlichen Beitrag zu den gemeinsamen Ausgaben.
Für mich war dieser Schritt jedoch bedeutungsvoll genug. Er schied mich auf immer von meiner Vergangenheit; ich sagte mich dadurch öffentlich von der protestantischen Kirche los und verband mich einer völlig demokratisch-konstituierten Gemeinschaft. Bald mußte ich die ersten Folgen davon erfahren. Ich war noch ein ganz kleines Kind, als der Fürst meines Geburtslandes einmal kam, meinen Vater besuchen, und mich bei ihm fand. Ich weiß nicht, ob ich ihm gefallen hatte oder aus welch anderem Grunde, kurz, er schenkte mir an dem Tage die Anwartschaft auf eine Stelle in dem ersten und reichsten adeligen Fräuleinstifte des Landes, welche Stellen unverheirateten Damen eine angenehme Unabhängigkeit gewähren. Die Prätendentinnen rücken nach der Reihe

vor, sobald eine Stelle frei wird. Sonderbarerweise erhielt ich kurze Zeit nach der Aufnahme in die Gemeinde die Anzeige, daß die Reihe an mich gekommen sei, Besitz von meiner Stelle zu nehmen. Meine Mutter bat mich brieflich, nicht eine angenehme Unabhängigkeit durch meine Schuld zu verlieren. Ökonomische Unabhängigkeit war mein heißer Wunsch; ich bedachte ernstlich, ob ich dann nicht eine Schule für das Volk gründen und nach meinen Ansichten organisieren könne. Aber zunächst hätte ich den Schritt rückgängig machen müssen, den ich eben getan hatte, denn als Stiftsdame mußte ich auf das Evangelium schwören, daß ich der christlichen Kirche angehöre. Hätte ich mich aber auch selbst von der Gemeinde wieder trennen wollen, so hätte ich doch nie wieder einer dogmatischen, orthodoxen Kirche angehören können, und es verstand sich von selbst, daß ich die Vorteile jener Stellung nicht mit einer Lüge erkaufen wollte. Ich erwiderte also auf die Aufforderung, mich in Besitz meiner Stelle zu setzen, daß ich aus Überzeugung der freien Gemeinde angehörte, daß ich aber, wenn man mich von jener Formalität entbinden könne, kommen würde, meine Stelle einzunehmen. Man würdigte mich nicht einmal einer Antwort.
Ich blieb bei meinem Vorsatz, nach Amerika zu gehen.
(...)
Das Schicksal schien meinen Wünschen zu Hilfe zu kommen. Einige Zeit nach meiner Ankunft bei ihnen kam der Prediger einer freien Gemeinde mit seiner Familie und einigen Freunden dort an, in der Absicht, sich nach Amerika einzuschiffen und drüben eine freie Gemeinde zu gründen. Die Familie war sehr liebenswürdig, und ich beschloß, mich ihnen anzuschließen. Es schien mir, als habe ich zu gleicher Zeit Freunde, Heimat und Zweck gefunden, denn es mußte da viel zu tun geben, und vor allem würde man einer Schule bedürfen. Die Auswanderer erschienen in einer Abendversammlung unserer Gemeinde. Man sprach von der Zukunft der Menschheit, von der Verbreitung der freien Gemeinden diesseits und jenseits des Ozeans, vom Sieg des freien Gedankens und freier Institutionen. Man sagte sich, daß der Ozean jetzt keine Scheidelinie, sondern ein Verbindungsweg sein würde zwischen Brüdern, die in gleicher Weise an der großen Aufgabe arbeiten wollten, den menschlichen Geist immer mehr vom

Joch der Unwissenheit und des Aberglaubens zu befreien und die Menschheit durch Arbeit, Wissenschaft und Sittlichkeit zu vereinen. Wie schön waren diese Stunden! Welche großmütige Empfindungen beherrschten alle Herzen! Ich war voll Freude: meine Träume wurden Wahrheit. In dieser Vereinigung von Menschen aller Stände schätzte man sich nicht mehr nach der zufälligen Stellung, die man in der Welt einnahm, sondern nach dem persönlichen Wert eines jeden. Dies erschien mir die wahre, beglückende Frucht der Revolution, und ich freute mich an dem Gedanken, mit von den ersten dieser wirklich edlen Demokratie zu sein, die sich auf beiden Hemisphären bilden sollte.
Ich mußte mich doch entschließen, meine Mutter mit meinem Vorsatz bekannt zu machen, denn ich wollte nicht heimlich gehen. Ich schrieb ihr also, indem ich ihr meinen Plan auf die einfachste und beruhigendste Weise auseinandersetzte. Ich sprach ihr von dem unbekannten Freund, der mich in Amerika erwartete und an dem ich eine Stütze und einen Beschützer fände, sagte, daß sie mich außerdem aber auch zu gut kenne, um nicht zu wissen, daß ich meinen Weg auch allein ruhig und würdevoll gehen werde.
(...)
Die Antwort kam, traf mich vernichtend und erfüllte mich mit Staunen und Schmerz. Meine Mutter fand meinen Plan nicht nur tollkühn, sondern schuldig. Sie fand es unweiblich, daß ich einem unbekannten Mann mit so viel Vertrauen entgegengehen, und unglaublich, daß ich mich so weit von der Familie entfernen wolle. Ihr Brief war so bitter ungerecht, ich fühlte mich so rein ihren Vorwürfen gegenüber, daß eine gewaltige Empörung mein Herz ergriff. Ich kämpfte einen furchtbaren Kampf mit mir selbst durch und sah mit Haß in jenen Abgrund, in den religiöse und soziale Vorurteile die edelsten Naturen hinabziehn. Ich erkannte mir vollkommen das Recht zu, diese Ketten zu brechen und meinen eigenen Weg zu gehen, sollte ich auch keine andere Billigung finden als die meines Gewissens, und keinen andern Erfolg als den, meine persönliche Verantwortlichkeit behauptet zu haben. Aber – es war meine Mutter, von der mir dieser Schlag kam; von ihr, die mich so geliebt hatte, ehe der Konflikt der Ansichten uns trennte, und die mich noch liebte trotz allem. Das entschied!

Ich antwortete ihr, daß ich stets fähig sei, meine *Wünsche* ihrer Ruhe zu opfern, daß ich daher meinen Auswanderungsplan aufgebe, daß ich mir aber für ewig die Freiheit meiner *Überzeugungen* vorbehalte, daß keine Macht der Erde mich *darin* hindern können würde, und daß ich gerade deshalb geglaubt hätte, es würde ihr weniger peinlich sein, mich in der Ferne nach ihnen lebend zu wissen, als in der Nähe unter ihren Augen.

(...)

Trotzdem mein Leben im Institut schon erfüllt genug war, so besuchte ich doch auch regelmäßig die Vereinigungen der Gemeinde am Sonntagmorgen und einmal die Woche abends. Diese letzteren waren der Geselligkeit und der Besprechung der Gemeindeangelegenheiten gewidmet. Die Arbeiter und ärmeren Gemeindemitglieder kamen dahin mit ihren Frauen und Kindern und saßen an denselben Tischen mit den Begüterten und sozial höher Gestellten. Man sprach zusammen wie unter Gleichgestellten über politische, religiöse, wissenschaftliche Dinge, und die Frauen nahmen lebhaften Anteil an allem. Derjenige Gegenstand, der die Gemeinde damals am meisten beschäftigte, war die Gründung einer konfessionslosen Gemeindeschule. Es sollte eine Kommission, aus drei Männern und drei Frauen bestehend, ernannt werden, um die Schule zu organisieren. Die Wahl wurde durch allgemeines Stimmrecht der Männer wie der Frauen bestimmt. Als die Zettel aus der Urne gezogen und die Namen verlesen wurden, kam der meine so oft vor, daß ich ganz beschämt war, denn obgleich ich bereit war, alles zu tun, um nützlich zu sein, hatte ich doch noch immer eine große Schüchternheit, sobald es galt, irgendwie öffentlich aufzutreten. Als unser lieber Prediger mir anzeigte, daß ich gewählt war, hätte ich es fast lieber abgelehnt, da ich mir auch noch nicht genug praktische Kenntnisse zutraute für die Organisation eines solchen Werks. Aber das freundliche Zureden von allen Seiten bestimmte mich, ein Vertrauen anzunehmen, daß ich bis jetzt noch durch nichts zu verdienen Gelegenheit gehabt hatte. Meine beiden weiblichen Kollegen waren Frauen von großem Verdienst und vieler Erfahrung. Der Prediger, ein anderes Gemeindemitglied und unser Professor vom Institut bildeten die andere Hälfte des Komitees. Diese neue Aufgabe ward mir sehr lieb, denn ich konnte dabei viele praktische Kenntnisse erwerben und noch andere Ansichten verwirklichen helfen als in der Hochschule. Die Schule sollte selbsterhaltend werden, aber es wurde einstimmig beschlossen, das Schulgeld nach den Mitteln der Eltern zu bestimmen, denn es schien uns gerecht, daß der Reiche mehr für die Erziehung seines Kindes zahle als der Arme, daß diesem aber dieselben Vorteile der Bildung zugute kämen wie jenem. Man überließ es der Unparteilichkeit der Kommission und der Ehrlichkeit der Eltern, über diesen Punkt bei der Annahme von Schülern zu bestimmen. Ein zweites wichtiges Prinzip, das uns zu langen Erörterungen und ernstlichen Erwägungen führte, war das des gemeinsamen Unterrichts für Knaben und Mädchen. Es wurde endlich entschieden, es nur in den Elementarklassen durchzuführen, die höheren Klassen aber zu trennen, den Mädchen jedoch genau denselben Unterricht zu erteilen wie den Knaben. Die Religion wurde völlig aus den Unterrichtsgegenständen ausgeschlossen, indem man es den Familien überließ, hierfür im Hause je nach persönlichen Ansichten zu sorgen. Die Schule sollte nur unterrichten und das sittliche Gefühl wecken durch wahre Bildung, durch humane Anschauungen und Vorführung edler Beispiele und durch die Hinweisung auf die Pflichten des Individuums in Familie, Gesellschaft und Staat.

(...)

So ausgefüllt, wie nun mein Leben war, blieb mir keine Zeit mehr zu vergeblichem Trauern und bitteren Betrachtungen. Ich lebte ein Leben in Übereinstimmung mit meinen Grundsätzen, und meine praktischen Fähigkeiten wuchsen mit deren freier Ausübung. Ein tiefer Friede war in meinem Herzen, und eines Abends, als ich, wie es meine Gewohnheit war, vor dem Schlafengehen am Fenster stand und, in die stille Nacht hinaussehend, mein Tagewerk und überhaupt mein vergangenes Leben prüfte, sagte ich mir selbst: Ich bin wieder glücklich.

Konfirmation
(1906)

(...)
Bald darauf begann der Unterricht. Sehr befriedigt, von einer neuen frohen Hoffnung erfüllt, kam ich aus der ersten Stunde nach Hause. »Meine Türe und mein Herz stehen euch jederzeit offen,« hatte der Pfarrer gesagt, »ihr könnt mit allem, was euch bedrückt, mit euren Leiden und Zweifeln zu mir kommen. Ich werde mich immer bemühen, euch zu verstehen und euch zu helfen.« Die harmlosen Kindergesichter meiner Mitschülerinnen – Offizierstöchter wie ich, die natürlich von den übrigen Gemeindekindern gesondert unterrichtet wurden – legten mir unwillkürlich während unseres Zuammenseins bei ihm Schweigen auf. Um so häufiger wollte ich allein zu ihm gehen. Herzklopfend trat ich das erstemal bei ihm ein. In vagen Andeutungen, die gewiß nur ein guter und gütiger Physiologe hätte verstehen können, sprach ich ihm von den bösen Gedanken und häßlichen Phantasien, die ich vergebens zu vertreiben versuchte. Ein »hm, hm,« und »so, so,« und ein erstauntes Kopfschütteln war zunächst die einzige Antwort. In sichtlicher Verlegenheit, die Handflächen nervös aneinanderreibend ging er im Zimmer auf und ab, blieb abwechselnd vor dem Gummibaum am Fenster, dem Stahlstich des Gekreuzigten über seinem Schreibpult und der Sammlung von Familienphotographien auf dem Bücherbrett stehen, die er eingehend zu betrachten schien, um sich endlich, wie unter dem Einfluß eines raschen erleuchtenden Gedankens, mir wieder zuzuwenden. Über den Tisch hinweg streckte er mir beide Hände entgegen, fleischige, weiche Hände, die sich anfühlten, als hätten sie weder Knochen noch Muskeln. Eine physische Abneigung ließ mich zögern, die meinen hineinzulegen. »Nun, mein Kind,« sagte er und hob sie auffordernd, »habe Vertrauen zu deinem

Lily Braun im Jahr 1876.

Seelsorger! Wie ich jetzt deine Hände fasse« – seine runden Finger legten sich um die meinen, als wären es lauter nackte, klebrige Schnecken – »so wird Gott die flehend zu ihm erhobenen Hände deiner Seele ergreifen und dich aufrichten vom Staube! Das sind Versuchungen des Bösen, denen du ausgesetzt bist. Je mehr dein Glaube lebendig werden wird, je inniger du zu beten lernst, desto sicherer wirst du ihn überwinden.« – Ich zog leise meine Hände aus den seinen und rieb sie unter dem Tisch heimlich an meinem Kleide ab. Er fing an, mich zu examinieren, ob, wie oft und wann ich bete, ob ich zu unserm Herrn und Heiland in kindlich-vertrauendem Verhältnis stünde, ob ich fleißig die Bibel läse. Nach kurzem Kampfe gegen ein starkes inneres Widerstreben antwortete ich ihm, wie es der Wahrheit entsprach, war ich doch zu ihm gekommen, beseelt von dem aufrichtigen Wunsch, erlöst zu werden von meinen Qualen, getrieben von der Sehnsucht, mir einen neuen, dauernden Tempel bauen zu können, wo ich zu einem lebendigen Gott zu beten vermöchte! Er runzelte die Stirn, »das ist ja sehr, sehr traurig und unerhört für eine christliche Familie!« rief er aus. Ich beeilte mich, die Eltern zu verteidigen: »O wir beten immer bei Tisch, Mama liest jeden Morgen eine Andacht, und in die Kirche gehen wir auch jeden Sonntag!« – »Um so unbegreiflicher, daß ein so junges Kind, wie du, der Verführung des Bösen erliegen konnte.« Ein neuer Gedanke schien ihm durch den Kopf zu gehen, scharf sah er zu mir hinüber: »Was liest du denn?« frug er. Ich erschrak; sollte ich ihm das Geheimnis meiner schönsten Stunden verraten?! Ein tiefes, schmerzliches Aufatmen – es mußte sein – mußte sein, um meines Heiles willen! Zu jener Zeit hatte ich angefangen, mir aus Papas Bücherschrank Goethes Werke zu holen, – einen Band nach dem andern. Wenn ich mich darin vertiefte, so war ich am sichersten vor mir selbst: wie hatte ich mich für Iphigenie begeistert, um Gretchen geweint, und Werthers Leiden hatte ich mir gekauft, um sie immer in der Tasche tragen zu können. Ich pflegte sie herauszuziehen, wie der katholische Priester sein Brevier, wenn er sich vor Anfechtungen schützen will.

»Das ist ja unerhört, unerhört!« unterbrach der Pfarrer meine Beichte, und seine Stimme überschlug sich wie in der Kirche, sobald er von der Fleischeslust sprach. »Da es dein ernster Wille zu sein scheint, dich zu bessern,« sagte er dann so laut, als hätte er die Rekruten der ganzen Garnison vor sich, »so wirst du tun, was ich von dir verlangen muß: du rührst diese verwerflichen Bücher während der Zeit des Konfirmandenunterrichts nicht mehr an. Du liest nur, was ich dir gebe. Du kommst jedesmal eine Viertelstunde früher zur Stunde zu mir als die andern Kinder, damit sie in ihrer Unschuld nicht gefährdet werden. Versprichst du mir das?« Ich senkte stumm den Kopf; noch einmal legten sich seine Finger um die meinen, dann war ich entlassen. Wie zerschlagen schlich ich nach Hause. Aber ich war fest entschlossen, zu tun, was er verlangt hatte.

Am nächsten Morgen gab es zu Haus eine böse Szene: Pfarrer Eberhard hatte meinen Eltern über meinen Besuch Bericht erstattet und sie aufgefordert, sein »schweres Rettungswerk« zu unterstützen. Ich sah wohl, daß meines Vaters Zorn sich mehr gegen den Pfarrer, als gegen mich richtete, aber wie immer, wenn Mama mit ihrer ganzen Energie auftrat, überließ er ihr das Feld, mir nur unter heftigem Händedruck ein »verdammte Pfaffen« zuflüsternd. Alle meine Schubfächer wurden untersucht, alle Bücher konfisziert, die in die Rubrik: Lehrbücher und Backfischliteratur nicht hineinpaßten; der Schlüssel vom Bücherschrank wurde abgezogen, – nur die verborgenen Schätze im Sofa blieben unentdeckt. Ich befand mich in einer unbeschreiblichen Aufregung: Der erste Mensch, an den ich mich hilfesuchend gewandt, vor dem ich mein Inneres enthüllt hatte, wie vor keinem bisher, vertraute mir so wenig, daß er mich überwachen ließ wie einen Verbrecher!

(...)

Eine unüberwindbare Bitterkeit ließ diese erste Erfahrung mit dem Pfarrer in mir zurück; das persönliche Vertrauen war ein für allemal vernichtet, aber ich hoffte trotzdem, daß das, was er lehrte, mir Befreiung bringen würde. Und ich klammerte mich an diese Hoffnung. Ich las in den Büchern, die er mir gab, und in der Bibel, ich klagte mich vor mir selber an, wenn ich eine rechte Andachtsstimmung nicht festhalten konnte und immer wieder an den Widersprüchen und Unwahrscheinlichkeiten, die mir aufstießen, Anstoß nahm.

War die Bibel von Gott inspiriert, so mußte die Schöpfungsgeschichte wahr sein; und war sie es, warum lehrte man uns dann die naturwissenschaftlichen Forschungsergebnisse der Gelehrten kennen? Bei allen Wundern, an die ich glauben sollte, stießen mir dieselben Bedenken auf; und ebensowenig kam ich über die Lehre hinweg, daß der Gott der Liebe, der Vater im Himmel mit dem grausamen, rachsüchtigen Jehova des Alten Testaments identisch sein sollte. Furchtbarer aber als alles bedrückte mich der Zweifel an der Erlösung der Menschheit durch Christi Leiden und Sterben. Weder die Sünden noch die Sorgen der Menschheit waren seit seinem Tode aus der Welt verschwunden, und jeder büßte – wie schmerzvoll empfand ich es selbst – nach wie vor seine eigene Schuld. Ich sprach meine Zweifel und Bedenken offen aus – wir waren ja ausdrücklich dazu aufgefordert worden! – und erwartete sehnsüchtig, widerlegt, in unanfechtbarer Weise eines Besseren belehrt zu werden. Pfarrer Eberhard wurde immer nervöser, sobald ich den Mund auftat, und die andern starrten mich an, und stießen sich kichernd mit den Ellbogen, wenn ich eine Frage stellte. Schließlich wurde mir ein für allemal verboten, in ihrer Gegenwart meine Gedanken laut werden zu lassen; ich benutzte zunächst die Viertelstunde des Alleinseins dazu, für die der Pfarrer immer seltener Zeit zu haben vorgab, und besuchte ihn schließlich außerhalb der Stunde, wenn meine Zweifel mir gar keine Ruhe mehr ließen. Er wurde von einem Mal zum anderen ungeduldiger, und warf mir meinen »geistigen Hochmut«, der mich verführe, mit den unzulänglichen Mitteln menschlichen Verstandes an göttliche Geheimnisse zu rühren, in immer heftigerer Weise vor. Auf all mein Warum? war seine Antwort: darüber darf man nicht nachdenken, denn der Glaube allein versetzt Berge, der Glaube allein macht selig, und so wir nicht werden wie die Kinder, werden wir das Reich Gottes nicht schauen. – Danach muß geistiges Streben, Forschungstrieb, Wissenschaft ein Werk des Teufels sein, – folgerte ich. Unsere Unterhaltungen – das sah ich endlich ein – waren zwecklos. Ich gab sie auf. In dem Bedürfnis, mich auszusprechen, machte ich meine Cousine, die ich schon mit meinen Herzensgeschichten aus allem Gleichgewicht gebracht haben mochte, zur Vertrauten meiner religiösen Kämpfe. Es waren Monologe, die ich vor ihr führte, und ich war so sehr mit mir selbst beschäftigt, daß ich gar nicht bemerkte, wie das arme Ding unter mir litt: wie eine Blume war sie, die in der Knospe welkt, wenn sie zu früh dem Schutz des Schattens und der Kühle entrissen wird.

(...)

Um diese Zeit war es, daß meine englische Lehrerin mir von Shelley erzählte, der mit sechzehn Jahren schon seiner antichristlichen Ansichten wegen von der Schule entfernt worden war, später aus denselben Gründen England verlassen mußte und, kaum dreißig Jahre alt, in den Wellen des Adriatischen Meeres seinen Tod fand. Sein Schicksal ergriff mich tief. Der Überzeugung Stellung, Wohlleben, Familie und Heimat opfern – das erschien mir stets als ruhmwürdigste Tat.

Mit der Versicherung, daß ich sie doch nicht verstehen würde, gab mir die lange, blonde Miß, die für mich bis dahin nur die Verkörperung der Grammatik gewesen war, auf mein dringendes Bitten Shelleys Werke.

»Queen Mab« war das erste, was ich aufschlug. In einer Nacht las ich es zweimal. Mir war, als wäre ich selbst Janthe, der Geist, dem die Feenkönigin des Weltalls wundervolle Pracht, die Schauer der Vergangenheit, das Elend der Gegenwart und das verklärte Bild der Erdenzukunft sicher: Ich sah die Reichen schwelgen, die Armen hungern; die Toten sah ich auf den Schlachtfeldern, hingemordet um der Ländergier der Könige willen, und sah, wie die Menschen einander zerfleischten wie wilde Tiere, im Namen ihrer Götter! Und dann verklangen in weiter Ferne all die Laute der Qual, das Weinen der Verlassenen, das Stöhnen der Hungernden, Verzweiflungsschreie und Todesröcheln. »Die Wirklichkeit des Himmels, die selige Erde« zeigte sich, die Welt der Zukunft, wo niemand vergebens mehr nach Brot verlangen, niemand nach Erkenntnis verdursten, wo die Menschheit sich selbst erlöst haben wird aus der Hölle irdischer Verdammnis. »Spirit, behold thy glorious destiny!«, – rief Mab, die Königin, es mir nicht zu? Galt nicht mir ihre Mahnung: Fürchte dich nicht! Führe den Krieg gegen Herrschsucht und Falschheit und Not, schlag' durch die Wildnis den Pfad hinüber in die Welt, die da kommen soll!

Ich empfand Shelleys Atheismus nicht, ich fühlte nur, daß er den Gott verleugnete, an den auch ich nicht zu glauben vermochte, und wie eine Offenbarung wirkte auf mich sein lebensstarker, hoffnungsreicher Idealismus, sein Vertrauen in der Menschen eigene Kraft, sein feuriger Appell an die Macht des Willens.

In langen Nächten voll innerer Kämpfe suchte ich mir klar zu werden über den Weg, den ich zu gehen hatte, und baute mir langsam, Stein um Stein mühselig zusammentragend, die Kirche meiner Religion auf. Ein heißes Glücksgefühl erfüllte mich, als ich mein Werk vollendet sah und der Entschluß in mir feststand, mich zu keinem andern Glaubensbekenntnis als zu meinem eigenen zwingen zu lassen – koste es, was es wolle!

Um die Weihnachtszeit 1879 besuchte ich Pfarrer Eberhard und erklärte ihm, daß ich außerstande sei, das Apostolikum vor dem Altar zu beschwören, daß er mich daher von der Einsegnung dispensieren möge. Zugleich legte ich ihm eine schriftliche Zusammenfassung meiner religiösen Ansichten vor – ein persönliches Glaubensbekenntnis, das jeder der Konfirmanden niederzuschreiben verpflichtet war. Es lautet:

»›Ich glaube an Gott den Vater, allmächtigen Schöpfer Himmels und der Erden.‹«

Ich glaube nicht an diesen Gott. Ich glaube nicht, daß er in sechs Tagen die Welt geschaffen hat, daß er ihm zum Bilde den Menschen schuf. Ich glaube der Wissenschaft mehr als den unbekannten Fabelerzählern des Alten Testaments.

›Ich glaube an Jesum Christum, Gottes eingeborenen Sohn, unsern Herrn, der empfangen ist von dem Heiligen Geiste, geboren von der Jungfrau Maria, gelitten unter Pontio Pilato, gekreuziget, gestorben und begraben, niedergefahren zur Hölle, am dritten Tage auferstanden ist von den Toten, aufgefahren gen Himmel, sitzend zur Rechten Gottes, des allmächtigen Vaters, von dannen er kommen wird, zu richten die Lebendigen und die Toten.‹

Ich glaube nicht an diesen Christus, denn ich halte es für heidnisch, an eine Menschwerdung Gottes zu glauben. Ich glaube weder an seine wunderbare Geburt, noch an seine Höllen-, noch an seine Himmelfahrt, noch an seine Wunder.

›Ich glaube an den Heiligen Geist, eine heilige christliche Kirche, die Gemeinschaft der Heiligen, Vergebung der Sünden, Auferstehung des Fleisches und ein ewiges Leben.‹

Ich glaube nicht an diesen Heiligen Geist, ich glaube nicht an eine heilige, christliche Kirche, die mordet, brennt, verfolgt, steinigt, die Seelen martert, die Wahrheit leugnet. Ich glaube nicht an Vergebung der Sünden, weil Sünde sich nur durch bessere Taten vergibt. Ich glaube nicht an Auferstehung des Fleisches, denn das ist wissenschaftlich unmöglich.

Ich glaube an eine höhere Gewalt, die wir Gott nennen, die der Ursprung des ersten Lebens ist, die die Kraft des Werdens in das erste Atom gelegt hat. Mein Geist ist ein Teil dieses Gottesgeistes.

Ich glaube an Jesus, als an einen edlen Menschen, der zuerst das Gebot der Menschenliebe predigte und danach lebte. Ich glaube, daß er in Niedrigkeit geboren wurde, damit wir daran erkennen sollen, daß die Geburt nicht den Menschen macht, sondern eigene Arbeit und eigenes Streben. Christi Gebot der Menschenliebe wird die nach ihm benannte Kirche richten.
Ich glaube an den Geist Gottes, der sich in allem Schönen und Großen offenbart, der nach dem Tode des Körpers in andern fortlebt, sei es auf oder über der Erde. Die Kirche und ihre Dogmen halte ich für menschliche Einrichtungen, denen ein freier Geist sich nicht zu beugen braucht.
Sollte dennoch die mir gelehrte christliche Religion die wahre sein, so hoffe ich das mit der Zeit zu erkennen. Wenn es ein Verbrechen ist, daß ich mich jetzt von ihr lossage, so scheint es mir ein noch größeres Verbrechen zu sein, mich zu ihr zu bekennen, wo mein Herz nichts davon weiß.«
Pfarrer Eberhard war zuerst keines Wortes mächtig. Dann aber entlud sich sein Zorn schrankenlos über mir. Jede Selbstbeherrschung vergessend, schlug er mit Anklagen, Vorwürfen, Drohungen auf mich ein – es war wie eine Bastonade! Aber ich ergab mich nicht. Durch Wochen und Monate setzte der Kampf zwischen uns sich fort, von dem niemand wußte als wir beide. War es Rücksicht, oder war es die Sorge, seine Niederlage einzugestehen – er weihte diesmal auch meine Eltern nicht ein.
(...)
Während der Wochen bis zu meiner Einsegnung lebte ich wie ein Automat; ich fühlte weder Reue noch Kummer, und die Gedanken waren wie ausgelöscht. Nur als ich zum erstenmal das lange weiße Konfirmandenkleid anprobierte, zuckte mir ein krampfhafter Schmerz durch den Körper. Den Mund kaum zu einem Lächeln verziehend, begrüßte ich die vielen Verwandten, die zu dem feierlichen Tage nach Posen kamen:
(...)
Und dann standen wir vor dem Altar. Er war ringsum mit einem Wald von Palmen umgeben, ohne eine einzige Blume dazwischen. »Wie beim Begräbnis,« dachte ich noch einmal. Ich hörte nicht, was der Pfarrer sprach; mir war plötzlich, als stünde ich dicht vor dem Felsentor des Höllentals, und der brausende Bach drohte, mich zu verschlingen. (...); meine Mitschülerinnen sprachen schon das Apostolikum,

und ein strenger Blick des Pfarrers mahnte mich an meine Pflicht. Einem aufgezogenen Uhrwerk gleich, sagte ich, ohne zu stocken, die drei Artikel auf. Und währenddessen fühlte ich die vielen hundert Augen auf mich gerichtet – gespannt, höhnend, triumphierend. Danach war es einen Atemzug lang totenstill, ehe der Pfarrer von jeder einzelnen das persönliche Bekenntnis zu den gesprochenen Worten abnahm und den Segen erteilte. Ich war die letzte. Er erhob die Stimme bedeutungsvoll, als er sich mir zuwandte. Sage nein – sage nein – klang es in mir. Angstvoll, hilfesuchend sah ich um mich: auf das gütige, verzeihende Lächeln meines Vaters fiel mein Blick, auf den leisen liebevollen Gruß meiner Mutter – – –

»Bekennst du dich von ganzem Herzen zu unserm allerheiligsten Glauben, so antworte: Ja.« – – –

Irgendwo fiel ein Schirm – ein Säbel rasselte – jemand schluchzte auf – und die vielen, vielen Augen durchstachen mich.

»Ja!« klang es laut und rauh durch die Kirche. War das wirklich meine Stimme gewesen?! Mechanisch kniete ich nieder, wie die anderen. Ob wohl die Schleppe richtig lag, dachte ich stumpfsinnig, und etwas wie Neugierde nach dem Spruch, den der Pfarrer mir geben würde, regte sich in mir.

»Darinnen freuet euch nicht, daß euch die Geister untertan sind, sondern daß eure Namen geschrieben sind im Himmel.«

Das fuhr wie ein Peitschenhieb auf mich nieder. Mein Name – und im Himmel geschrieben!! Hatte ich nicht eben vor Gottes Altar einen Meineid geschworen?! – –

Unter Tränen und Glückwünschen und Schmeichelworten umdrängte mich alles. Zu Hause empfing mich ein Aufbau von kostbaren Geschenken, von duftenden Blumen, Militärmusik spielte unter den Fenstern, und um die geschmückte Tafel versammelte sich eine glänzende Gesellschaft. Mir galten die Reden und Toaste, und immer aufs neue perlte der Sekt in meinem Glase. In halber Betäubung kam ich abends in mein Zimmer; die rote Ampel brannte über dem Bett; seltsam bedrückend war nach all den wirren Geräuschen des Tages die Stille.

GERTRUD BÄUMER

Soziales Christentum

(1933)

(...)

Ich hatte schon in Halle den Unterricht bei unserem alten Geistlichen besucht, voll Ehrfurcht und Gewissenhaftigkeit, aufgeschlossen durch den größeren Ernst dieses Jahres 1888, aber doch ohne wirklich ergriffen zu werden. Und nun trat in die Leere dieser beziehungslosen ersten Zeit in der fremden Stadt die Begegnung mit einer religiösen Persönlichkeit reinsten Feuers und edelster Art. Mir schien der Vater wiedergeschenkt, an den mich seine Gestalt, sein schöner dunkeläugiger und auch von Leiden schon gezeichneter Kopf auch äußerlich erinnerte.

Pastor Hildebrand war einer der ersten Typen des sozialen Pfarrers. Er hatte, voll feiner geistiger Kultur und ästhetischer Interessen, aus christlich-sozialer Verpflichtung das Pfarramt in der proletarischen Gemeinde von St. Jacobi übernommen und diente seiner schweren Sendung auf diesem harten Boden mit einer unbedingten glutvollen Hingabe, die ihn verzehrte. Eine kleine Wahlgemeinde hatte sich um ihn gesammelt, zu der unsere Verwandten gehörten. Unter den Konfirmanden war außer mir nur noch ein Mädchen aus einer höheren Schule; die übrigen – neben wenigen sehr »standesbewußten« Kleinbürgerstöchtern aus der Mittelschule, – waren Proletarierkinder. Aus diesem Kinderkreis wuchs in diesen Stunden durch das religiöse Erlebnis eine Gemeinschaft zusammen, in der die Verschiedenheit der Bildung gar nicht mehr empfunden wurde. Für mich war, nach der tatsächlichen Exklusivität unseres bisherigen Lebens, diese Verbundenheit aller vor Gott etwas ergreifend Neues; die christliche Liebesbotschaft gewann in diesem Kreis, dem ein aristokratisch geprägter Mann mit rückhaltloser Hingabe sein Herz schenkte, eine nie erlebte Wirklichkeit. Das Gelübde vor dem Altar inmitten der anderen, denen man sich auf neue Weise schwesterlich verbunden fühlte, galt vor allem der sozial erfaßten Liebesforderung des Christentums. Es war – unbewußt – das Bekenntnis zu einer Kraft, die den Rahmen der überlieferten bürgerlichen Christlichkeit einmal sprengen mußte. Man war in einem neuen Sinne Christ geworden – oder begann doch, es zu werden.

Es war schön, diesen neuen Lebensinhalt mit der Mutter zu teilen. Ihr war eine persönlichere, innigere und tröstlichere Frömmigkeit Bedürfnis als die ganz zur objektiven Lebensordnung gewordene Christlichkeit des großmütterlichen Hauses. Wir lasen – im Austausch mit der Frau meines Onkels, die uns dieser Wahlgemeinde zugeführt hatte – Bücher gleichen christlich-sozialen Geistes, Kingsley und Robertson vor allem. Durch Mitarbeit im Kindergottesdienst und Teilnahme am Konfirmandenverein blieb ich nach der Konfirmation dem Werk des Geistlichen verbunden – und diese Gemeinschaft war bis zu seinem Tode, schon im nächsten Jahr, die Quelle aller inneren Bewegtheit.

Abkehr vom Protestantismus
(1900)

(...)
Wer mir noch vor zehn Jahren vorausgesagt hätte, daß ich katholisch werden würde, dem hätte ich mit ungläubigem Kopfschütteln geantwortet. Nicht als ob ich zu der katholischen Kirche niemals Beziehungen gehabt hätte; im Gegenteil, sie hat schon in der frühesten Kindheit eine Rolle in meinem Leben gespielt, und zwar auf eine ganz eigne Weise. Wenn ich bei dieser längst entschwundenen Zeit verweile, so geschieht's, weil das Kind die Knospe des Menschen ist, und wir aus den Zügen des Kindes die Psysiognomie des Erwachsenen leichter deuten können. In meiner so gut wie ausschließlich protestantischen kleinen Heimatstadt Blankenburg am Harz befand sich bis in das letzte Drittel des verflossenen Jahrhunderts hinein an dem sogenannten »kleinen Schlosse« ein baufälliger Anbau in Form eines Gartenhäuschens, das vom Park des Schlosses aus zugänglich war. Nach der Straße zu hatte es zwei Fenster, die mit hölzernen Läden verschlossen waren. Die Tür des Häuschens sah man durch das Gittertor des Parkes, vor dem zwei in Versailler Stil beschnittene Linden unbeweglich standen und mit unermüdlicher Geduld zwei große Steine beschatteten, die oben zu Flächen behauen waren. An der Parkmauer entlang führte ein beliebter Spaziergang. Als ich eines Tages meine Schwester mit einer Freundin begleiten durfte, hörte ich von ihr erzählen, dies Häuschen sei die katholische Kirche, und alle Monat komme einmal ein Priester und halte darin Gottesdienst, dann knieten die Leute nieder und beteten den Rosenkranz und sängen: Gegrüßet seist Du Maria! – Das muß der kindlichen Phantasie starken Eindruck gemacht haben, denn ich entsinne mich der Worte und der begleitenden Umstände bis auf den heutigen Tag ganz genau und weiß, daß ich

wiederholt lange auf dem großen Stein gesessen und die verschlossenen Läden betrachtet und gewünscht habe, sie möchten geöffnet werden, so daß ich einmal hineinsehen könnte. Ich dachte es mir wunderschön zu knien, einen duftenden Rosenkranz in der Hand zu halten und zu singen: Gegrüßest seist Du Maria!

(...)

Es würde sich nun vorteilhafter machen, wenn ich dieser stillen Neigung zur katholischen Kirche treu geblieben wäre, leider aber muß ich wahrheitsgemäß erzählen, daß meiner ersten Liebe kein langes Leben beschieden war.

(...)

Auch dieser vorzügliche Religionsunterricht, den ich im Seminar reichlich genoß, hat den Lebensnerv in mir nicht befruchtend berührt; ich verdanke ihm viel für meine sittliche Bildung, ausgefüllt und beglückt hat er mich nicht. Nur ein einziges Mal ist er in die Tiefe gedrungen, und zwar bei der Erklärung des Gleichnisses von den törichten und klugen Jungfrauen. Um dieser Stunde willen verehre ich das Andenken dieses Lehrers bis an mein Ende. Noch weniger als der Unterricht zogen mich die Andachten in dem großen, kahlen Saale an; sie waren mir nur eine andere Art intellektueller Arbeit, abstrakter Geistestätigkeit, deren Nüchternheit mich schier erstickte. Die Abendandacht insbesondere war mir häufig eine Qual. Die Tagesarbeit war für ein halberwachsenes Mädchen übermäßig, so war ich abends oft so müde, daß ich im Arbeitszimmer über den Büchern einschlief und nur durch Rütteln und kaltes Wasser auf die Füße zu bringen war. Die ältern Gefährtinnen mußten mich mitschleifen und stützen, daß ich schlaftrunken nicht vom Stuhle fiel. Der Geist des Hauses war der strenger Zucht, nicht sowohl lutherisch, denn Luther liebte Weib, Wein und Gesang, als vielmehr puritanisch. Körperliche Erschöpfung war gleichbedeutend mit moralischer Erschlaffung. Ein Drittel der mit mir Eintretenden gingen denn auch im Laufe des dreijährigen Kursus gesundheitlich erschöpft ab. Das Tagewerk begann um ½6 Uhr; *jede* Stunde war geregelt. Dabei war die Verpflegung eine ungenügende. Ich habe den Hunger damals kennengelernt und würde die drei schweren Jahre wohl mit noch größerm Schaden an der Gesundheit bezahlt haben, wenn nicht die Güte der Klassengefährtinnen bei Tische der Jüngsten zu Hilfe gekommen wäre. Der Geist unter den Zöglingen war ein ausgezeichneter. Die strengste Wahrheitsliebe herrschte; mit großer Geduld wurde den Schwächern geholfen. Ohne diese Gemeinschaft hätte meine Energie wohl für den Aufenthalt in der kahlen, aller Schönheit baren Anstalt nicht ausgereicht. Wie köstlich muß ein solches jugendliches Zusammenleben in einem katholischen Hause sein, wo nicht puritanische Strenge kindlichen Frohsinn zum Verbrechen stempelt und nicht ausschließlich durch raisonnement (Belehrung), sondern in lebensvollem, schönem Kult der ganze Mensch, wie der Schöpfer ihn gemacht, den Gott anbetet, »der die Jugend froh macht« – wie es im Anfangsgebet der katholischen Messe heißt. Als ich zum ersten Male las:

Introibo ad altare Dei:
»Ad Deum qui laetificat juventutem meam«

da stieg es heiß in mir auf – wehmütig und bitter zugleich – wenn ich an die freudlosen Jugendjahre in Callnberg, an die nüchtern abstrakte Arbeit dachte, die man euphemistisch »Andacht« nannte. Der Gedanke an das große, öde Haus, in dem nicht gelacht wurde, gehört zu den Erinnerungen, die der Seele Alpdrücken verursachen. Gewiß verdanke ich der Anstalt viel, sowohl für meine Bildung wie für meine Erziehung, aber viel ist sie mir auch schuldig geblieben, und viel hat sie in mir erstickt.

Das, worauf es hier ankommt, meine Stellung zur Religion und zur Kirche, kann ich dahin zusammenfassen, daß ich – von vereinzelten Augenblicken abgesehen – über den Pflichtstandpunkt nicht hinausgekommen bin. Freude am Gottesdienst, Liebe zur religiösen Übung habe ich niemals empfunden, und da kein Gebot den Kirchenbesuch vorschreibt, so blieb ich bald weg, nachdem ich die Anstalt verlassen hatte.

(...)

Ich hatte in Blankenburg ein Lehrinstitut gegründet, das schnell aufblühte, und lebte der Ausübung des Berufes, dem ich mich, von der Welt abgeschieden, ganz ergeben hatte. Solange die festen Berufsgrenzen und der gewachsene Boden mich trugen, und ich die Atmosphäre eines ehrbaren, sittlich ernsten Hauses atmete, merkte ich die langsame innere Verarmung nicht. Die Erfüllung der Berufsarbeit täuschte mich darüber weg. Als aber durch Eingehung einer Ehe, die

Elisabeth Gnauck-Kühne.

eine frivole Ausnutzung meiner Lebensunkenntnis und Unerfahrenheit war, das Unglück mich zum Kampf herausforderte, hatte ich keine Waffen. Da verzweifelte ich. Das Schicksal der törichten Jungfrauen, das mir einst so großen Eindruck gemacht, vollzog sich an mir: Die Lampe verlöschte, es war kein Öl darauf. Das Ende dieses ersten Lebensabschnittes war völliger religiöser Bankrott beim Hinaustreten in die Welt, ein Zusammenbruch beim ersten Windstoß.

(...)

Damals, als ich innerlich Schiffbruch litt, kannte ich die Beichte noch nicht, so griff ich zur Arbeit. Ich suchte Arbeit, um mich zu betäuben. Und ich fand Arbeit, fand sie durch die hilfreiche Güte des Herrn Professors Schmoller, dem ich aufrichtige Dankbarkeit weihe. In der Arbeit hielt ich mich aufrecht, zwang auch die religiösen Bedürfnisse nieder, die in unbewachten Momenten plötzlich auftauchten. Ich lebte bei nahezu völliger Abgeschiedenheit von der Welt doch außer mir, und um diesen erträglichen Zustand festzuhalten, arbeitete ich von früh bis spät – bis zur Erschöpfung. Nach zwei Jahren trat ein Wendepunkt ein. Ich las Spinoza. Beatitudo non est praemium virtutis sed virtus. Dieser Satz wurde Balsam auf die brennende Wunde, die das Bewußtsein erzeugte, Unrecht gelitten zu haben. Also Glückseligkeit war nicht der Lohn, hing folglich nicht von andern ab, sondern nur von uns selbst, was andere uns antaten, war belanglos dabei. Der Gedanke war mir neu. Er beruhigte mich. Spinoza war ja kein bibelgläubiger Christ, er würde mich nicht betrügen – ich wollte es einmal mit ihm versuchen. Ich wagte stillzustehn und mein äußeres Leben zu überdenken, zu subsumieren. Die Summe des äußern Lebensschicksals zog ich dahin, daß das Recht der Frau gestützt werden müsse. So wurde ich mit vollem Bewußtsein und öffentlich, was ich instinktiv bereits gewesen war, Frauenrechtlerin, und gelobte mir, das Leben meiner Geschlechtsgenossinnen möglichst zu erleichtern, für ihr Recht und Brot, für Bildung, Gesetzesschutz tunlichst einzutreten, ihnen den Dornenweg, den ich hatte gehen müssen, zu erleichtern. Alle diese Studien hatten diesen Gedanken als Brennpunkt, von diesem Standpunkt wollte ich auch die Vergangenheit, alles was ich gelernt, gehört, gesehen und erlebt, revidieren, kurz ich wollte mir als *Frau* eine Weltanschauung erringen. Neben der theoretischen Geistesarbeit suchte ich auch Anschluß an die aufblühende Frauenbewegung der bürgerlichen Kreise. Die Schriften von Helene Lange hatte ich bereits mit dem größten Interesse gelesen und verbreitet. Auf dem Frauentage in Dresden sah ich Frau Marianne Weber, Frau H. Goldschmidt, Frau Stritt, Frau Löper-Housselle, Frau Hecht und hörte die verehrungswürdige Vorsitzende des Allgemeinen Deutschen Frauenvereins, Auguste Schmidt, die geeignet ist, alle Vorurteile zu zerstören, die man gegen die Bewegung hegen konnte.

(...)

Ich bin gewiß, daß alle die Genannten groß genug sind, mir zu verzeihen, wenn ich sage, daß ich bei aller rückhaltlosen, persönlichen Anerkennung doch in dem rührigen Kreise sowohl im Frauenwohl als auch im Berliner Frauenverein etwas vermißte: Mir fehlte in dem Chorus eine Unterstimme, die aus der Seelentiefe kommt, auf die keine Formel paßt, eine Erinnerung an die Tatsache, daß das Menschenrätsel nicht mathematisch zu lösen ist. Ich hatte dem konfessionell-bestimmten und konfessionslos-verblaßten Christentum Lebewohl gesagt, ich wollte nichts mehr glauben, ich wollte selbst konstruieren und aus der Erfahrung heraus eine Religion mir schaffen: Nun hatte ich gefunden, was ich suchte. Nun hatte ich in Fülle, wonach ich gestrebt, Religionslosigkeit oder wenigstens konfessionslose Religion. Ich erschrak (dennoch) jedesmal, wenn ich von einer oder andern Seite, insonderheit von einer Lehrerin, hörte, daß sie jede Konfession für eine Einengung des Geistes, für ererbtes Vorurteil ansähe, daß man die Kinder frei auf sich selbst stellen müsse. Ich hätte Ja dazu sagen müssen, aber der Verstand sagte Nein und die Erfahrung sagte auch Nein. Ich dachte an den Religionsunterricht, den ich meinen Zöglingen einst erteilt, ich dachte an die sittliche Stärkung, die aus der innerlichen Gebundenheit an göttliche Gebote wächst, und ich fragte mich bald: Wenn das Kind auf sich selbst gestellt wird, wie wird es dann mit der Autorität?

(...)

Wo keine Autorität ist, oder wo auf das Warum kein Weil gefunden wird, da kann dem auf sich selbst gestellten Kinde es niemand verdenken, wenn es trotzig oder lachend Eltern und Lehrer in ihre Schranken zurückweist, sobald diese anfangen, zudringlich und damit lästig zu werden.

Diese und ähnliche Erwägungen lockerten die neu geknüpften Bande innerlich und warfen mich auf mich selbst zurück. Ich wagte wieder, Einkehr in mir zu halten. Ohne Konfession, d. h. ohne fest gefaßtes Christentum kommen wir nicht vorwärts, war der Schluß, der sich ergab. Es war natürlich, daß ich nun Anschluß an christliche Kreise suchte. Aber wie ihn finden? Die Notrufe der Frauenwelt hatten in christlichen Kreisen ja noch kein Echo gefunden, der führende Geist der evangelischen Kirche, Hofprediger Stöcker, stand allein mit seinem Verständnis und seiner Teilnahme für die Frauenfrage. Es galt zu suchen. In dieser innern Stimmung wohnte ich dem ersten sozialen Kursus bei, den das Aktionskomitee des Evangelisch-sozialen Kongresses 1893 in Berlin veranstaltete. Es fuhr mir der Gedanke durch den Kopf: Hier ließe sich ein Anschluß ermöglichen!

(...)

Die Mitglieder der Gruppe hatten bereits zwei Winter mit Eifer sich über die bürgerliche und proletarische Frauenfrage unterrichtet, als der Kongreß 1895 zu Erfurt mir Gelegenheit bot, öffentlich über die Frauenfrage zu sprechen. Herr Hofprediger Stöcker und der Vorsitzende des Kongresses, Herr Landesökonomierat Nobbe, hatten diesen Beschluß durchgesetzt, der – es erscheint jetzt kaum glaublich – Herrn Professor von Nathusius zum Austritt aus dem Kongreß nötigte. Nach der günstigen Aufnahme, die mein Vortrag fand, erwarteten wohl nicht nur die Mitglieder der Gruppe, sondern auch des Kongresses, daß ich nun im großen Stile eine Frauengruppe organisieren würde. Ich will völlig dahingestellt sein lassen, ob das Programm des Evangelisch-sozialen Kongresses, an das ich natürlich gebunden war, eine werbende Kraft auf weite Frauenkreise hätte auszuüben vermocht, ich habe es hier nur mit der Tatsache zu tun, daß der Tag in Erfurt mit so durchschlagendem Erfolge in ganz anderer Weise, als man erwarten konnte, für mich ein Wendepunkt wurde. Alle waren zufrieden – nur ich nicht. Gewiß war ich dankbar, daß die mutigen Geister, die einer Frau das Wort erteilt, ihr Vorgehen nicht zu bereuen brauchten, mir war auch einen Augenblick leicht zumute, daß ich endlich einmal meinem Herzen Luft gemacht hatte, aber irgendwelche Genugtuung habe ich auch nicht einen einzigen Augenblick empfunden. Im Gegenteil. Mir war plötzlich eine Frage aufgestoßen, die, so schien es mir, mich erst in die Tiefe führte, die Frage nach der Idee, die der Weibschöpfung zugrunde liegt, die Frage nach der eigentlichen Bestimmung des Weibes. Die Ehe ist die Bestimmung des Weibes, das ist die Antwort, die immer gegeben wird. Die Ehe ist *der* Beruf des Weibes schlechthin; die sich nicht verheiratet, verfehlt ihren Beruf – das hatte ich um Überdruß von jeher gehört, nachgesprochen, geglaubt.

(...)

Nun sah ich der Frage ehrlich unter zwei Augen ins Gesicht: Welches ist die Bestimmung des Weibes? Und ich antwortete: Die Ehe, die Familie. Aber, so gingen die Gedanken weiter, zur Ehe kann das Weib nur durch den Mann gelangen, also ist das Glück des Weibes in die Hand des Mannes gelegt. Und da der Mann zur Ehegefährtin das Mädchen wählt, das ihm gefällt, so ist das Weib kurzerhand darauf angewiesen, dem Manne zu gefallen. Dem Manne zu gefallen und durch ihn zu Glück und Beruf, zur Erfüllung ihres Daseinszweckes zu gelangen, das muß die Hauptsorge des Weibes sein. So ist denn nicht nur das Glück, nein sogar die Möglichkeit der Erfüllung des Daseinszweckes für die eine (weibliche) Hälfte der Menschheit in das Belieben, nicht etwa in das begründete Urteil, in das Pflichtgefühl oder in das Gewissen, sondern buchstäblich in das Belieben und Gefallen der andern Hälfte gestellt. Aber, so fragte ich mich, ist es denn möglich, daß ein gütiger und gerechter Gott so ungerecht hätte sein können? Wenn die Ehe der Daseinszweck des Weibes ist, so müßten doch die edelsten und besten unter den Frauen am ehesten und sichersten heiraten. Gesichert ist die Heirat aber nur bei dem reichen Mädchen, die Erfahrung bestätigt tausendfach, daß die Freier auf keinen Wert solches Gewicht legen, als auf den Goldwert der Braut, daß Ehen nach allen erdenklichen Rücksichten, nur nicht nach Maßgabe der Tüchtigkeit der Braut geschlossen werden. Ist die Ehe nun wirklich der alleinige Daseinszweck des Weibes, wie konnte Gott so ungerecht sein und Hunderttausende schaffen ohne die Möglichkeit, daß sie ihren Zweck erfüllen? Hunderttausenden von Mädchen wird gelehrt, daß sie zur Ehe bestimmt, zur Ehe erzogen sind, daß die Ehe ihr Beruf, ihr Glück ist, daß sie ohne Ehe innerlich verkrüppeln, freudlose alte Jungfern werden, Menschen zweiter Klasse, die rohen Gemütern und plumpen Geistern Anlaß zu Spöttereien bieten, die aber selbst für feinere Naturen doch nur minderwertige Menschen sind,

die nicht für voll zählen. Das verdienstvollste Fräulein muß der verdienstlosesten Frau nachstehen, hat sich der verdienstlosesten Frau unterzuordnen. Man wende hier nicht ein, daß doch auch die Unverheiratete etwas gelte. Ich bin in rein lutherischer Umgebung aufgewachsen und alt geworden und habe mit den ausgezeichnetsten Menschen verkehren dürfen. Wie sollte es zugehen, daß ich nie weder schriftlich noch mündlich von einer andern Auffassung gehört habe als der, die Frau sei zur Ehe bestimmt? Diese Auffassung ist die Luthers gewesen, das läßt sich klar aus seinen Schriften nachweisen. Man ermesse nun aber einmal, welche Bitterkeit sich in einem weiblichen Gemüte aufhäufen muß, das wahllos auf den Weg gedrängt wird, der zur Ehe führen soll – und nicht zum Ziele gelangt. Was kann sie dafür? Ihr Leben ist wertlos geworden, ihre besten Jahre sind bei Warten und Hoffen verflossen, womit hat sie dies Geschick verdient? Sie war gütig und fleißig, treu und häuslich – aber sie hat keinem Mann gefallen, und so welkt sie einem einsamen Alter entgegen, sich selbst und andern zur Last, ohne Liebe, ohne Freude. Sie kann mit Recht fragen: Was habe ich verschuldet, daß mein Leben ein verfehltes ist? Ist die Ehe die ausschließliche Bestimmung des Weibes, wie Luther lehrte und zeigte, indem er eine Nonne freite, dann ist es ungerecht von Gott, daß er nicht allen Mädchen die Möglichkeit der Familiengründung gewährt, sondern diesen feinen Stiefkindern die Bitterkeit eines verfehlten Lebens völlig schuldlos auferlegt.
Ich konnte aus diesem Wirrsal keinen Ausweg finden, denn der Hinweis, daß Gottes Wille die Menschen führe, und er wisse, was jedem gut sei, war kein Ausweg, man hätte sonst von vornherein die Lehre aufstellen müssen: Die Ehe ist nicht *der* Beruf des Weibes, sondern nur *ein* Beruf unter andern. Diese Behauptung aber kann von Lutheranern nicht aufgestellt werden, da nach lutherischer Auffassung das Weib für den Mann, für die Ehe geschaffen ist. Vom Gefallen des Mannes hängt alles ab. Luther selbst hat sich in seiner Predigt über die Ehe deutlich ausgesprochen. Dieser Zuschnitt wäre nun nicht als ungerecht zu bezeichnen, wenn beiden Teilen die Freierschaft zufiele. Da diese aber aus natürlichen Gründen dem Manne zukommt, so ist das Weib dem Manne schlechthin ausgeliefert. Gefällst Du keinem Manne – dann –

wehe Dir – dann hast Du Deinen Beruf verfehlt – zu was bist Du dann in der Welt?
(...)
Ich hatte die Mängel ersehen, als der Protestantismus als System, als die Kirche mich in der schwersten Zeit meines Lebens im Stich ließ...

HILDEGUNDE WÖLLER

Im Schatten des Vaters

(1976)

Als ich 13 Jahre alt war, verstand ich mich, unter der regelmäßigen Einwirkung des »Evangeliums« als ein abgründig sündiges Wesen. »Der Tod ist der Sünde Sold!« dröhnte es in meinen Ohren, ohne daß ich je verstanden hätte, was »Sold« ist. Es klang wie »Tod«. Die Kirche roch für mich nach Sarg und Verwesung. So verbarg ich tief, heimlich in mir den Wunsch, zu lieben und geliebt zu werden. Der Vater, so lehrte man mich mit Hilfe des Katechismus, kommt nächst Gott. So verbarg ich tief in mir den Wunsch nach Freiheit. Die Hauptsünde der Menschheit, wie an Adam und Eva abzulesen, so brachte man mir eindringlich bei, ist die Sexualität. So verbarg ich tief in mir alles, was Gefühl ist, was lebendig war, dunkel ahnend, daß dies irgendwie damit zusammenhing. Denn ich war gehorsam. Ich sah: Das Wissen kommt von den Vätern, die Kenntnisse gehören in ihren Machtbereich.

Ich wollte wissen. Ich lernte dazu: Anerkennung gewinnt man, indem man lernt. So bezog ich die theologische Fakultät. Ich erfuhr dort, daß die Theologie, die mein erster theologischer Vater mich gelehrt hat, nicht die einzige ist, ich lernte, daß »Evangelium« frohe Botschaft heißt. Das war für mich der entscheidende Ertrag des Studiums. Ich forschte von da an in den Worten, in den Gesten meiner neuen theologischen Väter, auf der Suche nach diesem Evangelium. Ich hörte kluge Analysen, sorgfältige Definitionen, polemische Unterscheidungen, aber ich spürte nichts, das mich hätte froh machen können. Ich wartete, meinte, ich hätte es nur noch nicht begriffen – aber es kam wirklich nichts. Das Studium erreichte meinen Kopf, nicht meine Seele. Sie blieb unbeschrieben von Theologie.

Als ich viele Jahre später bei C. G. Jung las: »Die Seele des Abendländers sei im Grunde heidnisch«, verstand ich unmittelbar, was er meinte. Ich bin meinen theologischen Vätern sehr dankbar, daß sie mich so leer ausgehen ließen. Ich sah mich nämlich dadurch außerstande, mich mit ihnen zu identifizieren. Ich blieb – nach außen – eine Frau unter Männern, eben anders. Ich blieb innen ein verschlossenes Haus. Aus keinem anderen Grunde, als weil ich fühlte wie ein Mensch und merkte. Sie meinen mich gar nicht. Ich komme in der Theologie nicht vor. Es ist schließlich auch nicht fein, das Brot vom Tisch zu nehmen und es den Hunden vorzuwerfen. Immerhin las ich, die Hündin, mir trotzdem einige Brosamen auf.

Die Fassade

Schließlich begann der Prozeß, den man heute meine Sozialisation nennen würde: Ich begegnete meinen theologischen Vätern im kirchlichen Dienst. Noch immer war ich sehr gehorsam, wenn auch nicht mehr nur. Ich lernte nämlich, sehr gelehrig, daß eine wohlanständige Fassade ihnen wichtiger war, als wie es innen aussieht »Meidet allen bösen Schein«, hatte ich bei meinem Konfirmator gelernt. Diese Quintessenz des Verhaltens bewährte sich. Auch mein Ordinator wollte von meinem Glauben nichts wissen. Er wollte nur wissen, welche Formeln ich bereit sei zu sprechen. »Erst kommt die Sache, dann der Mensch«, so hatte man mich gelehrt. Es war tatsächlich so. Ich war nun erwachsen genug, hier und da menschliche Schwäche und menschliche Güte auch bei meinen theologischen Vätern zu erkennen. Aber beides blitzte nur für Momente auf, wurde schnell wieder schamhaft versteckt hinter »sachlichen« Erörterungen.
Ist es denn menschenmöglich, darf mich nun jeder fragen, daß ich dies so lange und so gehorsam hingenommen habe? Es ist menschenmöglich, denn tausendfach wiederholt es sich auch in Ehen, daß Frauen 20 Jahre und länger gehorsam tun, was der Mann ihnen vorschreibt, weil sie nämlich Angst haben und unsicher sind gegenüber den Fragen, die er zu beherrschen scheint. Wäre ihnen, wäre es mir bewußt gewesen in all den Jahren, was für ein Rollenspiel da ablief, dann hätte ich wohl aufbegehrt. Aber ich hätte es nicht sagen können, was nun so einfach klingt. Und ich bin davon überzeugt, daß viele

Gemeindeglieder ein Leben lang den theologischen Vätern gehorsam lauschen, überzeugt, das reine Wort Gottes zu hören, redlich bemüht, es zu verstehen. Und dabei leer ausgehen. »Die Söhne der Finsternis sind klüger als die Söhne des Lichts.« Das ist die andere Seite. Ich sagte, ich war nicht mehr nur gehorsam. Ich lernte die Welt und »das Leben« kennen, was ich, wäre ich absolut gehorsam gewesen, niemals hätten tun dürfen. (...) Ich war jedenfalls gespalten. Kein theologischer Satz vermochte mir meine Erfahrungen zu interpretieren. Etwaige Bußrufe theologischer Väter glitten ab wie an einer glatten Wand. Unvermittelt blieben Theologie und Leben nebeneinander stehen, in mir selbst.
Ein Traum verfolgte mich einige Jahre, immer wieder derselbe: Ich kam nach Hause und fand in meinem Bett ein Kind vor, von dessen Existenz ich nichts gewußt, das ich vergessen hatte. Es war verhungert und erfroren. Sein Weinen hatte niemand vernommen. Ich fühlte mich unschuldig.
Der Traum war es und noch einige Anstöße mehr, die mich bewogen, den Weg nach innen zu gehen, mich dieses verlassenen Kindes anzunehmen.
Es ist hier nicht der Raum darzulegen, was ich auf diesem Weg nach innen erlebte und erkannte. Was in diesen Zusammenhang gehört, ist nur eines, das für mich zugleich entscheidend war: Ich erfuhr ein Wunder: In der Tiefe begannen die Worte der Bibel zu funkeln, dogmatische Sätze wurden zu Lichtbrücken, auf denen ich über Abgründe gehen konnte. Nun zum ersten Mal merkte ich: Mit dem Evangelium bin ich gemeint, ich kann es beim Wort nehmen. Was ich gelernt hatte, nun fiel es mir im rechten Moment ein – und half!
Als ich begann, von dem zu erzählen, was ich erfahren hatte, merkte ich: Alle die, die ich meine theologischen Väter nenne, begriffen nichts davon. Es erschien ihnen unheimlich, gefährlich, subjektiv, irrelevant, und was dergleichen Adjektive mehr waren, die ich zu hören bekam.

Sie ahnten die Qualen nicht

Das machte mich stutzig, denn es brauchte noch eine ganze Zeit, bis ich endlich verstehen konnte: Die ich als meine Unterdrücker erlebt hatte, wußten nichts, gar nichts von dem, was sie unterdrückten. Sie ahnten nichts von den Qualen, die sie mir bereitet hatten. Sie kannten ihre eigene Seele nicht und damit nütürlich auch nicht meine. Sie sind Kerkermeister, ohne etwas von Eingekerkerten zu ahnen. Und doch fressen die Hunde von den Brosamen, die von der Herren Tische fallen! Mir scheint, dies sei eine frohe Botschaft, die ich weiterzugeben habe. Ich sehe es als meine Aufgabe an, zu schreien wie die arme Witwe am Tor des ungerechten Richters: Schaffe mir Recht! Ich identifiziere mich bewußt mit den Aussätzigen, mit den Huren, und rufe nach Erbarmen für alle die mit, die es nicht wagen zu rufen.

Eckart Wiesenhütter meint: »Das Christentum steht heute vor der großen Chance, von der Macht abgelöst zu werden, der ›Verdrängung‹ anheimzufallen und damit seinen Schwerpunkt vom bewußten Oben zum bewußten Unten zu verlagern. Ein Christentum aus der Verdrängung, aus dem Unbewußten, könnte ein wahrhaft christliches Zeitalter vielleicht erst beginnen lassen, freilich mit Taten und Haltungen, die man im heutigen kirchlichen Sinn nicht als christliche erkennt und bezeichnet.« (In: Erwin Schiller, Hrsg., Im Blickpunkt: Der Mensch. Verlag Adolf Bonz, 1975.)

Ich kann dem aus eigener Erfahrung nur hinzufügen, daß der Aufenthalt in der Verdrängung in dem Augenblick aufhört, ein schrecklicher zu sein, in dem man ihn bewußt annimmt.

LUISE RINSER

Urvertrauen
(1981)

Zum katholischen Kitsch gehörte eine Lourdes-Muttergottes, die Figur der Madonna, wie sie der kleinen Hirtin in den Pyrenäen erschien: in Weiß und Himmelblau, die Hände steil gefaltet, die Augen nach oben verdreht, auf den Zehen die goldene Rose.
Natürlich hatten wir auch so eine Madonna. Sie gehörte sogar mir. Sie stammte vom Dachboden meiner Rosenheimer Großeltern, auf dem ich sie gefunden hatte zwischen allerlei Schätzen: alte Bücher mit dem Namen meiner Großmutter, Schulpreise, und alte böhmische Gläser, im Wert unerkannt, Porzellanbecher mit goldenen Aufschriften »Zur Hochzeit«, und später fand mein Vetter Vitus beim Reparieren des Daches noch andre Herrlichkeiten: ein paar kleine geschnitzte Barockengel und sehr alte Bibeln.
Die kleine Madonna also gehörte mir. Im Mai baute ich ihr einen Altar in meinem Zimmer: eine alte Kiste, ein weißes Tuch darüber, zwei Porzellan-Kerzenleuchter, auch von Großmutters Dachboden, eine Art kleines Kapellengehäuse, eine Laubsägearbeit, und dahinein die kleine Statue, daneben Vasen mit Blumen, alles wie in der Kirche. »Und nach der Maiandacht, da kam die Maiennacht...« Auch Brecht, der Heide aus Süddeutschland, hat seine Kindheit im katholischen Augsburg nie vergessen. Das ging ins Blut, das war pure Poesie, das war Lebensinbrunst.
Maiandacht: Kerzen, Weihrauch, Marienlieder, und der betäubende Duft der wilden weißen Akazien, des blühenden Schlehdorn, des frischen Birkenlaubs. Das war die heidnische Feier der Frühlingsgöttin, der jungen Liebe, der Hoffnung. »Meerstern ich dich grüße...« ich sang mit meinem hohen hellen Sopran die Oberstimme, die »Drüber-Stimme«, welche jubelnd über die Melodie hinaufstieg.

Und nach der Maiandacht... Ich war ein Kind, ich ging heim und ins Bett. Aber die Halbwüchsigen, die Mannbaren, für die kam die Maiennacht, und einmal fand ich im Winter in einer Weißdornhecke ein Büschel blonder Mädchenhaare (keine Schafwoll-Flocke, sondern Menschenhaar), das war da hängengeblieben in der Maiennacht, und ich machte Jahrzehnte später darüber ein Gedicht, ungedruckt, nie zum Druck angeboten wie einige andre auch. Ein Gedicht über Barbarazweige, im Dezemberfrost gebrochen, daran ein Haar, das im Mai dort hängengeblieben war.

Meine kleine Madonna, die Vorgängerin der Madonna meines Maialtars, hat mir später abseits von jeder Theologie zur Bestimmung dessen verholfen, was »Glaube« ist. Ich war fünf Jahre alt, als unser Nachbarhaus in Etting brannte. Ein halb hölzernes Haus, das rasch niederbrannte. Man konnte fast nichts retten, und die Leute waren ohnehin arm. Unvergessene Brandnacht: ich stehe mit dem Vater auf unserm Dachboden mit Eimern voll Wasser, in die wir Tücher tauchen, die an lange Stangen gebunden sind und mit denen wir nach den Funken schlagen, die auf unser Haus zufliegen. Der Brandgeruch, das dumpfe Angst-Geschrei der losgebundenen Kühe, das Bimmeln der Feuerglocke vom Kirchturm, und plötzlich, im Flammenschein, auf der Straße ein Mädchen, das schreit: Und jetzt glaub ich nicht mehr an Gott, es gibt keinen Gott!

Am nächsten Tag nahm ich meine kleine Gipsmadonna und ging ins Armenhaus, wo man die Abbrändler, die Familie Saal, untergebracht hatte. Die Kathi, die Gottesleugnerin, saß in einer Ecke, versteint vor Qual. Da, sagte ich, Kathi, nimm das, ich schenks dir, mußt aber wieder an den lieben Gott glauben.

Ich erinnere mich dieser Szene nicht oder doch nur sehr vage. Meine Mutter hat sie mir später erzählt, und der Vater hat sie bestätigt. Wenn die beiden nicht damit die Absicht bekundeten, mich auf eine fromme Kindheit festzulegen und ein Stück zweckbestimmter Hagiographie in die Welt zu setzen, verbunden mit der vorwurfsvollen Klage, daß aus einem so vielversprechend frommen Kind eine Atheistin geworden sei, dann ist diese Geschichte eindrucksvoll. Die an ihrem »lieben Gott« irregewordene Kathi glaubte wieder an ihn, weil ein Kind sie aufsuchte in ihrem Elend und ihr das schenkte, was ihm lieb war. Die kleine Geste der liebevollen Zuwendung bewirkte Kathis »Bekehrung«. Sie glaubte, daß ihr lieber Gott mich zu ihr geschickt hatte. So war denn alles wieder gut. Man konnte vertrauensvoll weiterleben und an den Wiederaufbau des Hauses gehen.

Meine Definition des »Glaubens«: Vertrauen. Das ist der Kern. Das Ur-Vertrauen, das mir mitgegeben war ins Leben. Es hielt allen wüsten Stürmen stand. Es macht mich aber auch zur Ketzerin: ich habe kein echtes Sündenbewußtsein, keine Zerknirschung. Und eben daran erkennt man den Ketzer, das verlorene Schaf, den verstockten Sünder, den Heiden ...

Auf der Suche nach Ganzheit – Reflexionen

Meine abgeschlossene Ganzheit

Brief an Bernhard von Lepel*
(1849)

Mein lieber Freund!
Ich habe lange angestanden, ob ich Ihnen schreiben solle, ob nicht? weil dieser Brief leicht zu einer Lebensfrage werden kann, deren Lösung man in der Freundschaft gern so weit als möglich hinausschiebt. Ich hoffte und erwartete wohl mit Recht, daß Sie, der allsonntäglich in die Stadt kommt, einmal bei mir vorsprechen würden. Dies ist nicht geschehen, und so muß ich Ihnen am Ende schreiben, damit Sie wissen, was ich denke.
So sehr ich überzeugt bin, daß Sie jenen Brief, der mich auf das Christentum hinweisen sollte, in der besten Absicht schrieben, und so dankbar ich diese anerkenne, begreife ich nicht, was Sie dazu bewegen konnte. Sie sagen, es beunruhige Sie, mich so fertig, so abgeschlossen zu finden, und Ihnen sei bange um das poetische Element in mir.
So fertig und abgeschlossen war ich, ehe ich mein erstes Buch schrieb; so fertig und abgeschlossen, das heißt, in mir selbst gefestet war ich auch, als Sie mich kennen lernten. Eine weniger fertige und in sich abgeschlossene Frau hätte schwerlich den Mut gehabt, jedem qu'en dira t-on zum Trotze ihre Begleitung, die Begleitung eines jungen Mannes, für eine so weite, einsame Reise anzunehmen.
Habe ich je etwas als Dichter geleistet, und ich glaube, daß ich dies getan – und mein Prinz Louis, der jetzt gedruckt wird, verdient, irre ich nicht, den Namen einer Dichtung so gut als meine frühren Arbeiten –, so sind diese Dichtungen grade auf dem Boden der »fertigen Abgeschlossenheit«, der »positivsten Realität« entsprungen, die Anfang und Ende nicht außerhalb des Diesseits legt. Es mag Naturen geben, die, um

* Berliner Schriftsteller (1818 – 1885).

sich zu begeistern, eines Hinblicks über die Realität hinaus bedürfen, diese aber müssen dann auch glauben, daß dort ein Jenseits sei – ich kann das nicht; so wenig ich an einen außer der Natur existierenden persönlichen Gott glaube.
Sie haben von jeher gewußt, daß ich Pantheist bin – daß ich ganz und gar jener Schule angehöre, die den Gott in den Menschen setzt wie in die Pflanze und das Tier; daß ich die menschliche Natur nicht in Körper und Seele zerlege und an keine persönliche Fortdauer nach dem Tode, an keine göttliche Belohnung oder Bestrafung für unsre Taten glaube, sondern daß dies alles mir grob sinnliche, undenkbare Vorstellungen sind. Ich halte Christus so wenig für Gottes Sohn als Napoleon oder Luther oder Newton und Feuerbach – das alles mußten Sie wissen! Wie konnte Ihnen da der Gedanke kommen, mir Offenbarungen aus dem Dante beibringen zu wollen, da, wie Sie ja tausendmal gesehen haben, mir die bloße Darstellung des Dante in Bildern unerträglich und widerwärtig ist? Mein Bewußtsein kann ich nicht zurückschrauben, und mein ästhetisches Empfinden sträubt sich gegen diese mittelaltrigen, unschönen Begriffe.
Ich bin heute nicht um ein Haar anders, als ich es war. Sie haben mich in den Zeiten des tiefsten Leides kennengelernt – an dem frischen Grabe von Vater und Bruder – an dem gähnenden Abgrund einer finanziell zerstörten Lage – mit einer Liebe im Herzen, die mir das furchtbarste Leid, die schwerste Resignation auferlegte. Haben Sie mich fassungslos, verzweifelt, haltlos gefunden? Ich habe geweint, wenn die Gewalt des Schmerzes zu groß war, aber ich bin nicht unterlegen – ich habe in diesem Leid immer den frischesten Arbeitsmut, die vollste Lebensenergie gehabt, wie Sie aus meinen im Winter 46/47 entstandenen Arbeiten gesehen haben; ich war imstande, den Meinen Trost und Stütze zu sein. – Eine Weltanschauung der Realität, welche diese Stärke gibt im Leid – die hat auch befruchtende Kraft in poetischer Hinsicht und sicherlich ebenso festen Grund als das Christentum, die Religion der Jenseitigkeit.
Gestehen Sie sich ehrlich ein, wie diese Christentum-Ideen nicht aus Ihrem Bedürfnis erwachsen, sondern Ihnen von den Verwandten Ihrer Frau angewöhnt worden sind. Was hat der Schüler des antiken, heidnisch gesunden Platen mit dem

Christentum zu tun, das den Menschen aus seiner Heimat, in der all seine Begriffe wurzeln, aus dem Diesseits in das Jenseits verbannt, für das ihm die Begriffe fehlen? Was hat der Schüler Platens zu tun mit dem Christentum, welches in allen seinen biblischen Teilen nur den einen politischen Grundsatz enthält: »ein jeder Mann sei untertan der Obrigkeit, die Gewalt über ihn hat!« – also auch der schlechten, weil sie Gewalt hat. Das ist der Knechtesfluch, der die Menschen erniedrigt zur gedankenlosen Sklaverei, wenn er in seiner Vollkommenheit zur Ausführung kommt.

Lieber Lepel! Prüfen Sie sich selbst – sind Sie heute noch derselbe, den ich kennenlernte? Sind Sie sich in jeder Stunde so treu geblieben, dem innern Gotte, als ich? – Sie haben das Unrecht begangen, eine Unwahrheit aus Schwäche in Ihr Leben zu bringen; und wenn diese Schwäche die edelsten, achtbarsten Quellen hatte, die Unwahrheit rächt sich; Sie sind halb und in sich unklar geworden. Christentum und individuelle Freiheit, Christentum und politische Freiheit gehen nicht zusammen! Sie würden heute nicht mehr die Vollkraft männlichen Bewußtseins haben, aus der das Gedicht hervorging: sie konnten nichts, als ihn vergiften.

Ich habe von je nicht wie ein kokettes Weib, sondern wie ein ernster Freund Ihnen gegenübergestanden, und wir fanden uns ineinander zu Recht in dem dichterischen, männlichen, menschlichen Streben nach Freiheit. Jetzt schwanken Sie zwischen diesen und den christlich-royalistischen Ansichten Ihrer Frau – und statt die Seele dieser jungen Frau, die Sie lieben, zu erweitern zu freierem, urteilendem Verständnis von Welt, Menschen und Natur, geben Sie sich in die Bande des Christentums gefangen – und versuchen, mich, die, in ihrer Richtung seit Jahren fest, immer wahr und sich selbst getreu, den schweren Weg durch das Leben gefunden hat, ebenfalls mit Begriffen zu fesseln, die mir so wenig passen können als die Kleider, welche ich nach meiner Geburt getragen habe. –

Fragen Sie sich selbst, ob darin Gerechtigkeit, ob darin Konsequenz liegt? Ich denke nicht daran, Frau von Lepel von ihrer Ansicht zu bekehren, wenn sie Trost darin findet – ich werde ruhig, wenn schon mit Schmerz, ansehen, falls auch Ihr gesundes Auge sich mit den trüben Schleiern der Jenseitigkeit umflort – aber achten Sie auch meine Überzeugung, von der

Sie selbst gesehen haben, daß sie Stich haltend ist in Glück und Leid, besonders da Sie wissen, daß der Pantheismus des antiken Heidentums der Kunst zehntausendmal förderlicher gewesen ist als das Christentum – ja! daß die Kunst erst wieder erstand, als man an das Christentum nicht mehr glaubte. Oder meinen Sie, daß Rafael, die Farneses, die Medizäer an Jenseitigkeit und Askese glaubten? – Der Protestantismus vollends ist das poesieloseste, unfruchtbarste Element für die Kunst. – Nein! weder zu meiner Seelenberuhigung noch als poetische Schöpfungsquelle bedarf ich des Christentums, des persönlichen Gottes und des Jenseits – und ich weise vielmehr dies alles bestimmt von mir ab; es existiert kein Widerhall dafür in mir.

Und so lassen Sie mir meine abgeschlossene Ganzheit, die fähig ist, alles Wahre, Schöne, in der Diesseitigkeit Erfaßbare mit begeisterter Liebe in sich aufzunehmen, und nur gegen Halbes und Unklares, Unfreies sich streng und bestimmt abschließt. Können Sie diese Richtung verstehen, ehren und achten, so wissen Sie, wie willkommen und wert Sie mir sind – haben Sie die Freiheit Ihrer Natur so weit aufgegeben, daß ohne Christentum für Sie kein Heil ist, so bleibt Ihnen nichts übrig, als mich aufzugeben; denn jenes Mäkeln »an all den Freunden, deren Bilder Ihre Wände füllen«, würde ich nicht ertragen und habe ich Ihnen so übel genommen als den schon oft wiederholten Vorwurf, daß ich Ihnen nicht zuhöre, wenn Sie mit mir sprechen. Und doch, dächte ich, war ich mit ganzer Seele dabei, als Sie mir von Ihrem Leben und Treiben, von Ihrem Ergehen seit unserer Trennung, von Ihren Leiden und der Besserung der Zustände erzählten.

Antworten Sie mir nicht gleich, denn die Sache ist ernst, und man gibt sich schwer auf, wenn man sich in achtender Freundschaft nahegestanden hat. Prüfen Sie sich selbst – sind Sie noch der freie Bernhard Lepel, der Sie waren? Der aufgegangen war in den antiken Elementen der Menschlichkeit? –

Ich werde es mit dem tiefsten Schmerze sehen, wenn Sie diese Richtung mehr und mehr verlassen sollten – aber ich würde mich nicht unterfangen, sie Ihnen entziehen zu wollen, wenn Sie sich so durch und durch befriedigt und ausgefüllt davon finden als ich mich von der meinen.

Möchten Sie glücklich und zufrieden sein und Großes schaffen! Dies wünsche ich Ihnen von Herzens Grund, denn ich habe sie lieb.

Fanny Lewald

Christus der Ganzmacher
(1914)

(...)
Was die Jungfräulichkeit der Maria bedeutet, wird klar durch die Bedeutung des Sündenfalls der Eva. Eva wurde Gott untreu, indem sie den selbstischen Mann liebte und ihm gehorchte. Sie hörte nicht mehr vornehmlich die Stimme Gottes, sondern die des Mannes, sie war nicht mehr ganz von Gott erfüllt. Maria liebte ihren Mann nur, weil Gott ihn ihr gegeben und es ihr befohlen hat, sie liebt ihn in Gott oder weil sie Gott liebt. Joseph wird von den Malern als älterer Mann dargestellt und etwas in den Schatten gerückt; das bedeutet, daß wir die Persönlichkeit des Herrn, die er vom leiblichen Vater empfing, als solche nicht kennen lernen sollen, sondern nur die zur Gottheit erweiterte Persönlichkeit. Wir erfahren, daß Christus vom Teufel versucht wurde und ihn überwand; aber nichts von der Art und vom Verlauf dieser Kämpfe. In bezug auf Maria bedeutet es, daß Joseph von ihr nicht fordert, sie solle in ihm aufgehen, sondern daß sie ihm als Werkzeug Gottes heilig ist. Eva gibt dem Manne nur vorübergehend Befriedigung; denn gerade weil sie sich bis zur Selbstaufgabe hingibt, sich ihm verliert, kann sie ihm keine dauernde Kraftquelle sein.
Es ist längst aufgefallen, daß der geniale Mann seine Begabung von der Mutter, nicht vom Vater ererbt, was vom Sohne selbst auch lebhaft empfunden wird. Man hat sich in manchen Fällen gewundert, daß bei der betreffenden Mutter keine besonderen Zeugnisse geistiger Begabung vorlagen; aber gewiß hat man wenigstens das von ihnen gesagt, daß sie fromm waren, und darauf kommt es ja einzig an. Mit Frömmigkeit bezeichnet man den Glauben, die Fähigkeit also, des Engels Stimme zu hören; man kann auch ein anderes Wort wählen, das manchem vielleicht mehr sagt, nämlich Phantasie. Glaube ist

Ricarda Huch im Alter von etwa 45 Jahren.

Phantasie, die Fähigkeit, sich das Unsichtbare einzubilden, daher Einbildungskraft. Eva wollte Erkenntnis, weil sie nicht glauben konnte; Maria braucht nicht zu wissen, denn sie hat alles überflüssig durch die Phantasie. Manche Menschen verstehen unter Phantasie eine Fähigkeit, sich allerlei auszudenken; aber es ist vielmehr die Kraft, das Seiende, das, was unsichtbar, aber gerade darum allgegenwärtig ist, aufzunehmen. Weil sie Phantasie hat, vermag Maria dem Sohne das

Göttliche einzubilden, weil sie geistvoll ist, gibt sie ihm Geist; durch sie ist er aus Gott geboren und hört wie sie Gottes Stimme. Wie man von seinen Werken auf die Phantasie des Künstlers, so kann man von ihren Kindern auf die Phantasie der Mutter schließen. Auch Menschen kann man, wie Kunstwerken, anmerken, ob sie aus dem Vollen geschöpft oder dürftig zusammengekratzt sind. Es ist nicht sinnlos, daß man schwangeren Frauen rät, schöne Bilder anzusehen und den Anblick des Häßlichen zu vermeiden; allein die Frau, wie sie sein sollte, hat derartige Nachhilfe nicht nötig, denn sie sieht Schönes, das ist Göttliches, überall, weil sie im Sichtbaren zugleich das Unsichtbare sieht.

(...)

In der Tat übte Christus eine Kunst aus, nämlich die Heilkunst; er war der Heiland der Welt, das heißt, da heil ganz bedeutet, der Ganzmacher der von Gott abgesonderten Menschen. Luther nennt ihn deshalb den König der Sünder, und die Bibel sagt häufig, daß er zu den Sündern gekommen sei. Und zwar machte er die Zerrissenen ganz durch die Liebe, die das Band der Vollkommenheit ist, indem sie das Getrennte im Bewußtsein der Zusammengehörigkeit bindet. Viele haben die Vorstellung, als sei Christus ein humaner Wohltäter, ein Sozialist, Reformator oder dergleichen gewesen; aber wo steht das? Er bekehrte Sünder, tröstete Traurige, heilte Kranke durch Wort und Berührung und erweckte Tote. Was das heißt, Tote lebendig machen, wird klar, wenn man daran denkt, daß Gott die Welt durch sein Wort schuf, daß er den Dingen Namen gibt und das, was nicht ist, ruft, daß es sei. Die Dinge sind dadurch, daß sie dem Geiste bewußt werden: Christus macht der Menschheit ihr Fühlen und Ahnen bewußt durch sein Wort. Er lehrte die Wahrheit, Ideen strömen unerschöpflich in Bildern von seinen Lippen, insofern war er der größte Dichter der Menschheit. Es ist wahr, daß er seine Ideen nicht gestaltete; aber er brauchte das nicht, weil er selbst, wie es heißt, voll göttlicher Gestalt war.

Durch das Heraustreten Christi aus der Menschheit zerfiel sie in ihre Bestandteile: Kraft und Stoff, Unsichtbares und Sichtbares, Sein und Erscheinen. Es zerriß sie, aber er, der Heiland, Gott, der sich als Person offenbart, machte sie auch wieder ganz, und zwar durch die Tat. Das selbstbewußte, verantwortliche Ich ist der Punkt, in welchem das Sichtbare

und das Unsichtbare eins werden. Dies Ich, die Person, kann sich nur bilden durch die Tat, wie umgekehrt eine Tat auch nur getan werden kann durch ein verantwortliches Ich. Das Ich und die Tat hängen unzertrennlich zusammen, es gibt keine Person ohne Tat und keine Tat ohne Person. Solange das Ich betrachtend zwischen dem Sichtbaren und Unsichtbaren schwebt, bleibt es selbst vereinzelt und die Welt ihm Stückwerk. Der Mensch, der sich bloß erkennend verhält, kommt nie zur Einheit, weil es nur unendliche Möglichkeiten für ihn gibt; erst handelnd begrenzt er sich und wird dadurch ein einheitliches Selbst. Im Inneren des bloß erkennenden Menschen ist ein Abgrund, der ihn verschlingt, handelnd schließt er den Riß, der durch sein Inneres und zugleich durch seine Welt geht. Der Christ ist der Mensch, der nach vorausgegangener Spaltung wieder einheitlich geworden ist durch aus dem Herzen entspringendes und im Selbstbewußtsein bestätigtes, zugleich gemußtes und gewolltes Handeln.
(...)

Die Frau in der Urzeit
(1919)

Und dein Verlangen soll nach deinem Manne sein;
und er soll dein Herr sein.
1. Mos. 3. 16.

Tacitus erzählte von den Germanen, daß sie in der Frau etwas Heiliges verehrten und ihrem Rate folgten; aber bei den Römern selbst war es in der Urzeit ebenso gewesen, wie noch die Sage von der Mutter des Coriolan und manche andere beweist. Jedes Volk lebt in vorhistorischer Zeit im Mutterrecht und stellt die Frau über den Mann. Dies ist die Zeit der allereigentlichsten Gottesherrschaft, wo Gott nicht durch einen Propheten, sondern durch das Weib vertreten ist. In der Mutterliebe durchbrach zum ersten Male der Strahl der göttlichen Liebe das Fleisch, und sowie sie erschien, beugte sich die Natur vor der Mutter als vor der Herrscherin. Was könnte klarer das Dasein Gottes beweisen? Denn an körperlicher Kraft stand die Frau auch damals zurück: sie herrschte, weil sich Gott in ihr offenbarte. Sie behielt diese Stellung, solange sie all-liebend war, mehr göttlich-liebend als männerliebend; sowie sie im Manne aufging, konnte sie nicht mehr Gott vertreten.

Ich habe von All-Liebe anstatt von Gemeinsinn gesprochen, weil man unter diesem Worte jetzt etwas versteht, was vom Verstande ausgeht und einen Nutzen bezweckt. Der Verstand, der Affe Gottes, hat ja auch eingesehen, daß der Einzelne nur im Anschluß an ein Ganzes bestehen kann; wo der Verstand Ursache ist, ist die Wirkung eine ganz andere als da, wo die Liebe Ursache ist. Der Verstand kann nur zerlegen und zusammensetzen, die Liebe schafft und läßt wachsen. Gemeinnützigkeit und gemeinnützige Einrichtungen haben mit dem Gemeingefühl des Einzelnen nichts zu tun und können dies niemals ersetzen.

Die mütterliche Frau, die Matrone, hatte gehorsame, tapfere und treue Söhne, die nicht ihren eigenen Vorteil, sondern den des Ganzen suchten. Deshalb war diese Zeit die vorhistorische, das Paradies, in dem es noch keine Absonderungen gab, wo das einheitliche Volk eine einheitliche Kultur hatte, die ganz auf Phantasie, Anschauung und Übung beruhte. Die Kultur war ideal, weil sie nicht auf Macht und Reichtum ausging, sondern auf die Verherrlichung Gottes in guten und schönen Menschen. Das Wort der Mutter war das Wort der göttlichen Liebe, das Recht aller, die Eines Gottes Kinder sind.

Das ändert sich, sowie die Frau ein vorzüglich männerliebendes Geschöpf wird; von diesem Augenblick an kann sie nicht mehr die Vertreterin Gottes und des ganzen Volkes sein. Wie kann die Frau Quelle des Rechtes sein, die einen einzigen Mann vorzieht, deren Wille überhaupt auf den Mann gerichtet ist, und die alle ihre Schwestern mit Neid und Haß verfolgt, die etwa von ihm vorgezogen werden könnten! Deren bestes, höchstes Gefühl, deren innigste Überzeugung von einem beliebigen Manne über den Haufen geworfen werden kann! Die nicht in ihren Kindern ihren schönsten Schmuck findet, sondern sich aus dem Reichtum ihres Mannes schmücken will und deshalb den Mann, der ohnehin selbstsüchtig ist, noch ansporntn, sich durch äußere Vorzüge von seinem Volke abzusondern! Von den Zeiten will ich gar nicht reden, wo die Frau selbst als Trägerin des Reichtums oder Adels vom Manne gesucht wird, also als Absonderungsmöglichkeit, anstatt daß der Mann durch sie mit Gott verbun-

den würde. Die Frau selbst ist es, die sich zur Sklavin des Mannes machte; indem sie nicht mehr Gott, sondern einen selbstgewählten Mann vertreten wollte, wurde sie aus der Freien eine Magd.
(...)

Gott ist Paar
(um 1920)

Hat denn der Geist
das Wort erdacht,
das Licht entfacht?
Hat denn die Liebe
die Gestalt verdichtet
und ans Licht gebracht?

Ja – und auch nein!
Jedes allein
für sich ist unfruchtbar.
Schöpfung geschieht
nur in Begegnung, –
Gott ist Paar.

Wie ist es möglich,
daß niemand zweifelt,
ob heute ausreicht
der Name »Herr«?

Schneidet er doch
mitten durchs Ganze,
ruft nur den Geist auf,
die Manneshälfte.

Verschweigt er doch
das Frau-Sein Gottes,
gleich ewig, nicht erst
durch Himmelfahrt.

GERTRUD VON LE FORT

Die ewige Mutter
(1934)

Eine Zeit, die wie die unsre Wert darauf legt, die Mutter gewissermaßen wieder entdeckt zu haben, um auf sie allein ein neues Frauenrecht zu begründen, wird sich darüber klar sein müssen, daß sie mit dieser Entdeckung eine neue, sehr ernste Verpflichtung übernommen hat, selbst zu den Müttern hinabzusteigen und sie nach dem Wesen des Mütterlichen zu befragen. Denn in dieser außerordentlich betonten Forderung tritt doch wohl zunächst und vor allem zutage, daß Mutterschaft heute für die Frau nicht mehr wie in früheren Zeiten etwas Selbstverständliches bedeutet. Damit ist natürlich auch die Möglichkeit des Mißverständnisses wahrer Mütterlichkeit zugegeben.
(...)
Die Welt bedarf der mütterlichen Frau, denn sie ist weithin ein armes, hilfloses Kind. Wie der Mensch in Schwachheit zur Welt kommt, so scheidet er auch wieder von ihr in tiefer Schwachheit: der Mutter, die das Kind in die Windeln legt, entspricht die barmherzige Frauenhand, die den Greis stützt und dem Sterbenden den Todesschweiß von der Stirn wischt. Zwischen Geburt und Tod aber liegt nicht nur die vollbringende Tat des sieghaften Menschen, sondern auch die unendliche Mühsal des Weges, der sich stets erneuende Alltag, alles das, was einfach zur Notdurft des Leibes und Lebens gehört. Die mütterliche Frau ist eingesetzt zur stillen Verwalterin dieses ungeheuren, nie aufzehrbaren Erbes an Notdurft und Mühsal. Und hier als Mutter bedeutet die Frau nicht nur, wie als sponsa, die eine Hälfte der Wirklichkeit, sondern wahrscheinlich ist ihr Teil weit größer als nur die Hälfte. Das Volk weiß, warum der Mann seine Frau »Mutter« anredet – er redet damit nicht nur die Mutter seiner Kinder an – die Mutter aller, das ist zunächst die Mutter

des eigenen Mannes. Die Mutter ist es, die sein Essen bereitet, seinen Tisch deckt, sein Kleid bessert, seine Unzulänglichkeiten, seine Sorgen und bösen Stunden trägt. »Auf sie vertraut ihres Mannes Herz, und es wird ihm nicht an Gewinn fehlen«, sagt die Bibel im großen »Lobpreis des starken Weibes«. Und weiter: »Sie stehet auf, wenn es noch Nacht ist, und gibt Zehrung allen ihren Hausgenossen« – die Mutter des Mannes ist die Mutter seines ganzen Hauswesens. Auch die Mutter des Mannes, die Mutter des Hauses, ist immer dieselbe; auch sie hat, wie die Mutter des Kindes, ihr Gleichnis nur in der liebreichen Erde, die schweigend gibt und trägt und immer wieder gibt und trägt, und die zuletzt doch gerade durch diese demütige Erdgebundenheit die Erdgebundenheit überwindet: die mütterliche Frau, die ganz in die Bedürfnisse des Alltags untergetaucht ist, sie ist im Grunde die große Besiegerin des Alltags; sie besiegt ihn täglich aufs neue, indem sie ihn erträglich macht; sie hat ihn am stärksten besiegt, wenn man ihren Sieg am wenigsten merkt. Der Mann, der in der geistigen Welt an der Überwindung des Materiellen arbeitet, kann diese Überwindung nur leisten, wenn ihm die mütterliche Frau das Materielle tatsächlich wegräumt. Die Unscheinbarkeit dieses täglichen Sieges, seine völlige Unberühmtheit ist der eigentliche und tiefste Ruhm der zeitlosen Frau, vergleichbar nur mit dem jenes unbekannten Soldaten des Weltkriegs – er ist der Sohn der unbekannten Frau! –

Zur Notdurft des Leibes und Lebens aber kommt die gewaltige Mühsal des geistigen und seelischen Menschen, jene riesenhafte Fracht von Leid und Kreuz, Ungenügen und Schuld aller Art, die niemals abzuladen, sondern die in der übergroßen Mehrzahl der Fälle einfach zu tragen ist. Wie die mütterliche Frau die Hungrigen speist, so tröstet sie auch die Traurigen. Die Schwachen und Schuldigen, die Zurückgesetzten und Verfolgten, ja selbst die zurecht Bestraften, alle die, welche eine richterliche Welt nicht mehr tragen und schützen will, sie haben ihr letztes Recht im Trost und im Erbarmen der mütterlichen Frau – für diese wird immer das Antigone-Wort gelten: »Nicht mitzuhassen, mitzulieben bin ich da.« Das heißt nicht, die Schwachheit wider die Kraft erheben – es ist nicht das Lob des schwachen, sondern des starken Weibes, das die Bibel singt, wenn es im Buch der

Sprüche heißt: »Das Gesetz der Milde ist auf ihrer Zunge« – Geduld ist Kraft in der höchsten Potenz.

Zum Vorrecht der mütterlichen Frau gehört jene stille, so überaus wichtige Funktion des Warten- und Schweigenkönnens, jene Fähigkeit, auch einmal ein Unrecht, eine Schwachheit zu übersehen, zu schonen, zu bedecken – sie ist als Tat der Barmherzigkeit nicht weniger Wohltat als das Bedecken der leiblichen Blöße. Es gehört zu den verhängnisvollsten Irrtümern der Welt, zu den tiefsten Gründen ihrer Friedlosigkeit, daß sie alles Unrecht immer aufzudecken und verurteilen zu müssen glaubt. Jede kluge und gütige Mutter weiß, daß zuweilen genau das Gegenteil richtig ist. Dem Bibelwort: »Das Gesetz der Milde ist auf ihrer Zunge», steht der Satz voran: »Sie öffnet ihren Mund der Weisheit.« Die »Weisheit« ist oft nur ein kleiner Scherz oder ein freundliches Wort; auch hier ist die Frau verhüllt; ihre »Weisheit« gibt sich nicht als großes Ding, sondern unscheinbar; gerade daran hängt ihre Größe! Das bedeutet nicht, die Weisheit des herrscherlichen und richterlichen Mannes in die zweite Stelle weisen; aber es bedeutet doch wohl das Eingeständnis, daß sie nur die eine Seite der irdischen Wahrheit ist. Gerade für den Mann, welcher der mütterlichen Frau dieses Gesetz bestritte, würde die Welt unerträglich werden, wenn die Frau es je preisgäbe; gerade der Mann, auch der ihm nur unwillig oder verständnislos unterworfene, zieht aus ihm seine eigentliche Lebensmöglichkeit, jene oft letzte Zuflucht von Geduld, Güte und Nachsicht, ohne welche jede Existenz – die des Einzelnen wie die der Völker – einfach zur Hölle werden muß. Dies ist der ganz allgemeine, d.h. noch nicht der christliche Sinn der lieblichen Legende vom Rosenwunder der heiligen Elisabeth – sie ist die Legende der Mütterlichkeit der Frau schlechthin.

(...)

ANNA PAULSEN

Ehelosigkeit
(1935)

Der Ruf, durch den Gott seine Kirche sammelt, ist ganz souverän. Er meint den einzelnen Menschen, abgesehen von seinen Eigenschaften und Leistungen. Von menschlichen Zielen und Zwecken aus wird man den Wert des Menschen immer wägen und bestimmen nach dem, was er innerhalb des Ganzen bedeutet. Es werden sich mit Notwendigkeit Unterschiede, Grade, Wertabstufungen herausbilden: Der intellektuell Hochstehende steht über dem geistig Schwachen, der Vermögende über dem Armen, der Gesunde und Starke über dem Schwachen, dem Kranken und Belastenden, der wehrhafte Mann über der Frau und unter den Frauen wieder die Gebärende über der Ehe- und Kinderlosen. Der ewige Ruf trifft den Menschen an einer Stelle jenseits all dieser Wertungen und Unterschiede. Als Du dem Ich Gottes gegenübergestellt, hat der einzelne darauf zu antworten, und dadurch wird er erst eigentlich Person. Dies gilt für Mann und Frau in gleicher Weise.
Darauf ruht für alle Zeiten die Bedeutung des Evangeliums für die Umwertung in der Geltung der Frau. Auf Grund dieser Tatsache ist sie herausgehoben worden aus ihrer verachteten Stellung im semitischen Volksleben sowohl wie aus ihrer Minderbewertung in der griechisch-römischen Antike.
Die Geltung der Frau ist immer wieder Schwankungen unterworfen. Der untrüglichste Maßstab dafür, ob sie vollgültig als Person genommen wird, ist die Einstellung zur ehelosen Frau. Bei dem Frauenüberschuß wird es immer ehelose Frauen geben, und nur, wenn diese ihre Ehelosigkeit als Stand und Verpflichtung bejahen, ist die Ehe ihrer Schwestern geschützt. Eine Zeit, die in einseitiger Weise die Mutter emporhebt auf Kosten der Ehe- und Kinderlosen, mißt im

Anna Paulsen, um 1930.

Grunde den Wert der Frau an der Erfüllung ihrer Geschlechtsbestimmung. Wenn das Ja zur ehelosen Frau nicht gefunden wird, dann mag man die Mutter mit noch so klingenden Namen preisen; das kann nicht darüber hinwegtäuschen, daß im Grunde das Geschlecht als solches entwürdigt wird. Das wird sich auch geltend machen in der Auffassung von der Ehe. Nur, wo man die Frau vollgültig als Person nimmt, wird die Ehe in ihrem wahren Sinn verstanden. Wo dagegen Ehe in erster Linie biologisch gewertet wird als Verbindung zweier Erbträger und nicht als Band von Person zu Person, da ist sie im Grunde schon nicht mehr Ehe.

Die Urgemeinde hat in Erinnerung an das Wort Jesu der Ehelosigkeit einen neuen Sinn gegeben; sie hat in sich die Kraft gehabt, die aus dem Lebensstrom Ausgeschalteten in anderer Weise in das Ganze wieder einzubauen. Wir haben gesehen, wie die Witwen, die Jungfrauen und die älteren Frauen einen besonderen Dienst bekommen an den anderen. Die Ausgeschalteten erscheinen geradezu als ausgespart und bereitgestellt für eine Aufgabe, einen Dienst am Ganzen, der ohne sie nicht erfüllt werden würde.

Das Personsein vor Gott im Sinne des Neuen Testamentes ist nicht individualistisch zu verstehen, sondern bedeutet eine Verankerung des Ich im Ewigen, aus der heraus es erst frei wird für den vollen Einsatz in der Zeit. Wer Gott ganz gehört, ist frei für den Dienst im Stande. Das gilt auch für die Frau und auch für ihr Verhältnis zu ihrer Mutterpflicht. Es war der Fluch des Individualismus in seiner liberalistischen Zuspitzung, daß er die Persönlichkeit der Frau ausspielte gegen ihre Mutterpflicht. Wo man die Grundhaltung des Neuen Testamentes recht versteht, da wird niemals das persönliche Eigenleben geltend gemacht werden können gegen die Bindung an den anderen, auch nicht gegen die eheliche Verpflichtung. Wir haben gesehen, daß auch Paulus, dem man heute so oft das Gegenteil vorwirft, mit größtem Ernst die leibliche Seite der Ehe als Pflicht vor Gott betont. Seine Hochwertung der Ehelosigkeit ist durch seine eschatologische Haltung bestimmt. Der spätere Zölibat der katholischen Kirche als höherer Rang geistlicher Würdigkeit kann in keiner Weise aus dem Neuen Testament abgeleitet werden.

Das Evangelium bedeutet den Abbau aller Geltung und Wertung, die sich auf Verdienste und Eigenschaften des Menschen gründen. – Gottes ewiges Erbarmen meint mich selbst und nicht irgendetwas an mir. Dies Geheimnis der Verkündigung Jesu war neu im Judentum seiner Zeit, es durchbrach das System der pharisäischen Verdienst- und Geltungsethik. Es war neu, als Luther es in Anknüpfung an die paulinische Rechtfertigungslehre dem deutschen Volke wieder nahebrachte. Es wird in jeder Zeit neu sein, denn es ist das Gegenteil von dem, was der Mensch denkt. Gott fängt da an, wo unsere Wege zu Ende sind. Er ist ein solcher Gott, der »in die Tiefe« sieht und denen hilft, die in sich selbst nichts sind. »Darum auch alle Heiligen werden nicht mehr tun, denn Gott loben im Himmel, daß er sie in ihrer Tiefe angesehen und sich allda ihnen bekannt, lieblich und löblich gemacht hat« (Luther in seiner Auslegung des Magnificat).

Unser Vater-Mutter
(1936)

Unser Vater-Mutter
In den Himmeln
Geheiligt werde Dein Name.
Dein Reich des Friedens ergreife unsere Herzen.
Dein Wille geschehe auch durch mich.
Unser täglich Brot gib uns heute.
Und vergib uns unsere Schuld und Sonderung von Dir.
Denn Du bist das Jetzt und das Hier.
Du bist Licht und das Dunkel
Das Leben und der Tod.
Du bist das ewige Sein
in dem wir leben, wirken und sind.

NELLE MORTON

Auf dem Weg zu einer ganzheitlichen Theologie*
(1974)

(...)
Ich bin sehr dankbar dafür, daß mein Thema »Auf dem Weg zu einer ganzheitlichen Theologie« lautet. Daß hier von einem Weg gesprochen wird, berechtigt und verpflichtet uns dazu, mit unseren Erfahrungen und Erlebnissen in einen Prozeß einzutreten. Es heißt auch, daß wir noch nicht am Ziel sind, sondern noch wachsen, tasten, suchen, ja den Weg mit unseren Schritten erst bahnen, in der Überzeugung, daß es bei dieser Reise um etwas unendlich Wertvolles geht, und wir gleichen darin der Frau im Evangelium, die das ganze Haus durchsuchte, um den verlorenen Groschen zu finden. Wenn wir von einem Weg sprechen, dann sagen wir damit, daß Gott handelt: befreit, bewegt, ändert, heilt, erlöst, abreißt und aufbaut.
Daß hier von Ganzheitlichkeit gesprochen wird, bedeutet, daß wir nicht die vergangene, von andern gesprochene Sprache wiederholen, als sei es die unsere, und damit unsere eigene ungesprochen lassen. Denn dann bliebe die Kirche ärmer, weil ohne uns. Aber Ganzheitlichkeit bedeutet noch mehr. Sie bedeutet das Einssein von Leib und Geist und daß wir miteinander eins werden in unserer Hilflosigkeit und Machtlosigkeit. Sie müssen mir helfen, die Worte dafür zu finden. Viele von Ihnen kennen die Sprache viel besser als ich, denn sie kommen aus Kulturen, die dem Inneren der Natur noch viel näher stehen. Sie sind im eigenen Leib und in der natürlichen Umwelt zu Hause, weil Sie das Ihr Leben lang gelernt haben. Sie haben eine Theologie der Geburt und der Schöpfung überhaupt. Sie müssen uns andere lehren, wie man mit den Füßen fest auf der Erde steht und die Kraft einer

* Vortrag, gehalten auf der Sexismus-Konsultation des Weltrats der Kirchen in Berlin 1974.

Nelle Morton 1974 auf der Berliner Sexismuskonsultation. (Aus: Risk, Vol. 10, No. 2, 1974; Foto: John Taylor, Genf)

großen Quelle von da unten aufsteigen spürt. Ganzheitlichkeit heißt: Geschichte und Natur wieder zusammenzubringen, die eine patriarchalische Kultur getrennt hat, die die Geschichte den geachteten Männern und die Natur den verachteten Frauen zuordnete. Dann müßte der Leib wieder als etwas Gutes betrachtet und das Leben so genommen werden, wie es gelebt wird. Dann gäbe es keine Dichotomie mehr, aufgrund deren der Geist letztgültige Dogmen über Fragen des Leibes wie Bevölkerungswachstum, Geburtenkontrolle, Abtreibung, Umwelt und Energiequellen aufstellt. Diese Probleme würden ebenso direkt angegangen wie die institutionalisierten Sünden des Kriegs, des Rassismus und der Armut und die nationalen und internationalen Strukturen, die sie verewigen. Eine ganzheitliche Theologie kann weder allein vom Westen noch allein vom Osten kommen und auch nicht von irgendeiner Kontrollgruppe, die ihre Erfahrung für die Erfahrung aller Menschen ausgibt. Sie muß von der vollen menschlichen Erfahrung ausgehen und wird erst möglich, wenn all die unterdrückten Völker der Erde ihre Erfahrungen frei aussprechen, einander hören und berühren und dadurch gegenseitig heilen können.

Die Macht der Gegenwart

Wenn wir, wie ich in der Tat glaube, über Gott reden, wenn wir über die menschliche Erfahrung und unser Zusammenleben reden, so sind wir jetzt schon mitten in der Theologie. Es sind grundlegende theologische Fragen, die wir stellen: Wer ist der Schöpfer unserer Existenz? Von wem bekommen wir unsere Identität, wer formt unser Geschick? Erlauben wir den bestehenden wirtschaftlichen Systemen, menschliches Geschick zu bestimmen, oder greifen wir ein und formen es um? Wir haben schon begonnen, uns unsere Lebensgeschichten zu erzählen und unsere Geschichte wieder in Anspruch zu nehmen, und auch das hat eine theologische Dimension.
Die Macht, die Frauen spüren, wenn sie wie wir aus entfernten Ländern der Erde zusammenkommen, nennt Mary Daly die Macht der Gegenwart. Was für ein Wunder ist es, daß wir hier sind, hier in dieser Zeit und uns teilweise zum ersten Mal in unserem Leben nicht mit irgendwelchen entfernten Fragen beschäftigen, sondern damit, was es bedeutet, in der Welt von heute Frau zu sein. Wir bringen unsere Geschichten, nehmen unsere Geschichte in Anspruch und unterziehen unsere Traditionen überall dort einer neuen Prüfung, wo es für uns akut wird. Jede bringt sich selbst als Gottes Gnade der anderen dar, und die Kraft der Gegenwart eröffnet uns eine neue Zukunft. Wir sind hier versammelt, um ein Erbe anzutreten, das uns vor langer Zeit verheißen wurde, und die pfingstliche Kraft unserer Gegenwart stellt alle kirchlichen oder gesellschaftlichen Systeme in Frage, die dieses Erbe und unser menschliches Geschick kontrollieren und manipulieren wollen, anstatt es zu befreien.

Denken wir an andere Erfahrungen, die uns gemeinsam sind, auch wenn wir aus verschiedenen Kulturen kommen. Wir wissen, wie man Brot bäckt und aufträgt. Wir kennen das Gewicht eines Kindes vor und nach der Geburt. Das Klappern der Schreibmaschine, das Stillen eines Säuglings und das Betten eines Kranken sind uns vertraut. Wir kommen her von Arbeiten, in die man uns einbezogen oder von denen man uns ausgeschlossen hat, die oft einfach von uns erwartet werden und für die wir schlecht oder gar nicht bezahlt werden. Wir wissen nicht voneinander, wann unsere Arbeit beginnt und endet, aber der gemeinsame Arbeitsrhythmus bringt uns näher zusammen, als es eine gemeinsame Sprache könnte.

Wir machen die gemeinsame Erfahrung, daß wir keine Geschichte haben. Im Selbstverständnis der Welt und in ihrer Geschichtsschreibung kommen die Frauen nicht vor. Auch die Kirchenhistoriker erwähnen uns nicht. Sie schreiben alle nur eine partielle Geschichte, denn sie sind nicht objektiv und beziehen nicht alle Menschen ein. In dieser Geschichtsschreibung gibt es nur männliche Modelle. Und wessen die Geschichte nicht gedenkt, der hat nur eine beschränkte Gegenwart und gar keine Zukunft. Aber wenn nun die Frauen überall auf der Welt sich ihrer Geschichten erinnern und ihre Geschichte in Anspruch nehmen, machen sie eine neue Art von Geschichte, nicht die Geschichte großer Männer oder großer Ereignisse, nicht die Geschichte von Königen, Eroberern oder Kriegen, auch nicht die Geschichte großer Frauen, sondern die Geschichte der gewöhnlichen Volksmassen.

Weil wir Frauen sind, haben wir gemeinsame Schmerzen. Ich spreche nicht von den Schmerzen der Geburt, obwohl das ein Band ist, das über alle Sprachunterschiede hinweg verbindet. Ich denke an den Schmerz, ewig »die andere« zu sein: Wir sind nicht wirklich Mensch, sind nicht wert oder fähig, am Hauptstrom des kommunalen oder politischen Lebens teilzuhaben; wir dürfen bei grundsätzlichen Dingen nicht mitentscheiden, sind in stereotype Rollen gepreßt, die uns an der Welt nicht wirklich teilnehmen lassen, und, was uns Frauen der Kirche vielleicht am meisten schmerzt: wir werden gerade im kirchlichen Leben und Amt auf die Seite gedrängt. Dieser Sexismus schadet den Männern ebenso wie den Frauen. Er hat die Kirche ihrer Vitalität beraubt und die männliche Kontrollgruppe taub gemacht für die grundlegenden Schäden der Gesellschaft. Es ist bitter, aber wahr: Der Sexismus ist eine Botschaft der Kirche, die die Welt gehört hat!

Die Bilder und Symbole unserer Tradition

Wir haben eine gemeinsame Tradition, welche Befreiung als ihre Hauptaufgabe betrachtet. Aber was an unserer jüdisch-christlichen Tradition haben Sie als befreiend empfunden? Was hat Sie befähigt, das Evangelium der Befreiung zu hören? (...) Welche Gemeinschaft überwindet den Sexismus? Das Neue Testament faßt eine Gemeinschaft ins Auge, von der es heißt: »Hier ist weder Jude noch Grieche, weder Sklave noch Freier, weder Mann noch Frau«. Und diese neue Ordnung soll nach dem Neuen Testament jetzt, in der Welt, gelebt werden! Aber wo ist diese neue Ordnung zu finden? Wir haben ja noch nicht einmal eine Sprache, die die Gesamtheit der menschlichen Erfahrung umgreift. Kein Reden von Gott ist frei von sexistischem Beigeschmack. Der Name Elohim ist zwar, wie gesagt, ursprünglich frei von Sexismus, aber er wurde gleichbedeutend mit so vielen männlichen Gottesnamen verwandt und mit so viel männlichem Inhalt gefüllt, daß es dieser Inhalt war, der unser Gemeinschaftsleben und unseren Lebensstil prägte. Herr, König der Welt, Allmächtiger, Ewig-Vater, Friede-Fürst – das sind alles Bilder männlicher Herrschaft und machen deshalb die Frauen abhängig. Man muß sich fragen, warum so viele Frauen in die Kirche gehen und warum es so vielen recht ist, wie es ist. Deshalb hilft es nicht, wenn man weibliche Worte anstelle der männlichen gebraucht, denn die Worte beschwören bestimmte Bilder herauf.

Die Symbole unserer Tradition wurzeln so tief in einer patriarchalischen Kultur, daß sie in einem neuen Zusammenhang bei weitem nicht mehr so machtvoll, kräftig und treffend wirken, und doch sind keine neuen Symbole entstanden. Was sollen die Frauen nun tun? Viele, die zur Frauenbewegung gehören und einst auch zur Kirche hielten, haben sich ganz gegen die Kirche entschieden. Viele bilden »Exodus-Gemeinschaften« oder »Exodus-Dienste« für die Zeit der Wüsten-

wanderung. Andere nehmen am Gottesdienst und am kirchlichen Leben teil, stellen aber ständig Fragen und zwingen die anderen, den wahren Vorgängen ins Auge zu sehen. Diese Frauen vermögen in unserem Zusammenleben Aspekte zu entdecken, die sich zu feiern lohnt: das schöpferische Ereignis, das uns ins Leben brachte; die Größe unserer Freiheit; Gemeinschaftserlebnisse, die Halt gewähren; ja selbst den Schmerz, der uns unserer Unterdrückung bewußt gemacht hat, der uns veranlaßte, uns zu erheben und das Joch abzuwerfen. Diese Frauen bitten um Vergebung dafür, daß unsere Sprache so arm ist und daß wir so langsam und lethargisch gegen die Unterdrückung reagieren. Diese Frauen hoffen und können deshalb Gott preisen für das, was noch nicht ist, was aber am Hereinbrechen und deshalb das Wahre ist. Und da die Erfahrung der Macht der Gegenwart im Kontext der Verheißung eines neuen Himmels und einer neuen Erde steht, beginnen diese Frauen, jede in ihrer Weise, das Neue zu leben, und weil es gelebt wird, geht es in Erfüllung.
Wenn wir nach den Wurzeln des Sexismus fragen, der das Leben von Kirche und Welt durchdrungen hat, stoßen wir auf unsere ererbte patriarchalische Kultur. Aber das patriarchalische System ist nicht erst in der jüdisch-christlichen Tradition entstanden. Es bestand schon lange, ehe die Israeliten sich in Kanaan niederließen. Als diese also ihre Heilsgeschichte niederzuschreiben begannen, mußten sie sich der patriarchalischen Sprache ihrer Umwelt bedienen. Trotz aller Umformungen blieb sie auch die Sprache der Bibel.
Hören wir die Bibel selbst zur Frage der Sprache. In der alttestamentlichen Erzählung von Mose am Dornbusch beauftragt Gott den Mose, die Kinder Israel aus Ägypten herauszuführen, und Mose fragt immer wieder: »Nenne mir deinen Namen, nenne mir deinen Namen. Wie kann ich zu den Kindern Israel gehen, wenn ich nicht weiß, wer mich sendet?« Zuerst war Stille, dann endlich sagte die Stimme: »Ich bin, der ich bin. Geh zurück und sage den Israeliten, der ich bin, hat mich zu euch gesandt.« Diese Offenbarung bedeutet im Grunde, daß Gott die Sprache übersteigt und daß der Sexismus in der eingrenzenden Sprache und Kultur liegt, deren Teil wir sind.
(...)
Wir sehen also, wie wichtig es ist, daß wir Frauen Theologie

treiben. Dabei müssen wir uns mit den verinnerlichten Bildern beschäftigen, und erkennen, daß es viel schwieriger ist, ein untergründig wirkendes Bild als einen Begriff zu verändern. Denn in unseren verschiedenen Kulturen prägen viele solche Bilder den Lebensstil unserer Kinder schon lange, ehe sie Begriffe bilden können. Zur Theologie gehört auch, daß wir unsere Tradition vornehmen, überprüfen, in ihrer Ganzheit in Anspruch nehmen, Ansätze zur Befreiung darin ausfindig machen, auf sie zurückgreifen und sie im kirchlichen und weltlichen Leben zum Tragen bringen. Weiter gehört dazu die Erkenntnis, daß jede Frau aufgrund ihrer Taufe ein Pfarrer und zu einer theologischen Aufgabe verpflichtet ist. Wir mögen keine akademischen oder systematischen Theologen sein, aber wenn wir in den theologischen Prozeß eintreten, haben wir viel zu tun und zu sagen, und zwar in ganz neuer Weise.
Natürlich hat das seine Gefahren, hauptsächlich für die hierarchischen Strukturen der Kirche, denn es würde allen Laien ohne Unterschied den vollen Zugang zum kirchlichen Amt eröffnen. Und das könnte nicht geschehen, ohne daß einiges ins Rutschen käme. Die Frauen haben also die Theologie als organischen, gemeinschaftlichen und ganzheitlichen Prozeß erfahren. Als organischen, weil er aus dem tiefsten Grund unseres Seins aufsteigt, an der Stelle, wo die Kluft zum Mann am weitesten klafft, und auch deshalb, weil er Leib, Seele und Geist zur Einheit verbindet. Wir haben diese erstaunliche neue Erfahrung nicht nur mit unserem Intellekt gemacht, wenn auch nicht ohne diesen. Es ist eine Sache gemeinsamer Existenz. Unterdrückung und Pein haben uns einander in die Arme getrieben. Wir begannen einander zu hören. Wir erfuhren Gottes Geist als einen, der Menschen hören lehrt. Das Wort kam und kommt als menschliches Wort, menschlicher Ausdruck der Menschlichkeit. Der schöpferische Akt des Geistes besteht nicht darin, daß Worte erklingen, sondern daß das Wort, der Atem und die Sprache des Geschöpfs gehört werden. Die Erfahrung wird gemacht, wo der Geist in der Gemeinschaft gegenwärtig ist und die pfingstlichen Feuerzungen bewegt. Er ist in der Gemeinschaft gegenwärtig und hängt nicht ab von einem Star, einem Experten oder von dem Sachverstand, den eine hierarchische Struktur einem einzelnen zuspricht. Ein ganzheitlicher Pro-

zeß ist diese Theologie, weil sie die Ganzheit der Lebenserfahrung umgreift. Gesten, Bewegung und Ritual werden als wesentliche Momente der Theologie wiederentdeckt. Wir lernen, mit dem ganzen Körper zu horchen, mit dem Auge zu hören, mit dem Ohr zu sehen und mit dem Gehör zu sprechen, weil wir wissen, daß der Geist gegenwärtig ist, und zwar dynamisch und nicht statisch.

An diesem Punkt kann man erst mutmaßen, wie eine ganzheitliche Theologie aussehen würde. Aber eines ist klar: Sie kann nicht aus einer Gruppe oder einem Geschlecht oder einer Nation oder Kultur kommen, die für das Ganze sprechen würden, so wenig die Männer für das Ganze sprechen können. Eine ganzheitliche Theologie sieht künftig alle Menschen ihre Erfahrung einbringen in den Prozeß einer Bewegung auf volle Humanisierung hin.

Vor langer Zeit erklang in der jüdisch-christlichen Tradition die Verheißung einer neuen Geschichte, die alle Völker und die ganze Schöpfung umfassen würde: Friede statt des Krieges, Gerechtigkeit und Liebe in den Beziehungen der Menschen untereinander, ein neuer Himmel und eine neue Erde an der Stelle von Ausbeutung und Rivalität. Wenn wir diese Verheißung in unserer Gemeinschaft wirklich ernst nähmen, dann gäbe es keinen Tempel mehr, wie es im Buch der Offenbarung heißt, denn Gott würde mitten unter seinem Volk und nicht von ihm getrennt wohnen. Das Persönliche würde als das Politische erkannt und das Politische als das Persönliche. Dann würden tatsächlich ein neuer Himmel und eine neue Erde erscheinen, denn der alte Himmel und die alte Erde wären schon im Vergehen.

Das Glaubensbekenntnis einer Frau
(1978)

Ich glaube an Gott,
der Frau und Mann nach seinem eigenen Bilde schuf,
der die Welt schuf
und beiden Geschlechtern
Herrschaft über die Erde gab.

Ich glaube an Jesus,
Gottes Kind,
auserwählt von Gott,
geboren von einer Frau Maria.
Der Frauen zuhörte und sie liebte,
der in ihren Häusern war,
der über das Reich Gottes mit ihnen sprach,
der Jüngerinnen hatte,
die ihm nachfolgten und ihn unterstützten.

Ich glaube an Jesus,
der mit einer Frau am Brunnen über Theologie sprach
und ihr zuerst anvertraute,
daß er der Messias ist,
so daß sie hinging
und der Stadt die große Neuigkeit brachte.

Ich glaube an Jesus,
der sich salben ließ
von einer Frau in Simons Haus,
der die männlichen Gäste zurechtwies,
die sich darüber empörten.

Ich glaube an Jesus,
der sagte, daß man
an diese Frau und ihre Tat denken wird...
ein Dienst an Jesus.

Ich glaube an Jesus,
der kühn handelte,
das Blut-Tabu der damaligen Zeit aufhob
und das mutige Weib heilte,
das ihn berührte.

Ich glaube an Jesus,
der eine Frau am Sabbath heilte,
weil sie
ein Mensch war.

Ich glaube an Jesus,
der von Gott sprach
als von einer Frau, die einen verlorenen Groschen sucht,
als von einer Frau, die fegte,
um das Verlorene zu suchen.

Ich glaube an Jesus,
der von sich sprach als einer Glucke,
die ihre Küken
unter ihren Flügeln versammeln will.

Ich glaube an Jesus,
der zuerst Maria Magdalena erschien
und sie mit der explodierenden Botschaft aussandte:
gehe und sage es den anderen ...

Ich glaube an die Ganzheit
des Erlösers,
in dem es weder Juden noch Griechen,
weder Sklaven noch Freie,
weder Mann noch Frau gibt.
Denn wir sind alle eins
in seiner Erlösung.

Ich glaube an den Heiligen Geist,
der sich über den Wassern der Schöpfung
und über der Erde bewegt.

Ich glaube an den Heiligen Geist,
der in uns sich sehnt
und für das, was unaussprechbar ist, bittet.

Ich glaube an den Heiligen Geist,
den weiblichen Geist Gottes,

der wie eine Henne
uns geschaffen hat,
uns das Leben geschenkt hat
und uns mit seinen Flügeln bedeckt.

Praxis und Programme

LOUISE OTTO-PETERS

Die Freiheit ist unteilbar

(1849)

Die Freiheit ist unteilbar! – Dies ist ein so einfacher Lehrsatz, daß er der erste Artikel in jedem Glaubensbekenntnis sein sollte. Gleichwohl müssen wir es täglich erfahren, daß er noch nicht überall Eingang gefunden, vielmehr nur bei gar wenigen Fleisch und Blut geworden ist. Es meinen viele, sich Freiheitskämpfer nennen zu dürfen, welche doch von dem Ideal der Freiheit mit ihren Gedanken ferne sind und nur von einzelnen Freiheiten etwas wissen wollen, für deren Erringung sie sich abmühen. Wieviel z. B. ist in unserm Deutschland besonders nicht für Glaubensfreiheit gekämpft und gelitten worden, wieviel edle Männer und Frauen sind nicht dafür in den Tod gegangen. Sie nannten sich Freiheitskämpfer und wollten doch weiter nichts als die Freiheit, Gott anzubeten und ihm zu dienen je nach ihrem Bedürfnis. Weiter fragten sie nach nichts. So gibt es heute noch viele – ja selbst unter den Lichtfreunden und Deutschkatholiken – welche sich nicht scheuen, selbstgefällig zu erklären, daß ihr Streben nach religiöser Freiheit nichts gemein habe mit dem Streben nach politischer Freiheit, ja daß sie selbst ohne diese, sobald man ihnen nur eben jene garantiere, ganz zufrieden zu leben vermöchten. Höchstens bringt man diese heute mit der Frage in Verlegenheit, ob sie denn allen Ernstes einen so kindlichen Glauben haben, daß es ihnen nie einfällt zu bedenken, ob ein Staat, der nicht auf den Grundpfeilern der Freiheit ruht, in seinen engherzigen, bevormundenden Institutionen auch wirklich die religiöse Freiheit garantieren könne, davon noch gar nicht zu sprechen, ob er es wolle. – Besonders aber meinen diejenigen sich Freiheitskämpfer vor allen anderen nennen zu dürfen, welche nur den politischen Fortschritt im Auge haben und ihm allein dienen. Dazu gehören vor allen die Liberalen vor dem März, die nur nach einzelnen Freiheiten rangen, wie

Preßfreiheit, Versammlungsfreiheit usw., und die man deshalb damals, als wir sogar dieser Güter noch entbehren mußten, für Freiheitshelden hielt. Einige von ihnen, die Beschränkten und Engherzigen, deren Blicke nie über den engen Horizont des Konstitutionalismus hinausgingen, sind auf derselben Stufe stehengeblieben, auf der sie damals standen, und wer vor dem März als Freiheitsmärtyrer dastand, erweist sich jetzt als gutgesinnter Reaktionär. – Andere hingegen von diesen Politikern setzen mit den errungenen einzelnen Freiheiten, wie Preßfreiheit usw., den Kampf um andere einzelne Freiheiten fort, sie kämpfen für die honnette Republik, nehmen sich die Freiheit, den Adel abzuschaffen und sich selbst, die Bourgeoisie, an dessen Stelle zu setzen – aber sie beweisen durch all diese Bestrebungen, daß sie nichts wissen von der einen unteilbaren Freiheit! Und die Sozialisten? und die soziale Freiheit? Die Sozialisten, welche meinen, ihre Utopien mit Hilfe einer Zwingherrschaft gründen zu können, welche über den politischen Fortschritt geringschätzend lächeln und an die Stelle religiöser Freiheit einen erzwungenen Atheismus setzen wollen – die freilich sind eben so fern von der Erkenntnis des Satzes: die Freiheit ist unteilbar! Sie kann nicht in dem einen Zustande sein und in dem andern mangeln – die wahre Freiheit ist eben die Gottheit, die man nicht auf dem oder jenem Berge nur anbeten kann, sondern die man verehren und ihr dienen muß und kann allenthalben, wo ihr auch noch kein Tempel errichtet ist.

Und nun laßt uns einmal fragen, wie viel Männer gibt es denn, welche, wenn sie durchdrungen sind von dem Gedanken, für die Freiheit zu leben und zu sterben, diese eben für alles Volk und alle Menschen erkämpfen wollen? Sie antworten gar leicht zu Tausenden mit Ja! aber sie denken bei all ihren endlichen Bestrebungen nur an eine Hälfte des Menschengeschlechts – nur an die Männer. Wo sie das Volk meinen, da zählen die Frauen nicht mit.

Aber die Freiheit ist unteilbar! Also freie Männer dürfen keine Sklaven neben sich dulden – also auch keine Sklavinnen. Wir müssen den redlichen Willen oder die Geisteskräfte aller Freiheitskämpfer in Frage stellen, welche nur die Rechte der Männer, aber nicht zugleich auch die der Frauen vertreten. Wir können so wenig, wie sie uns selbst zu Bundesgenossinnen haben wollen, sie die Bundesgenossen der Fahnenträger der Freiheit nennen! Sie werden ewig zu dem »Halben« gehören, und wenn sie auch noch so stolz auf ihre entschiedene Gesinnung sein sollten.

Die ersten Diakonissen
(um 1845)

Weißt du etwas von Kaiserswerth? Hast du es jemals nennen hören? Ich hatte es nicht, als ich vor einem Jahr mit einigen deutschen Reisenden auf einer Meeresklippe in Blekingen stand. Wikinggräber umgaben uns, und wir sprachen von den alten Wikingern und von ihrem Leben, das eine ununterbrochene Reihe von Taten war, von ihrer Lehre und ihrem Streben, Himmel und Unsterblichkeit durch rastlosen Kampf zu erobern. Wir sprachen von den Taten unserer Zeit im Gegensatz zu denen der Wikinger, von den Werken und Erfolgen des christlichen Lebens auf Erden. Da wurde mir das Fliednersche Diakonisseninstitut zu Kaiserswerth genannt und als ein Wikingwerk unserer Zeit bezeichnet. Und von dem Augenblick, da die Reise an die Ufer des Rheins beschlossen war, stand mein Entschluß fest, daselbst Kaiserswerth kennenzulernen. Ich schlug nun Fräulein W. vor, mir Gesellschaft zu leisten, und froh und vergnügt begaben wir uns beide auf die Reise. Diese dauerte ein paar Tage, wir mußten den Rhein hinunter, Koblenz, Bonn, Köln, Düsseldorf vorbei. Meine Freundin, Fräulein W., hat in Kaiserswerth eine Freundin, von der sie sich vor einigen Monaten trennte, gerade als diese im Begriff stand, ihre Heimat zu verlassen und versuchsweise sich nach Kaiserswerth zu begeben, um dort Diakonisse, das heißt Dienerin, zu werden. Fräulein W. hatte sie damals schwankend, unruhig gesehen und voller Angst vor Fliedner, dem Vorsteher des Instituts, der ihr als despotischer Charakter geschildert war; sie hatte seitdem nichts von ihr gehört und war nun sehr neugierig darauf zu sehen, wie der Versuch geglückt sei.
Hinter Bonn nehmen die Rheinufer einen anderen Charakter an, sie werden niedrig und flach. Auf einem dieser flachen Rheinufer unweit Düsseldorf erhebt sich das Städtchen Kai-

Die Diakonissenanstalt zu Kaiserswerth.

serswerth. Vor ungefähr dreizehn Jahren stiftete der Pastor der evangelischen Gemeinde, Fliedner, mit seiner Gattin hier eine Anstalt zur Ausbildung guter Krankenwärterinnen unter dem in der ersten christlichen Gemeinde gebräuchlichen Namen von Diakonissen. Junge Frauenzimmer aus allen Ständen mit Lust und Liebe zur Sache wurden dazu berufen.

Rasch kam diese Anstalt zur Blüte und erfreute sich einer allgemeinen Teilnahme, die unaufhörlich im Steigen begriffen scheint. Schon während des ersten Jahres ihres Bestehens bildeten sich an 15 verschiedenen Orten in Deutschland weibliche Hilfsvereine; allmählich entstanden ähnliche auch in der Schweiz, Frankreich, Holland, England; alle innerhalb der evangelischen Kirche. Nicht weit von hier, in Duisburg, ist unter Fliedners Einwirkung auch eine Anstalt für Diakone zur Bildung christlicher Krankenwärter entstanden. Das Diakonissenhaus zu Kaiserswerth erhielt bald Mitglieder aus den höchsten Kreisen der Gesellschaft. Nach ihren verschiedenen Gaben und Anlagen werden sie daselbst nicht bloß für die Hospitäler ausgebildet, sondern auch für die Pflege Gefangener und Kinder. In diesem Augenblick zählt die Anstalt ungefähr 100 Dienerinnen, unter denen 74 eingekleidete Diakonissen sind; die übrigen sind noch in der Prüfungszeit und werden Probedienerinnen genannt. Die Einkleidung geschieht nach einer Prüfung von 6 bis 8 Monaten und gilt für 5 Jahre, nach denen die Diakonisse das Recht hat, nach Gefallen auszutreten oder sich aufs neue zu verbinden. Auch während der fünf Jahre kann sie, wenn wichtige Gründe da sind, von ihrer Verbindlichkeit frei werden. Jährlich steigt die Zahl der Diakonissen, »Schwestern« werden sie in der Anstalt genannt; aber wie sie auch steige, so steigt auch das Bedürfnis noch weit mehr, und ihre Wirksamkeit wird selbst nach fremden Ländern hin in Anspruch genommen. Nach Berlin, Dresden, Frankfurt, Mühlhausen und andern Orten sind sie auf Verlangen gesendet worden, um Krankenhäuser und Kinderschulen zu übernehmen.

Vor kurzem hat der preußische Gesandte in London, Ritter Bunsen, zwei Schwestern von Kaiserswerth beansprucht, um das von ihm selbst errichtete deutsche Hospital zu übernehmen; auch nach Ostindien ist eine Pflegerin von hier abgegangen. Die Anzahl der Kranken, die in der Anstalt Pflege erhalten, steigt ebenfalls jährlich, und man kann nicht alle aufnehmen, die sich anmelden. Im letzten Jahr wurden dort 568 Kranke, alle aus den niederen Klassen, verpflegt.

Gegen dies Amt und dies Leben einer Diakonisse hatte Fräulein T., noch in ihren besten Jahren, voller Anmut und gesucht in der Welt, alle Annehmlichkeiten vertauscht, die Vermögen und Ansehen ihr in der großen Stadt, in der sie lebte, verschaffen konnten. Man führte uns in ein Haus des Städtchens, wo eine Wohnung für uns bereit war. Wir wurden also erwartet, und Fräulein T. war in Kaiserswerth. Wir fanden für uns ein kleines, freundliches Zimmer, wo alles weiß glänzte, die Wände, die aufgeschlagenen Betten mit ihren Vorhängen, alles weiß wie Schnee, sonst kein Zierat. »Das ist Kaiserswerther Stil«, dachte ich und fühlte mich sehr froh. Da hörten wir leichte Schritte auf der Treppe, eine hohe Gestalt in einer langen, schwarzen Tracht, mit anmutigem Antlitz und den frohesten, freundlichsten blauen Augen zeigte sich; meine Freundin sprang in die Höhe; die Eintretende und sie schlossen sich herzlich in die Arme. Es war Fräulein T. Ich erinnere mich kaum, jemals ein angenehmeres, freundlicheres, offeneres Wesen gesehen zu haben. Nach einer kurzen Weile zeigte sie uns den Weg zur Fliednerschen Anstalt.

Fräulein W. hatte nicht viel Gelegenheit gefunden, mit ihrer Freundin allein zu sprechen; aber doch genug, um zu erfahren, wie zufrieden, wie über alle Erwartung glücklich sie sich in ihren neuen Verhältnissen fühlte, wie sie in dem gefürchteten Fliedner den besten Vater und Freund, in seiner Gattin eine Schwester und Mutter gefunden hatte. Den Tag darauf brachten wir damit hin, die ganze Anstalt mit ihren vielen Unterabteilungen in Augenschein zu nehmen. Überall fanden wir Ordnung und Sauberkeit; überall begegneten wir heiteren und freundlichen Gesichtern unter den Schwestern. Den freundlichsten Eindruck machte das Kinderkrankenhaus auf mich; denn es war eine Freude, diese kleinen, an so vielen verschiedenen, schweren Schäden leidenden Kinder zu sehen, wie sie dennoch alle heiter und beschäftigt waren; zu hören, wie sie Lieder singen, wie sie alle trotz verkrüppelter und kranker Gliedmaßen augenscheinlich an Herz und Gemüt gesund und glücklich sind. Die Schwester, die dieselben gerade unter ihrer Pflege hatte, war ein junges Frauenzimmer mit tiefen, wenngleich freundlich blickenden Augen und kränklichem Aussehen. Sie war, bevor sie hierher gekommen, sehr kränklich gewesen; während ihrer hiesigen Wirksamkeit war sie nach ihrer eigenen Aussage bedeutend gesunder geworden.

Das Diakonissenmutterhaus ist die gemeinschaftliche Wohnung der Schwestern; sie wohnen hier zu zweien in kleinen, zellenähnlichen Zimmern, ohne allen Schmuck als die größte Sauberkeit. In diese Mutterheimat können sie zurückkehren von fremden Orten, wenn sie der Ruhe bedürfen oder krank werden; hier erhalten sie Wohnung und Pflege, wenn ihr Alter sie außerstand setzt zu arbeiten und zu dienen. Die Schwestern tragen alle dieselbe Kleidung, bestehend in einem dunkelblauen Baumwollzeug, einem schlichten weißen Kragen und einer einfachen, weißen Mütze. Eine kleine Spitze an der Mütze unterscheidet die noch uneingekleideten Schwestern von den eingekleideten, den eigentlichen Diakonissen. In einem Saal saß eine junge, kürzlich angekommene Schwester und nähte an ihrer Tracht ... Der Arzt der Anstalt ist ein Mann; die Apotheke aber verwaltet eine Diakonisse allein, die die Kunst erlernt hat und darin examiniert ist. Ganz gewiß werden mit der Zeit auch Frauen die medizinische Wissenschaft studieren und praktisch ausüben. Die Natur scheint sie

zu Ärzten bestimmt zu haben, und ihre Anlagen dazu würden, durch Studium ausgebildet, für die Menschheit von unberechenbarem Nutzen sein.
Hier ist die Heimat, der Wirkungskreis, wo der Arme und Geringe in der Welt ein geachtetes, edles und nützliches Mitglied der Gesellschaft werden kann. Aber nicht allein die Arbeitslosen in dieser geringen Klasse, nein, die in einer höheren, unsere armen reichen, unsre armen vornehmen Frauenzimmer, wie Amalie Sieveking sagte, finden hier Gelegenheit zu einer wohltätigen Wirksamkeit für die Gesellschaft, für die Menschheit, zu der sie sonst nicht gelangen könnten. Die Arbeitslose ist überall zum Überfluß, auch auf den Höhen der Gesellschaft. Aber indem sie hier Dienerin wird, erhebt sie sich zu einer Freigeborenen im Reich Gottes und zugleich vor dem Urteil der Welt; denn die Welt belächelt und tadelt wohl, was ihr in dieser Richtung exzentrisch erscheint; heimlich aber verehrt sie es immer.

Meine Ideen zur Reorganisation des Staates nach 1848
(1848)

Ein großer mächtiger Geist zieht durch die Welt, ein Geist des Schreckens, der Leidenschaft und – der Gerechtigkeit; Schrecken und Leidenschaften müssen weichen vor einem reinen, guten Willen, der Geist der Gerechtigkeit muß bleiben, denn er ist der Geist Gottes, der heilige Geist des Evangeliums; – laßt uns tun nach seinem Gebote, denn ein höheres gibt es nicht; laßt uns hell sehen bei seinem Lichte, denn es ist dasselbe Licht, das jenseits des Grabes leuchtet, das Licht, das nimmer vergeht – die Wahrheit und die Liebe!!

Wir, die Reichen, die irdisch Begünstigten, haben seit einer Reihe von Jahren die Lawine beobachtet, welche die ganze bürgerliche Verfassung zu zertrümmern droht; wir haben die Notwendigkeit kommen sehen, daß der Arme, auch der fleißige und genügsame Arme, im Schweiße seines Angesichts, mit Aufopferung aller Lebensfreude nicht mehr das tägliche Brot für sich und die Seinen verdienen kann; wir haben eine Einsicht in die merkantilischen, statistischen, politischen Verhältnisse haben können. – Mancher hat einzeln gern etwas, auch viel, aber lange nicht genug getan, um dem Übel zu steuern, und eben weil es einzeln geschah und ein Jeder begriff, daß er doch nicht helfen könne, ist es dürftig geschehen, und je greller die Schauer und der Jammer des Elends, welches Jeder allein nicht bewältigen konnte, in die Seele schnitt, desto mehr beschränkte man sich, und mit Recht, auf einen kleinen Kreis, auf Hilfe an Einzelnen, desto mehr sorgte, sparte, erwarb, vermehrte man, um für die eigenen Kinder allen irdischen Unglücksfällen vorbeugend zu begegnen, weil man an den verhungerten, mißhandelten, verkümmerten, elenden, an der Seele gekränkten Kindern, an den vernachlässigten Greisen und Kranken, an der nicht zu bewältigenden Flut moralischer und physischer Versunken-

Hunger! Zeichnung von Heinrich Zille.

heit und Verzweiflung ein schreckliches Bild von dem hatte, was möglicher Weise den Liebsten und Nächsten geschehen konnte. Ich brauche nur an das Hungerjahr 1847, an die Webernot in Schlesien, an die Notjahre durch Dürre und Überschwemmungen in der Provinz Preußen, an die Tatsachen z. B. in Bettinens Buch an den König über die Berliner Zustände zu erinnern, ich brauche nur jeden zu bitten, in der Residenz, auf dem Lande, namentlich in den kleinen Provinzstädten, auf der Straße sich umzusehen; wer Arzt, Bürgermeister, Schullehrer, Fabrikherr oder Landwirt ist, der braucht, dem Elende zu Gefallen, noch keinen Schritt außer seiner Berufssphäre zu machen, um zu wissen, zu sehen, zu fühlen,

daß unter Menschen, unter Christen die Zustände nicht so bleiben können. – Es ist grauenhaft, daß eine Mutter vom Staate gezwungen werden kann, ihr Kind verhungern zu sehen – und dem ist so: sie läuft zehnmal zum Bürgermeister, der sie nicht einmal anhört – er ist nicht härter, nicht gewissenloser als ein anderer, aber er hat täglich zwanzig Fälle, wo Hilfe Not tut, und er hat nicht die Mittel, er kann nicht helfen: so die Gemeinde namentlich in Jahren von Mißwachs, und so endlich der Staat – Willen, Einsicht, Mitleid, Wünsche sind da, aber keine Mittel – diese sind es, die geschafft werden müssen, und wehe, wenn der Spruch des Heilandes auch jetzt in Erfüllung gehen müßte: »Wahrlich, ich sage euch, es ist leichter, daß ein Kamel durch ein Nadelöhr gehe, als daß ein Reicher in das Himmelreich komme!«
Ich frage, was der Reiche verliert, wenn er den Überfluß abgibt, um die Armut möglichst aus der Welt zu schaffen? Der Bessere unter den Reichen genießt im Angesicht so vielen Elends seinen Luxus mit schlechtem Gewissen; Seide, Silber, Diener, Paläste sind Dinge der Eitelkeit, der Konvenienz, der Sitte, sind aber weder Glück noch Genuß, wenigstens keine höheren, als ein komfortables bürgerliches Leben auch gewährt; vielen sind sie Gewohnheit, deshalb ihre Entbehrung ein anzuerkennendes Opfer, bei weitem den meisten sind es nur Notwendigkeiten des Standes: man möchte ebenso gern ein wollenes als ein seidenes Kleid tragen, ebenso gern eine behagliche Stube als zehn besitzen, ebenso gern zwei Gerichte als zehn essen, ebenso gern ein tüchtiges Dienstmädchen als zwei anspruchsvolle Kammerjungfern haben, aber man meint, es ginge nicht, man wird als Sonderling zum Gespräch und Spott der Leute, man muß demütigenden Momenten Trotz bieten, sich verteidigen, seine Einfachheit erkämpfen, und das tut man nicht – man braucht es ja nicht. – Der Reiche wird nicht mehr große Feste geben, aber fragt, wieviel wahrhaft Fröhliche auf diesem Feste sind? Wo hundert Hausstände auf ein jährliches Fest in Wohnung, Dienerschaft und Hausgerät versehen sein mußten, wird ein einziges Etablissement, wie jede Stadt es jetzt hat, mit wenig Kosten für den einzelnen dieselben Freuden und größere gewähren, weil sie sich nicht bis zum Überdruß häufen können. – Der Reiche wird nicht mehr reisen können? O ja, dieselbe Reise,

die er noch vor zehn Jahren mit vier Postpferden in acht Tagen für sechs- bis achthundert Taler machte, macht er mit der Eisenbahn für sechzig oder achtzig, und so wird nicht einmal sein Genuß geschmälert werden.
Der Luxus befördert die Industrie – dieser Satz entbehrt alles wahren Gehaltes. Gewinnt die Industrie nicht mehr, wenn eine geschäftige Hausfrau zwei Kattunkleider zerreißt, als wenn eine Dame ein seidenes Kleid auf dem Sofa aufträgt? Gewinnt nicht die Industrie mehr, wenn sechs Porzellan-Milchtöpfe zerbrochen, als wenn alle hundert Jahre eine silberne Milchkanne umgeschmolzen wird? Die Kostbarkeit des Stoffes macht nicht den Verdienst des Arbeiters, sondern die Masse der Arbeit. Wenn statt einer Brüsseler Spitze, die die Augen der Stickerin verdirbt, zehn sächsische geklöppelte Spitzen gebraucht werden, welche von den ärmsten Leuten im Erzgebirge gemacht werden, wo ist da für das Allgemeine der Nachteil? – Der Luxus befördert nicht die Industrie, aber ein reges Leben, eine allgemeine Wohlhabenheit tun es im wahren Sinne des Wortes – der obige Satz war ein Trost, den sich der Reiche machte, eine Rechtfertigung, die man für ihn erfand, aber keine Wahrheit.
Dem Armen muß ein menschliches Leben geschaffen werden, Kinder, an denen sich sein Herz freuen kann, deren Geburt nicht ein Unglück, deren Dasein nicht eine Last, deren Tod nicht eine Erleichterung ist; Frauen, die im Hause walten und wachen können, die seinen Herd erfreulich, seine Feierstunde sanft, seine Mahlzeit reichlich bereiten können; ein ruhiges Krankenbett, wo er nicht mit Angst und Kummer über das versäumte Notwendigste liegt, wo er sich nicht zur Arbeit quält, ehe er halb genesen ist, wo er nicht den Vorwurf der Seinigen über ihre Last und Mühe zu ertragen hat, einen warmen Rock gegen die Kälte, eine gesegnete Einsicht gegen Aberglauben und Irrtum, ein unvergälltes Herz beim Anblick der Wohlhabenden – endlich einen ungebettelten Sarg und ein gepflegtes Grab. – An diesem Gewinne ermeßt seine Entbehrungen, an diesen Entbehrungen seine namenlose Geduld. Wer dürfte sich einen Christen nennen, der zu diesen nächsten, selbstverständlichsten Zielen einer Reorganisation der Gesellschaft nicht gelangen und seine ganze Kraft dafür einsetzen wollte?«

JOSEPHINE BUTLER

Kampf gegen Prostitution
(1869)

Zum ersten Mal traf mich der Ruf, diese Sache zu vertreten, seitens einer Gruppe von Ärzten (alle Achtung vor ihnen!), die schon eine Zeitlang große Anstrengungen gemacht hatten, die Einführung der staatlich geregelten Unzucht in unserem Lande zu verhindern. Ihre Erfahrungen während dieses Kampfes führten sie zur Überzeugung, daß der Sieg nur dann gewonnen werden könne, wenn man andere Kräfte zu Hilfe rufe als nur physiologische und wissenschaftliche Gründe, mochten sie auch noch so einleuchtend sein. Nach ihrer Meinung mußten die Frauen, welchen die bei unseren damaligen Gesetzgebern so beliebte Napoleonische Ordnung den größten Schimpf antat, in ihren eigenen Reihen Vertreterinnen finden, bereit, dagegen Einspruch zu erheben und von Parlament wie Regierung eine greifbare Genugtuung für die Beleidigung zu verlangen, die man ihnen ins Gesicht geschleudert hatte.

Als wir 1869 in Dover landeten, auf der Heimkehr von unsrer herrlichen Sommerreise, da erfuhren wir, eine kleine Gruppe im Parlament habe dies Werk der Finsternis inzwischen nur allzu eifrig und erfolgreich gefördert, die heißen Augusttage oder besser -nächte nützend, da das Haus schlecht besetzt war und die wenigen Anwesenden nur sehr unklare Vorstellungen vom Sinn und von der Bedeutung der vorgeschlagenen Gesetzesänderung besaßen.

Nach dieser Mitteilung ging ich durch eine schwere, dreimonatige Leidenszeit. Von meinem damaligen Seelenzustand kann ich nur ein sehr mangelhaftes Bild geben. Die Mühseligkeiten und Kämpfe der folgenden Jahre sind gering gegenüber der Qual jenes ersten Untertauchens ins volle Wissen um die Scheußlichkeiten, die es in der Welt gibt, und gegenüber der Angst vor dem Befehl, diesem Furchtbaren die Stirne zu bieten. Wie Jona, als er von Gott einen Auftrag erhalten hatte, dessen bloße Vorstellung ihm unerträglich war, »so floh ich vor Gottes Angesicht«. Ich warf mich in eine andere Arbeit – in Dinge, die ich für gut hielt – mit halbbewußter Hoffnung, Gott werde vielleicht *dieses* Werk annehmen und nicht von mir verlangen, weiterzugehen und mich in das blanke Schwert zu stürzen, das drohend ausgestreckt schien. Aber Gottes Hand lag schwer auf mir: Nacht und Tag nahm der Druck zu. Einem alten Heft, in das ich etwa geschrieben habe, entnehme ich folgende Aufzeichnungen:

September 1869. – »Nun ist eure Stunde gekommen und die Macht der Finsternis.« O Christus! wenn Dein Geist damals schwach wurde, wie soll der meinige bestehen können? Manche Woche ist schon vergangen, seit ich erfuhr, daß unsere Volksvertretung jenes fruchtbare Unrecht gutgeheißen hat, und noch zog ich meine Waffenrüstung nicht an, ja, ich fühle mich nicht einmal bereit dazu. Nichts raubt mir so alle Körper- und Seelenkraft wie Zorn, fruchtloser Zorn. Und diese Sache erfüllt mich mit solch schrecklichem Zorn, ja Haß, daß ich Angst habe, ihr entgegenzutreten. Der Gedanke daran tötet meine Menschenliebe und hindert mich am Beten. Aber es gibt einen Zorn ohne Sünde. Ich bitte Dich, mein Gott, schenke mir einen tiefen, wohl gezügelten und lebenslänglichen Haß gegen alle Ungerechtigkeit, Unterdrückung und Grausamkeit, und schenke mir gleichzeitig jenes göttliche Mitleid, das willig ist, aus Liebe zu Menschenseelen zu leben und zu leiden ohne Ermatten, oder sich in die Bresche zu stürzen und zu sterben. Vielleicht liegt hier nun das eigentliche Lebenswerk für mich, die Sendung, nach der ich mich schon seit Jahren sehne und die ich aus weiter Ferne langsam herankommen sah wie einen strahlenden Stern. Aber von nahem sieht sie so furchtbar aus, so mühselig, so abstoßend, daß der Anblick mich erzittern macht! Und ob wirklich Gott mich damit betraut oder nicht, das ist so schwer zu erkennen. Wenn alle Zweifel wichen und ich die innere Gewißheit hätte, Gottes Wille treibe mich hinein in Auflehnung und Empörung (denn ohne das ginge es nicht ab) gegen Männer, gegen unsere Herrschenden, dann wollte ich die Aufgabe mit Eifer auf mich nehmen, so abstoßend sie auch anderen erscheinen mag.

Immer neue Mahnungen trafen mein Gewissen. Ich las, was mir zugeschickt wurde, und suchte in meinem Gedächtnis alles das neu zu beleben, was ich früher von dieser unheilvollen Einrichtung und ihrem verderblichen Einfluß in Städten des Festlandes gehört hatte – von dem Wahnsinn und der Verzweiflung, in welche sie die Geächteten der Gesellschaft, die doch auch Gottes Erlöste sind, hineintreibt, und von der Verblendung, der Herzenshärtigkeit, die sie bei Allen hervorbringt, welche mit ihrer praktischen Durchführung zu tun haben oder ihr sonst anders als in unnachgiebiger Feindschaft begegnen. Und der Ruf wurde immer deutlicher.

Bisher hatte ich schweigend gelitten, denn der Gedanke, meinen treuen Weggenossen an meiner Not teilnehmen zu lassen, war mir unerträglich gewesen. Doch nun begann ich einzusehen, daß wir auch in dieser Sache, wie in jeder anderen, verbunden sein mußten. Ich hatte versucht, mit dem Leiden allein fertig zu werden, aber *handeln* konnte ich nicht allein, sollte Gott mich wirklich zur Tat aufrufen. Es kam mir grausam vor, meinem Mann von dem an mich ergangenen Auftrag zu sagen, davon, daß ich gehorchen müsse und in die Bresche stehen. Mein Herz bebte im Vorgefühl der Leiden, die ihn erwarteten. Eines Abends, als alle anderen schon schlafen gegangen waren und er allein in seinem Zimmer saß, ging ich zu ihm hinein. Noch erinnere ich mich der qualvollen Gedanken, die mich auf dem kurzen Weg von meiner Stube zu seinem Arbeitszimmer bedrängten. Ich zögerte und lehnte meine Wange gegen die geschlossene Türe. So betete ich. Dann ging ich hinein, gab meinem Mann, was ich für ihn geschrieben hatte, und verließ ihn wieder. Bis zum nächsten Tag sah ich ihn nicht. Er war bleich und bekümmert. Mehrere Tage schwieg er. Aber allmählich fingen wir an, freimütig von der Sache zu reden und kamen überein (wie und wann, weiß ich nicht mehr genau), wir müßten irgendetwas unternehmen und einen Aufruf an das Volk richten. (Man hatte sich bereits an Mitglieder beider Häuser des Parlaments gewandt, an Bischöfe und höhere Beamte, aber bisher ohne Erfolg). Ich erzählte meinem Mann dann alles, was mir durch Kopf und Herz gegangen war, und sagte: »Mir ist, als müßte ich durch die Straßen laufen und laut rufen, sonst bricht mein Herz.« Und dieser gute, edle Mann, der doch voraussah, was das für mich und für ihn bedeutete, er sagte kein Wort, um auf Schwierigkeit oder Gefahr oder Ungehörigkeit der Handlungen hinzuweisen, zu denen ich vielleicht getrieben werden könnte. Er hielt nicht inne zu fragen: »Was wird die Welt dazu sagen?« oder: »Paßt diese Aufgabe für eine Frau?« Sondern er hatte die Sache erwogen und sah, geradeaus blickend wie es seine Gewohnheit war, nur ein großes Unrecht und den tiefen Wunsch, dies Unrecht gut zu machen – sah eine Pflicht, die im Gehorsam gegen jenen Drang und im Hinblick auf die Opfer des Unrechts erfüllt werden mußte. Und über allem sah er Gott, »dessen Augen zu rein sind, Ungerechtigkeit anzuschauen« und dessen Befehl um jeden Preis zu gehorchen des Menschen höchste Ehre ist. Seine ganze Haltung meinen oben angeführten Worten gegenüber kann in den Ausspruch zusammengefaßt werden: »Geh! und Gott sei mit dir.«

Ich bin wirklich hinausgegangen, laut zu rufen, wenn auch nicht gerade auf die Straße. Sondern ich nahm den Zug bis zum nächsten größeren Ort – Crewe – wo sich eine riesige Lokomotivfabrik befindet mit einer Menge Arbeiter. Kaum wußte ich, was ich sagen sollte, noch ahnte ich, was meiner wartete. Ein Freund, der in Beziehung stand mit den Arbeitern, führte mich nach Schluß der Arbeitszeit ins Volkshaus. Als ich dort meine Botschaft ausgerichtet hatte, hieß mich eine kleine Gruppe von Führern im Namen aller Arbeiter herzlich willkommen. Sie überraschten mich mit den Worten: »Wir verstehen Sie vollkommen. Wir, die wir zu dieser Gruppe gehören, haben in Paris eine Lehrzeit durchgemacht und dabei die Wahrheit Ihrer Worte selber kennen gelernt. So sagten wir schon zueinander, England würde seinem sittlichen Leben die Totenglocke läuten, wenn es in dieser Sache Frankreichs Beispiel nachahmen sollte.«

Von Crewe ging ich nach Leeds, York, Sunderland und Newcastleon-Tyne. Dann kehrte ich heim. Die Antwort auf unseren Ruf seitens der Arbeiterklassen und des kleineren Mittelstandes in den nördlichen und mittleren Grafschaften und in Schottland übertraf unsere höchsten Erwartungen. In weniger als drei Wochen nach diesem ersten kleinen Aufrüttelungsversuch hatten die Arbeiter von Yorkshire, anerkannte Führer in politischen und sozialen Bewegungen, schon

Massenversammlungen angeordnet und sich auf einen gemeinsamen Plan geeinigt, um die Zustimmung der Arbeiterklassen des Nordens zu der von uns vertretenen Sache zu bekunden.
(...)

Caritas und Sozialarbeit
(1905)

Seit langem schon kennen wir den Weg zu Mühseligen und Beladenen. Die christliche Nächstenliebe hat ihn gefunden und ist ihn gewandelt, solange es Christen gibt. Mit den ersten Christen ist Frau Charitas aufgestanden, und mit den letzten Christen wird sie sich zur Ruhe legen. Viele Wege sind es, die die Liebe gefunden und ausgebaut hat: zu den Kranken, den Blinden, den Hungernden, den Gefangenen, aber auch zu den Irrenden und den Büßenden, den Versprengten, den Bedrohten. Und wo immer eine neue Not aus der Zeit herausgeboren wird, da findet die unerschöpfliche Charitas neuen Mut und neue Mittel und Wege.

Aber wo könnte denn eine neue Not in unserer alten Welt, unserem alten, geordneten Staatswesen entstehen? Nun, wo immer eine neue Klasse entsteht, da entsteht auch mit ihr ihre besondere Not. Und eine neue Klasse ist entstanden: die industrielle Arbeiterklasse und in ihr die Fabrikarbeiterinnen.

Aber was geht uns das an? Sollen wir unserer Schwestern Hüterinnen sein?

Gewiß! Ohne alle Frage. So will es die christliche Charitas. Dieselbe Charitas, die den Weg zu den Kranken, den Blinden, den Aussätzigen, den Waisen gefunden hat, dieselbe Charitas spricht auch hier: »Eine trage der anderen Last,« und sie bahnt sich den Weg, den neuen Weg zu der neuen Not, der Not einer ganzen Klasse der menschlichen Gesellschaft (soçietas). Weil die Not, die neue, um die es sich handelt, einer ganzen Klasse eigen ist, nennen wir sie kurz eine gesellschaftliche oder *soziale* Not, und den neuen Weg, den die christliche Liebe dahin baut, nennen wir den Weg der *sozialen Arbeit*. Die soziale Arbeit ist also nichts als ein neuer Weg, den die Liebe zu gehen treibt, dieselbe Liebe, die den Weg zu den Kranken fand. Die *Gesinnung* ist bei charitativer wie bei sozialer Arbeit die gleiche.

Wollen wir in etwa zwischen charitativer und sozialer Arbeit unterscheiden, so ergibt sich zunächst, daß die charitative Arbeit sich des einzelnen Falles annimmt, und ihre Weisheit besteht somit darin, in jedem einzelnen Falle zu individualisieren wie ein geschickter Arzt. Die soziale Arbeit – wie ihr Name andeutet – richtet sich dagegen auf eine ganze *Klasse* – wir denken an die Fabrikarbeiterinnenklasse. Mithin ist die soziale von der charitativen Arbeit, so wird man folgern, nur durch die Ausdehnung des Arbeitsfeldes unterschieden: während die Charitas Individuen oder Familien zu retten oder zu heben sucht, sucht die soziale Arbeit gleich eine ganze Klasse zu heben. Aber der Unterschied ist ein tieferer. Die Charitas tritt helfend ein, wenn die Krankheit ausgebrochen, wenn das Elend da ist, sie behandelt die Symptome, in denen das Übel zutage tritt, verbindet die Wunden, hilft die Folgen tragen. Die soziale Arbeit will vorbeugend (prophylaktisch) verfahren. Sie will verhüten, daß Not und Elend um sich greift, und sie will die Umstände beseitigen helfen, durch die die spezifische Not einer Klasse, hier der Arbeiterinnenklasse, erzeugt oder wenigsten begünstigt wird. An einem Beispiel wird der Unterschied klar: Charitas unterstützt die Familie eines kranken Fabrikarbeiters, den die Krankenkasse in eine Heilanstalt geschickt hat; die Mutter bekommt von Vereinen Miete, Milch, Eßwaren, vielleicht auch Kleidung für die Kinder. Ist es die Frau, die erkrankt und fortgeschickt worden ist, so werden etwa die Kinder untergebracht oder beaufsichtigt. Soziale Arbeit aber bemüht sich, *für alle* Arbeier und Arbeiterinnen *gesundere Arbeitsverhältnisse* zu schaffen und dadurch *die Gefahr der Erkrankung überhaupt zu verringern.* Soziale Arbeit fragt danach, wie lange die Arbeiterinnen beschäftigt sind, wie die Arbeitsräume beschaffen sind, ob die Arbeiten direkte Gefahren für Leben und Gesundheit mit sich bringen, und ob diese Gefahren durch Schutzvorrichtungen möglichst verringert sind. Soziale Arbeit fragt aber auch danach, ob die Arbeiterinnen sittlichen Gefahren ausgesetzt sind, und wie diesen zu begegnen wäre. Soziale Arbeit kümmert sich auch um die Erholungsstunden der Fabrikarbeiterinnen und um ihre Nahrung für Gemüt und Geist. Kurz, jedes Bemühen, die Lebensverhältnisse der Fabrikarbeiterinnenklasse zu bessern, ist soziale Arbeit.

Aber wie will der sozial Arbeitende ermöglichen, daß die Hilfe der ganzen Klasse zugute kommt? Auf zwei Weisen. Der soziale Arbeiter erstrebt Hilfe auf *gesetzlichem* Wege und durch *Selbsthilfe der Arbeiterklasse.* Eine reichsgesetzliche Vorschrift trifft alle Arbeiterinnen von Königsberg bis Düsseldorf. Veranlaßte z. B. eine Petition den Reichstag, den Maximalarbeitstag für Arbeiterinnen von 11 auf 10 Stunden festzulegen, so würden mit einem Schlage alle die Hunderte von Frauen um eine Stunde entlastet, die noch 11 Stunden ihrer mechanischen Arbeit obliegen müssen.

Der andere Weg ist die Erziehung zur *Selbsthilfe.* Eine einzelne Arbeiterin freilich wird ihrer eigenen Klasse keine Erleichterung erringen oder im Notfalle erzwingen können. Sie ist einzeln ein verwehtes Blatt. Aber *vereint* wären sie stark genug, ihre Lage zu bessern. Wer daher die Arbeiterinnen zum Zusammenschluß ruft, der tut soziale Arbeit!

Um aber solcher Arbeit sich zu widmen, genügt es nicht, daß das Herz der Nächstenliebe voll sei. In der charitativen Arbeit gehen wir getretene Pfade, in der sozialen sind wir Pfadfinder. Da genügt das gute Herz, der gute Wille nicht. Wir müssen uns unter allen Umständen Kenntnis der Lage der Arbeiterinnenklasse aneignen. Das ist die erste, die unerläßliche Forderung.

(...)

CLARA RAGAZ

Die Frau und der Friede
(1915)

(...)
Warum haben wir Frauen versagt? Weil wir zu wenig wir selbst waren; weil wir zu abhängig vom Manne sind. Weil wir immer noch der Meinung sind, die Welt, wie sie die Männer für uns und für sich eingerichtet haben, sei die einzige zu Recht bestehende; ihre Vorschriften, ihre Satzungen, ihre Anschauungen, ihre Ideale müßten ungeprüft auch unsere Vorschriften, Satzungen, Anschauungen, Ideale sein. Das männliche Ideal sei Mut, Tapferkeit, Trotz, so wurden wir von Jugend auf gelehrt, und das weibliche Ideal Sanftmut, Hingebung, Milde. Gut, es sei so! Ich will das heute nicht weiter untersuchen. Aber warum soll denn die Welt, die aus Männern und Frauen zusammengesetzt ist, nur das Gepräge der männlichen Tugenden haben und sollen bloß Mut, Tapferkeit, Trotz gelten? Könnten nicht in dieser Welt auch einmal die Gesetze der Sanftmut, Hingebung und Milde herrschen? Nein, nicht wahr, das ist eine Utopie, und es ist echt »frauenhaft«, einen solchen Gedanken auch nur einen Augenblick in sich auftauchen zu lassen? Da haben wir uns die Rollen ja viel besser verteilt; dem Mann mit seinen männlichen Tugenden der Selbstbehauptung, des Machtdranges, der Eroberungslust sind die Angelegenheiten des öffentlichen Wohles anvertraut und der weniger geistesstarken, etwas zu Sentimentalität geneigten Frau bleibt es dann überlassen, allfällige Härten der Gewaltherrschaft auszugleichen, allfällige Wunden des Lebenskampfes zu verbinden. So ist es in gewöhnlichen Zeiten und so ist es in erhöhtem Maße in Kriegszeiten.
(...)
Wir haben uns mit Verhältnissen abgefunden, mit denen wir uns niemals hätten abfinden dürfen. Ich denke an das unge-

heure soziale Unrecht der Mißachtung der Frau, das sich in hundertfacher Gestalt und Form äußerte, in der gewissenlosen Ausbeutung ihrer Arbeitskraft, in der Minderbewertung ihrer Arbeitsleistung, in der Vorenthaltung öffentlicher Rechte, und an den krassesten Ausdruck derselben, die Prostitution. Gewiß haben einige von uns gegen die eine oder die andere Form dieser Mißachtung den Kampf aufgenommen; aber wie oft, wie oft sind wir da auf die vollkommene Gleichgültigkeit gerade unserer Geschlechtsgenossinnen gestoßen, ja wie oft haben wir noch bei den fortgeschritteneren Frauen, die vielleicht für die eine Forderung zu haben waren, eine vollständige Verständnislosigkeit für die andern Forderungen und ihre innern Zusammenhänge gefunden. Wie oft hat gerade in solchen Kämpfen die Frau versagt, weil sie ihren Stolz darein setzte, »objektiv« und »unbefangen« und »realpolitisch« und »vorurteilslos« wie die Männer zu denken, statt daß sie ihren Stolz dareingesetzt hätte, wie eine Frau zu denken, zu empfinden und zu handeln.

Das Gleiche ist nun beim Ausbruch und seit Ausbruch des Krieges geschehen. Die Frau von sich aus wäre nicht darauf gekommen, daß der Mord zweier Menschen, und wenn es auch gekrönte oder beinahe gekrönte Häupter wären, mit dem Blute ganzer Nationen gesühnt werden müsse; sie hätte nicht gemeint, daß der Widerstreit handelspolitischer Interessen nur durch Waffengewalt beigelegt werden könne, und daß die Ehren der verschiedenen Nationen stets durch periodische Blutbäder blank erhalten werden müssen. Die Frau von sich aus hätte nie jubeln können über eine eingenommene Festung, über ein versenktes Kriegsschiff, über eine gewonnene Schlacht; sie hätte als Frau doch immer die einzelnen Menschen gesehen, die da auf beiden Seiten geopfert werden müssen; sie hätte an die Mütter gedacht, die ihre Söhne in dieser Hölle draußen haben, und an die Frauen, die täglich und stündlich um das Leben ihrer Männer bangen müssen, und ihr wäre die Festung wertlos erschienen im Vergleich zu den geopferten Menschen, und sie hätte den Sieg verwünscht im Gedanken an das blühende Leben, an die junge Kraft, an die ganze Zukunftssaat, die da auf dem Schlachtfelde vernichtet wurde. Aber sie hat nicht ihre eigenen Gedanken gedacht. Sie hat die herkömmliche Denkweise, die die Denkweise der Männer ist, übernommen; sie hat sich von der breiten Strö-

mung mitreißen lassen und hat mitgejubelt und mitgefeiert und – das ist ganz sicher – ihr reichlich Teil mitgelitten.
Ist das verwunderlich? Nein. Die Frau, die eben von Jugend auf in Abhängigkeit vom Manne gehalten wurde und sich ihren Platz neben ihm im besten Falle erst erkämpft hat, schaut unwillkürlich zu diesem Mann, der so vieles besitzt, was ihr noch versagt ist, als zu einem Wesen höherer Ordnung auf und setzt darum ihren Ehrgeiz darein, sich ihm möglichst ebenbürtig zu zeigen und ist versucht, ihre Gleichwertigkeit durch den Beweis ihrer Gleichartigkeit dartun zu wollen. (...)
Aber damit ist der Menschheit nicht gedient, daß das eine Geschlecht zugunsten des anderen und die eine Partei zugunsten anderer auf ihre besondere Aufgabe, auf ihre besondere Art verzichte. Die Menschheit ist aus Männern und Frauen zusammengesetzt, die Menschheit ist, wenigstens heute und wohl auf lange noch, aus ökonomisch Starken und ökonomisch Schwachen zusammengesetzt; da geht es nicht an, daß die besondern Gaben und Vorzüge der einen Hälfte der Menschheit im gesamten Aufbau des öffentlichen Zusammenlebens einfach außer Kraft gesetzt werden, und es geht nicht an, daß ganze breite Volksschichten, die aus ihren besondern Nöten und Umständen heraus wieder zu ihrer besondern Erkenntnis und Auffassung gelangt sind, diese Erkenntnis und diese Auffassung in der entscheidenden Stunde einfach beiseite legen. Wenn irgendwo, gilt hier die Losung: Ein jegliches diene mit seiner Gabe. Wenn wir Frauen nur Gleichartiges wie die Männer zu bieten hätten, dann wäre unsere Beteiligung am öffentlichen Leben lange nicht so wichtig.
(...)
Wo sind die Völker heute!
Und wo könnten sie sein, wenn sie der Frau einen Platz eingeräumt hätten im Staatsleben? Wenn sie ihr erlaubt hätten, ihre Art, ihre Denkweise, ihr Empfinden auch in den Angelegenheiten des öffentlichen Wohls zur Geltung zu bringen, statt daß man sie damit auf die Kinderstube verwiesen hat? Ich unterschätze den Einfluß der Frau in der Kinderstube gewiß nicht, und mein Wunsch und meine Hoffnung für die Frau ist, daß eine Zeit komme, wo sie für die Verwaltung dieses ihres eigensten und schönsten Reiches

wieder mehr Muße, Kraft und Freiheit habe; aber ich meine, einen wirklichen Wert würde dieser Kinderstubeneinfluß erst erhalten, wenn die Kinderstubenmoral auch die Lebensmoral würde. Entweder – oder! Entweder gilt das, was wir die Kinder lehren sollen, Güte, Freundlichkeit, Liebe, Vertrauen, Großmut, Treue, Wahrhaftigkeit, auch im späteren Leben und Zusammenleben, oder sonst hat es auch für die Kinderstube nicht viel Wert; denn der Kinderstube sind die Kinder bald entwachsen, und was sollen sie dann mit diesen Kinderstubenidealen anfangen, die ihnen im Lebenskampf ja nur hinderlich sind?
(...)
Wir haben sie nähren, kleiden, erziehen dürfen, wir haben ihnen das Heim freundlich gestalten und vielleicht auch allerlei Freuden bereiten dürfen, wenn unsere äußeren Lebensumstände günstig waren – aber damit war's fertig. Auf Schule, Beruf, Gesetzgebung, Politik hatten wir keinen Einfluß mehr. Dort herrschte der Mann und herrschten seine Ideale.
Zu was uns diese ausschließliche Herrschaft des Mannes geführt hat, haben wir gesehen.
(...)
Wir haben beide, Mann und Frau, zu falschen Göttern gebetet, er, indem er Kraft, Trotz, Gewalt zu den obersten Herrschern machte, wir, indem wir uns ihnen beugten; wir haben beide wider das Ideal des freien Menschen gesündigt; er, indem er uns unterdrückte, wir, indem wir uns unterdrücken ließen.
(...)
Könnte es nicht so sein, daß die Ideale, die der Mann bis jetzt, als ihn im Lebenskampfe hindernd, der Frau zugeschoben hat, und deren nicht immer getreue Hüterin sie war, im Grunde genommen doch die Menschheitsideale wären, nach denen sie beide gemeinsam ringen müßten und durch die erst sie miteinander zu ihrer tiefsten Bestimmung gelangten?
(...)
Darum glaube ich, daß nicht nur die Geister der Hölle losgelassen, sondern daß auch alle guten Geister geweckt sind, und daß es sich eigentlich nur um ein kräftiges Zusammenfassen dieser guten Geister handelte.
Die Geister der Hölle: Haß, Neid, Eifersucht, Machtdrang,

Mißtrauen sind es ja eigentlich auch, die Bankrott gemacht haben. Das liegt klar genug zutage. Gerade in diesem furchtbaren Ringen offenbart es sich, wie eng wir Menschen, wir Völker, wir Männer und Frauen miteinander verknüpft sind: Keins kann sein Schicksal von dem andern loslösen; keins kann dem andern ein Leid zufügen, ohne daß es sich damit selbst träfe; keins kann dem andern Unrecht tun, ohne daß es sich damit selbst ins Gesicht schlüge. Darum wird eine Welt, die auf Kampf, Haß und Mißtrauen aufgebaut ist, immer wieder in solche Katastrophen hineingeraten. Und eine neue Welt können wir nur erwarten, wenn wir den Mut haben, sie auf den Grundlagen der Liebe, des Vertrauens und der Gerechtigkeit aufzubauen.

(...)

Es ist, das gestehe ich, eine Sache des Glaubens; aber wollen wir immer nur an das Böse glauben und nicht einmal auch den Mut fassen, an die Macht des Guten zu glauben? Und wären da nicht gerade wir Frauen berufene Trägerinnen eines solch neuen Glaubens? Wir, die wir in der Kinderseele einen solchen Reichtum der Liebe, der Reinheit, des Vertrauens und der natürlichen Güte erkennen dürfen, sollten wir nicht glauben können an die Fähigkeit zur Liebe, zur Reinheit, zum Vertrauen und zur Güte im Menschen überhaupt?

Aber freilich, nur mit dem Glauben allein ist es nicht getan.

So wenig wir das Kind, weil wir in ihm diese reichen Ansätze zum Guten sehen, nun getrost sich selbst überlassen dürften, so wenig genügt es, nun bloß an das Gute im Menschen zu glauben und die Welt im übrigen ihren Lauf gehen zu lassen.

Nein, es heißt aus unserm Glauben heraus handeln, und dieses Handeln bedeutet heute wohl nichts anderes als Kämpfen.

Also doch wieder Kämpfen? Ja, kämpfen und zwar einen bittern, schweren, harten Kampf kämpfen. Keinen Kampf *mit* Kanone und Maschinengewehr, Kriegsschiff und Militärluftschiff, aber einen Kampf *gegen* Kanone und Maschinengewehr, Kriegsschiff und Militärluftschiff. Und ich glaube, daß der noch der schwerere sein wird; denn das sind die Götter geworden, denen die Völker ihre Geschicke anvertraut haben, und sie angreifen, heißt heilige Güter angreifen.

Aber noch gegen andere Götter müssen wir kämpfen: gegen

den Staat, der um seiner selbst willen da ist, für einen Staat, der um der Menschen willen da ist; gegen einen Staat, in dem eine Handvoll Männer in einem Augenblick diplomatischer Schwierigkeiten über Millionen von Menschen Not und Tod bringen können, für einen Staat, der seine Entscheidungen im Blick auf das Wohl und Wehe dieser Millionen trifft; gegen einen Staat, der seine Beziehungen zu den auswärtigen Mächten in Dunkel und Geheimnis hüllt, für einen Staat, der seinen Angehörigen Einblick gewährt in seine Geschäfte, deren Risiko sie voll mitzutragen haben; gegen einen Staat, der Ehre und Recht dem bloßen Waffenglück anvertraut, für einen Staat, der Ehre und Recht der Weisheit seiner geistigen Führer anvertrauen kann.

Und auch hier hört unser Kampf nicht auf. Wir müssen um eine Wirtschaftsordnung kämpfen, die Brot und Land, Macht und Recht wieder gleichmäßiger verteilt, und nicht durch Anhäufung ungeheurer Schätze in den Händen einiger Weniger diese Wenigen zu den Beherrschern der Märkte und damit zu den eigentlichen Herrschern der Welt macht.

(...)

Wie aber ist dieser Kampf zu führen? Was nutzt es, bloß einen Kampf wieder durch einen andern zu ersetzen? Ich meine, das Neue an diesem Kampfe wäre, daß er in einem neuen Geist geführt würde, ein gemeinsamer Kampf um eine gemeinsame Sache wäre, nicht ein Kampf ums eigene Recht und ums eigene Glück, sondern ein Kampf um Menschheitsrechte, um Menschheitsgüter, ein Kampf, in dem wir bereit sein müßten, uns zu opfern, statt daß wir versuchten, andere zu opfern.

Und schwere Opfer würde es fordern; denn wir haben einen furchtbaren Gegner. Nicht nur, daß er stark und mächtig und wohlorganisiert ist; er ist auch das Bestehende, und das Bestehende hat immer eine große Gewalt über die Menschen, weil es das Vertraute, Gewohnte, von Jugend auf Bekannte ist.

Wir aber müßten ringen um etwas Kommendes, um etwas, das noch nicht greifbar und faßbar ist, das wir den Menschen noch nicht als ein schönes, fertiges System, wie den Bauplan eines neuen Hauses, vorlegen können. Wir könnten noch nicht wohlvorgezeichnete Wege weisen, sondern müßten unsere Wege suchen, und könnten nur eins mit Sicherheit von ihnen sagen, daß es dornenvolle und steinige Wege sein werden; wir könnten nicht einmal versprechen, daß wir nicht auch Umwege und Irrwege machten; nur dessen könnten wir sicher sein, daß wir uns immer wieder zurechtfinden würden, wenn wir uns von dem einen Gedanken leiten ließen, dem Gedanken an die brüderliche Verbundenheit *aller* Menschen.

Wie sind aber wir Frauen zu einem solchen Eroberungszug in Neuland ausgerüstet? Ist nicht der Mann mit seiner natürlichen Kampfbereitschaft und Eroberungslust auch da der gegebene Vorkämpfer? Können wir Frauen da mitmachen? Das Bestehende hat doch namentlich über uns Frauen eine große Gewalt; es geht lange, bis wir uns in Widerspruch mit ihm setzen.

Gewiß, aber wenn wir dann das Neue erfaßt haben, glaube ich, halten wir auch mit einer ganz besondern Zähigkeit daran fest. Darum baue ich doch auch gerade auf uns Frauen in diesem Kampf um den Weltfrieden. Nicht auf uns allein, aber auch auf uns.

ROSEMARY RADFORD RUETHER

Die neue Frau und die neue Erde*

(1975)

In der westlichen Kultur wurden seit alters her die Frauen und die »Natur« gleichgesetzt, und die Natur wiederum wurde angesehen als ein Feld, das der Beherrschung durch den Menschen (Männer) unterlag. Es versteht sich also eigentlich von selbst, daß eine Mentalität, die die naturgegebene Welt als einen zu beherrschenden Gegenstand betrachtete, sich auf Vorstellungen und Haltungen herleitete, die von der Vorherrschaft der Männer über die Frauen ausgingen. In seiner Studie »Die Beherrschung der Natur« sieht William Leiss den Philosophen Francis Bacon als den Repräsentanten für den Übergang von einer auf frühen mystischen und religiösen Vorstellungen gegründeten Beherrschung der Natur zu der naturwissenschaftlich-theologischen Ausformung dieser Herrschaft. Leiss sieht die Wurzeln der Herrschaft über die Natur in den gesellschaftlichen Herrschaftsverhältnissen. Speziell bei Bacon sieht er, daß der »Herr der Natur« als patriarchalischer Despot vorgestellt wird, dessen Unterwerfung der Natur in der Sprache der Herrschaft über Frauen und Sklaven ausgedrückt wird:
»Wahrlich, ich bin gekommen und bringe dir die Natur mit all ihren Kindern, um sie dir dienstbar und zu deiner Sklavin zu machen.« Die männliche Geburt der Zeit.
Dies ist die Sprache des Despotismus und der sexuellen Aggression. Die Natur ist dargestellt als eine fruchtbare Sklavin, die man auf die Rolle der totalen Unterwerfung beschränkt, damit ihre »Kinder« von den Herrschenden genutzt werden können. Leiss sieht die ökologische Krise und den Zusammenbruch des Vertrauens in die wissenschaft-

* Vortrag, gehalten in Wien 1975 auf der 2. Internationalen Konferenz »Secretariat of Unbelievers«.

liche Technologie im zwanzigsten Jahrhundert als die Folgen dieser Beziehung zwischen dem »Gebrauch« der Natur und den gesellschaftlichen Herrschaftsverhältnissen an (allerdings bezieht er sich dabei nur auf Klassenherrschaft und läßt den Sexismus außer acht). Die Produktivität, die daraus entstand, daß technologische Wissenschaft auf die Natur angewendet wurde, wurde dazu benutzt, die Strukturen gesellschaftlicher Vorherrschaft zu vergrößern, statt damit die Grundlage für eine Gesellschaft zu legen, die, nun der unmittelbaren Existenzsorgen enthoben, eine Gesellschaft Gleicher hätte sein können.

Um diese Fehlentwicklung zu korrigieren: reicht dazu der Sozialismus aus – hier verstanden im Sinne von »Ausbeutung« der Produktionsergebnisse zum Nutzen »aller Menschen«? Oder legt sich nicht – wenn man die verdeckte Klassenherrschaft, die sich in der Herrschaft über die Natur verbirgt, aufgedeckt hat – auch die Notwendigkeit für ein neues Modell der ökologischen Beziehung nahe? Und schließlich: liefert nicht vielleicht die vom Sexismus bestimmte Beziehung zwischen Mann und Frau – die Leiss, ausgenommen das oben angeführte Zitat, nicht beachtet, – das verborgene Bindeglied zwischen beiden?

(...)

Frauenbefreiung, Ökologie und Soziale Revolution

Frauen müssen erkennen, daß es für sie keine Befreiung gibt und keine Lösung für die ökologische Krise innerhalb einer Gesellschaft, in der sich alle Beziehungen weiterhin nach dem Grundmuster von Herrschaft gestalten. Sie müssen die Forderungen der Frauenbewegung mit denen der ökologischen Bewegung vereinen, um eine radikale Neuordnung der grundlegenden sozio-ökonomischen Beziehungen und der ihnen zugrunde liegenden Werte dieser Gesellschaft zu entwerfen. Von Anfang an beruhte das Konzept der Herrschaft über die Natur auf den sozialen Herrschaftsverhältnissen von Herren und Dienern, und das begann bei den Beziehungen zwischen Männern und Frauen. Eine ökologische Revolution muß alle gesellschaftlichen Strukturen von Herrschaft beseitigen. Das bedeutet: die Weltsicht, aus der sich Denken in

Herrschaftsbeziehungen herleitet, zu verändern und durch ein anderes Wertsystem zu ersetzen. Infrage gestellt werden muß das Selbstverständnis einer Gesellschaft, für die Eroberung, Besitz und unbegrenztes Wachstum die entscheidenden Werte sind, und die die gegenseitige Angelegenheit und die Endlichkeit verleugnet. Eine solche neue Welt und die sozialen Strukturen, die ihr neues Bewußtsein ausdrücken würden, kann man erst in vagen Umrissen zeichnen. Zum jetzigen Zeitpunkt ist es schwer sich vorzustellen, wie man in der Praxis die Kräfte sammeln könnte, die tatsächlich die Machtverhältnisse ändern und aus den Angeln heben könnten, – Machtverhältnisse, die durch globalen internationalen Kapitalismus geschaffen wurden und jetzt knapp an eine Katastrophe geführt haben, so groß, daß sie das menschliche und planetarische Überleben selbst gefährden. Trotzdem muß man anfangen zu träumen.

Es ist klar, daß eine solche Gesellschaft nicht länger in nationalen Kategorien denken kann. Es muß ein neues globales System sein, da die jetzigen Strukturen der Herrschaft global sind. Die ganze menschliche Gemeinschaft muß die wechselseitige Abhängigkeit voneinander und von dieser Erde erkennen. Keine Gruppe darf zugunsten anderer vernachlässigt werden. Die Vorstellung von einer solchen neuen Gesellschaft hat nichts zu tun mit anti-technologischem Primitivismus. Die menschliche Fähigkeit der technologischen Rationalität ist selbst das höchste Geschenk der Natur, sie muß von den Herrschaftsstrukturen befreit, jedoch nicht einfach als grundlegend böse abgelehnt werden. Besonders Frauen waren es, die zuerst das Opfer romantischer primitivistischer Ideologien wurden. Sie sind es auch immer, die die Hauptlast der daraus entstehenden Arbeit zu tragen haben.

Der Kernpunkt dieses neuen Traums von einer befreiten Gesellschaft ist es, die notwendige globale Kollektivierung mit echter, örtlich begrenzter Selbstbestimmung zu vereinigen. Wenn wir unter Sozialismus verstehen: zum einen ökonomische Gleichheit, die jeder Person den gleichen Wert beimißt und jeder Person den gleichen Anteil an den Errungenschaften der Gesellschaft zusichert, zum anderen den Besitz der Arbeitenden an den Produktionsmitteln, dann müssen die hierarchischen Strukturen von Planung und Verteilung auf regionaler, nationaler und auch globaler Ebene ihr

Gegengewicht finden in einem lokalen Kommunalismus, wo die Grundeinheit »Gemeinde« (in der Größenordnung von Städten, klein genug für eine direkte Selbstverwaltung) selbst die Produktionsmittel besitzt und bewirtschaftet. Dem Staatssozialismus ist es aus mindestens zwei Gründen nicht gelungen, echt demokratische Gesellschaften zu schaffen. Erstens hat er eine bürokratische Herrschaftsklasse hervorgebracht, die bürgerliche und intellektuelle Freiheit zerstört. Zweitens ist sein Gesellschaftsmodell das von Krieg, Beherrschung der Natur und entfremdeter Arbeit geblieben. Eine echt sozialistische Gesellschaft würde das Schwergewicht auf Werte geistiger Kreativität und zwischenmenschlicher Beziehungen verlagern, wo die Arbeit im Verhältnis zu den wahren Zielen des Lebens beurteilt wird, statt daß man das Leben zu einem Anhängsel der Arbeit macht.

Eine solche neue, ökologisch stabilisierte Gesellschaft wird eher mehr denn weniger wissenschaftliche Erfindungsgabe benötigen, doch ihre Technologie muß darauf ausgerichtet sein, die Erde zu erhalten, sie muß sich von Energiequellen, die umweltzerstörend und begrenzt sind, auf solche umstellen, die umweltfreundlich und erneuerbar sind, wie Sonne, Wasser, Wind, Elektrizität. Die Denkziele dieser Technologie müssen auf das Wohl der Allgemeinheit ausgerichtet sein und auf die Integration der Sozio-Sphäre in die Bio-Sphäre in einer positiven, sich gegenseitig abstützenden Beziehung. Um dies zu erreichen, müssen wir unsere örtliche Gemeinschaft umstrukturieren zu einem Gleichgewicht von landwirtschaftlicher und industrieller Arbeit, und zu einer kollektiven Selbstverwaltung, die den Menschen in ihrem konkreten Lebensbereich ermöglicht, zu erfahren, wie sie tatsächlich angewiesen sind aufeinander und auf die Ökosphäre, die ihre Existenz erhält.

Wir können hier nicht ins einzelne gehende Vorstellungen entwickeln, wie eine solche lokale Selbstverwaltung in regionale, nationale und globale Planungseinheit zu integrieren ist. Wir wollen jedoch wenigstens versuchen zu zeigen, wie sich die alles bestimmende Ideologie des Sexismus durch solche erweiterte lokale Interdependenz stark verändern könnte. Die kommunalisierten lokalen Gruppenbildungen müßten nicht alle nach dem gleichen Muster verlaufen. Wir haben hier nicht die »Kommune«, die Wohngemeinschaft im amerikanischen Sinne, im Auge, das heißt acht oder zehn Erwachsene und einige Kinder, zusammengepfercht in ein Haus, das für eine Kleinfamilie gebaut war, – in den meisten Fällen ein wenig haltbares Arrangement. Wir sprechen hier vielmehr von kommunalisierten lokalen Einheiten von einigen tausend Menschen, innerhalb derer es eine große Bandbreite verschiedener Lebensstile geben könnte, von Privathäusern bis zu selbstverwalteten großen Wohnblocks mit Gemeinschaftsküchen, gemeinschaftlicher Kinderbetreuung etc. Nach dem Prinzip der Selbstverwaltung würde der Informationsfluß zwischen den politischen Strukturen der verschiedenen Ebenen erfolgen, von den lokalen Wohnblock-Gruppen zu der planenden und demokratischen Gesamtleitung der örtlichen Gemeinde, und die Planungseinheiten oberhalb der örtlichen Ebene würden entsprechend strukturiert sein. Auf örtlicher Ebene würde eine solche Interdependenz die Strukturen des Sexismus in einer Weise verändern, wie es die Kleinfamilie, selbst bei bestem Willen von seiten des Mannes, nie tun kann, weil sie in der starren eins-zu-eins aufgeteilten Komplementarität des Beruf-Haus/männlich-weiblich-Dualismus gefangen ist.

Die Kommunalisierung würde auch das augenblickliche System der Kinderaufzucht sehr vereinfachen, da es möglich würde, größere Gruppen von Kindern miteinander aufwachsen zu lassen. Die persönliche Eltern-Kind-Beziehung wird nicht zerstört, sondern vielmehr angereichert durch eine Vielzahl von Beziehungen mit anderen Erwachsenen, die sich die Kinder selbst aussuchen. Dies befriedigt das Bedürfnis von Erwachsenen, auch dann, wenn sie selbst keine Kinder haben, mit jungen Menschen umzugehen, und auch das Bedürfnis der Kinder nach einer Gemeinschaft von Gleichaltrigen, die die einseitige Eltern-Kind-Beziehung der gegenwärtigen Kleinfamilie abschwächt. Zu einer Grundeinheit von 50 Erwachsenen könnten etwa 15 bis 20 Kinder gehören, das sind 1,5 Kinder pro Paar. Die Bevölkerung würde schnell auf einen Stand zurückkehren, an dem die Erde sie besser ernähren könnte.

Die Aufgaben des Haushalts, der Kinderaufzucht, Lebensmitteleinkauf und -zubereitung würden vergemeinschaftet, und zwischen Männern und Frauen gleichmäßig aufgeteilt; damit wäre es nicht mehr nötig, daß eine Gruppe allein als für diese Art von Arbeit verantwortlich angesehen wird. Diejenigen, die sich zu Managern dieser Funktionen bereiterklären, müßten als gelernte Professionale betrachtet und ausreichend entlohnt werden. Gewisse Strukturen des Privatlebens und des Besitzes finanzieller Mittel für den persönlichen Gebrauch würden beibehalten, um die Individualität sowohl in den privaten als auch den kommunalen Bereichen des Lebens zu erhalten. Die Vergemeinschaftung vieler Gebrauchsgegenstände des täglichen Lebens, zum Beispiel Gemeinschaftsküchen, Autos in Gemeinschaftsbesitz, die bei Bedarf ausgegeben werden etc. könnten das gegenwärtige Aufkommen an Konsum, Müll und mehrfacher Bestückung mit Haushaltsmaschinen etc., wie wir es in der Kleinfamilie finden, drastisch reduzieren. Und wenn das Stereotyp der Geschlechter-Rolle verschwunden ist, wird auch das Stereotyp der geschlechterbestimmten Persönlichkeit verschwinden. Es könnte sich eine androgyne Persönlichkeit entwickeln, die es jedem Individuum erlauben würde, sein Selbst in aller Komplexität zu verwirklichen, in der ganzen Breite der psychischen Möglichkeiten von Aktivität und Rezeptivität. Es könnte sich auch ein viel reicheres Feld von Freundschaft zwischen Erwachsenen entwickeln, damit würde der besitzergreifende Ausschließlichkeitsanspruch des Kleinfamilien-Paares abgebaut, der zwei verheiratete Erwachsene dazu zwingt, ein Leben lang füreinander die einzige Quelle persönlicher Intimität zu sein.

Eine dezentralisierte Wirtschaft würde einen großen Teil der Produktion an kleine Fabriken, Handwerks- und bäuerliche Betriebe zurückgeben, die der Gemeinde gehören und von ihr bearbeitet werden. Das Material, aus dem Gebrauchsgegenstände angefertigt werden, würde dauerhaft sein. Die billigen, schäbigen Waren der Profitwirtschaft, zu schnellem Verschleiß und schnellem Ersatz hergestellt, würden verschwinden. Es würde der Stolz an der eigenen Hände Arbeit zurückkehren, der notwendig ist, damit die Entfremdung der Arbeit aufhört. Heim und Arbeit, Produktion und Konsum, Feld und Fabrik würden in organischen Einheiten zusammengehören, in denen jeder menschlichen Gruppe ihr ökologischer Zusammenhang mit der Natur klar wäre. Die menschliche Gesellschaft, deren Gleichgewicht auf dem System der Dezentralisierung beruhen würde, wäre dann ganz

bewußt in ihre natürliche Umgebung integriert. Der Abfall des einen Systems wird zur Energiequelle des anderen Systems. In diesem Sinne wird nichts eigentlich zum »Abfall« oder zu einer Quelle der Umweltverschmutzung. Die Sozio-Sphäre ist in die Bio-Sphäre integriert als eine einzige Ökologie des »recycling«, die die Umgebung nährt, erneuert und verschönert. Da die örtlichen Gemeinden viele der Entscheidungen, die ihr unmittelbares Leben berühren, selbst treffen, wirkt diese direkte Teilnahme an der Selbstverwaltung dem gegenwärtig herrschenden Gefühl der Entfremdung und Machtlosigkeit in der Massengesellschaft entgegen. Frauen könnten an dem vergemeinschafteten Leben in gleichem Umfang teilnehmen wie Männer. In der örtlichen Gemeinschaft wäre die Spaltung zwischen entfremdetem öffentlichen Leben und dem geschrumpften häuslichen Dasein, das die Frauen ins »Heim« verbannt, aufgehoben. Das heißt einmal, daß die Frau nun an dem größeren gesellschaftlichen Prozeß teilnehmen kann, der ihr seit jeher versagt war. Zum anderen würde es jedoch auch bedeuten, daß nun die Männer wieder an Gefühlsleben zurückgewinnen können, was ihnen in der Vergangenheit nicht erlaubt war, wo in der männlichen Persönlichkeit Über-Aggressivität und Feind-Haltung entwikkelt wurden und sie ihre Anlagen für pflegende, aufbauende Beziehungen unterdrücken mußten, die bei den Frauen wiederum gefördert wurden.
Im Mittelpunkt einer neuen Gesellschaft muß eine neue »Seele« stehen, die die neuen Strukturen belebt. Man möchte das nicht ohne weiteres eine neue »Religion« nennen, da bereits das Wort Religion von einer dualistischen Weltsicht geprägt ist, die den Geist von der körperlichen Existenz trennt. Eine solche neue »Religion« müßte auf einer grundsätzlichen Gegenseitigkeit aufgebaut sein, auf dem Gefühl der Liebe sowohl für jeden anderen Menschen als auch für den umgebenden Kosmos, als ein wahrhaftes »Du«, das mit dem »Ich« in einer Beziehung gegenseitiger Abhängigkeit steht. Dies ist kein eskapistischer Traum von paradiesischen Zuständen, sondern eine leidende Solidarität mit anderen und mit den Grundlagen unserer Existenz, dem Kosmos, in dem wir leben, uns bewegen, in dem wir »sind«. Das setzt voraus, daß wir die Sicht, die das individuelle Ich als unendlich setzt, aufgeben, daß wir vielmehr zulassen, daß das Ganze und

nicht das Ich jene »Unendlichkeit« ist, aus deren Schoß wir bei der Geburt kommen und in deren Schoß wir mit unserem Tode zurückkehren, für die wir unsere Intelligenz aufwenden, um sie zu pflegen und zu vervollkommnen und ihre natürliche Harmonie zu erneuern, so daß die Erde wieder schön wird, nicht nur für uns und unsere Kinder, sondern für alle Generationen von Menschen, Tieren, Fischen und Vögeln, die noch kommen werden.

Meditation über Lukas 1, 46–55
(1974)

Es steht geschrieben, daß Maria sagte:
meine seele erhebt den herren
und mein geist freut sich gottes meines heilandes
denn er hat die niedrigkeit seiner magd angesehen
siehe von nun an werden sich seligpreisen alle kindeskinder

heute sagen wir das so:
meine seele sieht das land der freiheit
und mein geist wird aus der verängstigung herauskommen
die leeren gesichter der frauen werden mit leben erfüllt
und wir werden menschen werden
von generationen vor uns, den geopferten, erwartet

Es steht geschrieben, daß Maria sagte:
denn er hat große dinge an mir getan, der da mächtig ist
und dessen namen heilig ist
und seine barmherzigkeit währt von geschlecht zu geschlecht

heute sagen wir das so:
die große veränderung, die an uns und durch uns geschieht
wird mit allen geschehen – oder sie bleibt aus
barmherzigkeit wird geübt werden, wenn die abhängigen
das vertane leben aufgeben können
und lernen selber zu leben

Es steht geschrieben, daß Maria sagte:
er übt macht mit seinem arm und zerstreut die hochmütigen
er stößt die gewaltigen von ihren thronen
und die getretenen richtet er auf

heute sagen wir das so:
wir werden unsere Besitzer enteignen und über die,
die das weibliche wesen kennen, werden wir zu lachen kriegen

die herrschaft der männchen über die weibchen wird ein ende nehmen
aus objekten werden subjekte werden
sie gewinnen ihr eigenes besseres recht

Es steht geschrieben, daß Maria sagte:
hungrige hat er mit gütern gefüllt
und die reichen leer hinweggeschickt
er denkt der barmherzigkeit und hat sich israels seines knechts angenommen

heute sagen wir das so:
frauen werden zum mond fahren und in den parlamenten entscheiden
ihre wünsche nach selbstbestimmung werden in erfüllung gehen
und die sucht nach herrschaft wird leer bleiben
ihre ängste werden gegenstandslos werden
und die ausbeutung ein ende haben.

Die Autorinnen

MARIE D'AGOULT: Sie wurde am 13. 12. 1805 in Frankfurt a.M. als Tochter eines nach der Französischen Revolution emigrierten Grafen geboren. Ihre Mutter, Marie Bethmann, stammte aus protestantischem Frankfurter Patrizierhaus. Sie wurde, katholisch, teilweise im Kloster Sacré Cœur in Frankreich erzogen. Später übte sie scharfe Kritik am Katholizismus, bewahrte dagegen eine persönliche Religiosität, die aus ihrem protestantischen Erbe erklärt werden kann. Nach kurzer Ehe verließ sie ihren Mann, um mit dem Musiker Franz Liszt 10 Jahre zusammenzuleben. Dieser Verbindung entstammten drei Kinder; eins war Cosima, die spätere Frau Richard Wagners. Nach der Trennung von Liszt begann sie unter dem männlichen Pseudonym »Daniel Stern« Romane, historische und politische Schriften zu veröffentlichen. Der Aufsatz »Über die Freiheit« war eine ihrer ersten Veröffentlichungen, gezeichnet noch vom Schmerz der Verlassenheit. Sie gehörte zu den europäischen Republikanern, die in einer Zeit der politischen Restauration in einem von den Ursprüngen her erneuerten Christentum politische Hoffnungen sahen. Dem Bruch mit der alten Gesellschaft, aus der sie kam, entsprach der Bruch mit den Konventionen als Frau. Am 5. 3. 1876 starb sie in Paris.

Werke: Essai sur la liberté (1848), Hist. de la Révolution de 1848 (3 Bde., 1851–53, neue Aufl. 1878), Dante et Goethe, dialogues (1866), Florence et Turin (1862), Hist. des commencements de la République des Provinces Unies, Correspondance avec Mazzini (1872), postum: Mes souvenirs (1877), Mémoires (dtsch. 1928), Correspondance avec Liszt (hg. v. D. Ollivier, 2 Bde., Par. 1933–35, auch dtsch.).

Lit.: R. Bory, Une retraite romantique en Suisse (Par. 1930, dtsch. 1935); Suzanne Guggenheim, M. d'A. et la pensée européenne de son époque (Par. 1937); Marie-Octave Monod, Daniel Stern (Par. 1937); C. Aragonnes (Par. 1938, dtsch. 1946); J. Vier, Marie d'A., son mari, ses amis (Par. 1950).

MARGARETHE BADER: Sie wurde am 6. 5. 1893 geboren und starb am 24. 6. 1974. Ihr bisher unveröffentlichtes Gebet entstand aus Anregungen, die sie auf den Eranos-Tagungen der Psychoanalytiker in Ascona bezog.

GERTRUD BÄUMER: Die Theologentochter, deren Vater früh starb, wurde am 12. 9. 1873 in Hohenlimburg (Westfalen) geboren. Sie war zunächst Lehrerin, studierte dann Nationalökonomie und Theologie. Die Freundschaft mit Helene Lange brachte sie in die Frauenbewegung, die mit Friedrich Naumann in die christlich-soziale Bewegung. Von 1910 bis 1919 war sie die Vorsitzende des Bundes Deutscher Frauenvereine. Mit Naumann gründete sie die Deutsche Demokratische Partei, war von 1920 bis 1933 deren Abgeordnete im Reichstag und Ministerialrätin im Innenministerium. 1933 aller Ämter enthoben, lebte sie bis zum Kriegsende als Schriftstellerin in Schlesien, später in Bad Godesberg. Sie wurde früh von einem undogmatischen sozialen Christentum geprägt, das sich bei ihr mit nationalen gesellschaftlichen Ordnungsvorstellungen verband. Die Frauenbewegung machte sie für ein breites Bürgertum akzeptabel. Deren sozialistische oder pazifistische Tendenzen hat sie entschieden abgelehnt. 1954 starb sie in Bethel.

Werke: Über Frauenbewegung. Soziale u. polit. Fragen u. a.: Hb. der Frauenbewegung (mit H. Lange, 5 Bde., 1901 ff.), Die Frau in der Kulturbewegung der Gegenwart (1904), Die Frau u. das geistige Leben (1911), Die Frauenbewegung (1913), Die Frau in Volkswirtschaft u. Staatsleben der Gegenwart (1914), Der weibl. Arbeitsmarkt im Krieg (1914–15), Die Stellung der Frau in der polit.-sozialen Neugestaltung Deutschlands (1917), Gesch. des Bundes Dtsch. Frauenvereine (1921), Die Frau in der Krisis unserer Kultur (1926), Grundlagen demokrat. Politik (1928), Die Frau im neuen Lebensraum (1930), Der neue Weg der dtsch. Frau (1946), Helene Lange zum 100. Geburtstag (1948); Gesch. u. biogr. Werke u. a.: Goethes Freundinnen (1903), Goethes Satyros (Diss. 1905), Die Frauengestalten der dtsch. Frühe (1928), Lebensweg durch eine Zeitenwende (Autobiogr. 1933), Männer u. Frauen im Werden des dtsch. Volkes (1934), Ich kreise um Gott. Der Beter Rainer Maria Rilke (1935), Gestalt u. Wandel. Frauenbildnisse (1939), Die Macht der Liebe, Der Weg des Dante Alighieri (1941), Der Jüngling im Sternenmantel. Größe u. Tragik Ottos III. (1946), Die christl. Barmherzigkeit als gesch. Macht (1948), Frau Rat Goethe. Die Mutter der Weisheit (1949), Ricarda Huch (1949), Das geistige Bild Goethes im Lichte seiner Werke (1950), Otto I. u. Adelheid (1951); Romane u. a.: Sonntag mit Silvia Monika (1933), Adelheid, Mutter der Königreiche (1936), Der Berg des Königs.

Epos des langobardischen Volkes (1938), Eine Woche im Mai, Sieben Tage des jungen Goethe (1947), Der Denker (1950), Das königl. Haupt (1951); Hg: »Die Frau« (mit H. Lange); »Die Hilfe« (mit F. Naumann); »Die neue Generation« (mit H. Lion).
Lit.: Für G.B., die dritte Generation, hg. v. Hilde Lion (1923); Vom Gestern zum Morgen, Eine Gabe für G.B. (1933); Katherine Anthony, Feminism in Germany and Skandinavia (Lond. 1915); E. Saupe, Dtsche Pädagogen der Neuzeit ($^{7-8}$ 1929); H.W. Puckett, Germany's Women Go Forward (Lond. 1930). Ingeborg Drewitz, G.B., in: Frauen. Porträts aus zwei Jahrhunderten (Stuttgart 1981)

LILY BRAUN: Als Tochter eines Generals in Halberstadt am 2.7.1865 geboren, geriet sie schon früh in Kreise, die ihren preußischen und Weimarer Verwandten fremd waren: Sie heiratete den Philosophen Georg von Gyziky, einen der Führer der »Gesellschaft für ethische Kultur«, und nach dessen Tode den Sozialisten Heinrich Braun, den Begründer des »Archivs für soziale Gesetzgebung und Statistik«. Sie schloß sich dem linken Flügel der Frauenbewegung an und wurde in der Sozialdemokratischen Partei eine Vertreterin der Frauenfrage. Mit fast religiöser Leidenschaft suchte sie ethische Grundlagen für ihre Überzeugung. Neben der bekannten Untersuchung zur Frauenfrage sind vor allem ihre Selbstbiografie und die Biografie ihrer Großmutter eindrucksvolle und engagiert geschriebene Zeitdokumente. Sie starb am 9.8.1916 mitten im Ersten Weltkrieg, den sie paradoxerweise bejaht hatte und in dem ihr einziger Sohn fiel.
Werke: Aus Goethes Freundeskreis (1892), Die Frauenfrage (1901), Memoiren einer Sozialistin (2 Bde., 1909–11), Im Schatten der Titanen (1908), Die Liebesbriefe der Marquise (1912), Lebenssucher (Roman 1915). Ges. Werke (5 Bde. 1923).
Lit.: Julie Vogelstein, L.B. (1922).

FREDRIKA BREMER: Am 17.8.1801 als Kind einer schwedischen Kaufmannsfamilie in Finnland geboren, wuchs sie in Schweden auf. Sie gilt als Begründerin des schwedischen Familien- und Gesellschaftsromans. Allein ihr erzählerisches Werk umfaßt 34 Bände. Durch die englischen Gesellschaftsforscher Jeremy Bentham und John Stuart Mill wuchs ihr Interesse für Frauenfragen, das sie durch viele Reisen vertiefte und durch lebendige Reiseschilderungen vermittelte. Ihre Ideen führten 1884 in Schweden zur Gründung des Fredrika-Bremer-Verbandes, dem Kern der schwedischen Frauenbewegung. Sie starb am 31.12.1865.

Werke: Samlede skrifter in urval (Auswahl, 6 Bde., 1859–72, dtsch: Lebensschilderung, Briefe u. nachgelassene Schriften, hg. v. Charlotte Quiding, 1868), Romane und Erzählungen (24 Bde., 1882), F.B.s brev (hg. v. Klara Johansson u. Ellen Kleman, 4 Bde., 1915–20).
Lit.: R. Petersen, F.B. (1892; in dän. Spr.); S. L. Adlersparre u. Sigrid Leijonhufvud, F.B. (2 Bde., 1896); E. Kleman, F.B. (in: »Svenska kvinnor«, Bd. 3, Stockholm 1925); H. Schück u. K. Warburg, Illustrerad Svensk Litteraturhistoria (Bd. 6, Stockholm 1930).

JOSEPHINE BUTLER: Sie wurde am 13. 4. 1828 in Glendale (Northumberland) geboren. Der Anlaß, aus ihrer bürgerlichen Existenz als Ehefrau eines Theologen und Schuldirektors und Mutter mehrerer Kinder herauszutreten, wurde der Unfalltod ihrer Tochter. Aus anfänglicher Wohltätigkeitsarbeit in Frauenarbeitshäusern und Frauengefängnissen entstand bald politische Arbeit, die den Kern des Frauenelends angehen sollte: der Kampf gegen die Prostitution und die Gesetze gegen die »ansteckenden Krankheiten«, die Frauen staatlicher Reglementierung, Polizeiaufsicht und jeglicher Willkür aussetzten. Diese »Abolutionistische Bewegung«, zu der sie die verschiedensten religiösen und sozialen Gruppen gewann, breitete sich auch auf das Festland aus. 1869 wurde die internationale abolutionistische Federation gegründet und 1877 in diesem Zusammenhang die Organisation der »Freundinnen junger Mädchen« angeregt (heute in der Bundesrepublik: »Verein für internationale Jugendarbeit. Arbeitsgemeinschaft Christlicher Frauen«). 1875 kamen nach 16jährigem leidenschaftlichen und lebensgefährlichen Kampf in England die Gesetze zu Fall. Zusammen mit John Stuart Mill setzte sie sich auch für das Frauenstimmrecht ein. Sie starb am 30. 12. 1906.
Werke: Woman's Work and Woman's Culture (1869), Memoir of John Grey of Dilston (1869), The Hour before the Dawn (1876), Catharina of Siena (1878), Rebecca Jarrett (1886: Verteidigung von W.T. Stead, der sich durch seine Angriffe auf das Laster viele Feinde gemacht hatte), Government by Police (1888), The Lady of Shunem (1894), Personal Reminiscences of a Great Crusade (1896, 1911, dtsch. 1904), State Regulation of Vice Illustrated by the Contagious Diseases Acts (Bristol Committee of the Federation for the Abolition of State Regulation of Vice, 1898), Native Races and the War (1900), An Autobiographical Memoir (1909), In Memoriam Harriet Meuricoffre (1921; Erinnerungen an ihre gleichgesinnte Schwester) u. a.
Lit.: W.T. Stead (Fontaines 1888, dtsch. 1889); A State. Iniquity (Lond. 1890); L. Hay-Cooper, J.B. and her Work for Social Purity (S.P.C.K. 1922); E.M. Turner (Lond. 1927); Stefanie Wichert, J.B. u. ihr Werk

(1929; mit Lit.); Julie de Mestral Combremont, La noble vie d'une femme (Lausanne 1927, dtsch. 1944); Alice Salamon, Heroische Frauen (1936); Elisabeth Tasset-Nissolle, Conquérantes (Par./Genf 1936); G.u.L. Johnson, Eine Frau kämpft für Gerechtigkeit. Lebensgeschichte d. J. Butler, München 1979 (Reprint).

MARY DALY ist Professorin für Theologie am Boston College in Boston (USA).

Werke: The Church and the Second Sex, London 1968 (Second edition – with a new feminist postchristian introduction of the anthor. New York 1975); Jenseits von Gottvater Sohn & Co. (München 1980); Gyn-Ökologie (München 1981).

HEDWIG DOHM: Sie wurde am 20. 9. 1833 als Tochter einer bürgerlichen jüdischen Familie in Berlin geboren. Durch die Ehe mit Ernst Dohm, dem Begründer und Herausgeber der satirischen Zeitschrift »Kladderadatsch«, kam sie in Berührung mit Künstlern und Schriftstellern und begann selbst zu schreiben. In der ersten Veröffentlichung zur Frauenfrage setzt sie sich mit dem Frauenbild der Pastoren kritisch auseinander. Die Mutter von fünf Kindern wurde zur schärfsten und konsequentesten publizistischen Vorkämpferin der Frauenbewegung, ohne ihr direkt anzugehören. Sie starb am 4. 6. 1919 in Berlin.

Werke: Was die Pastoren von den Frauen denken (1872). Reprint (Zürich 1977, Ala-Verlag), Die wiss. Emanzipation der Frau (1874), Der Frauen Natur u. Recht (1876), Antifeministen (1902), Romane: Sibilla Dalmar (1896), »Plain Air« (1899), Schicksale einer Seele (1899), Christa Ruland (1902) u. a.

Lit.: Anna Plothow, Die Begründerinnen der dtsch. Frauenbewegung (1907); Adele Schreiber (1914); Gertrud Bäumer. H.D. (Die Frau. 44 Jg. 1919).

FRIEDA DUENSING: Am 26. 6. 1864 in Diepholz geboren, wurde sie zunächst Lehrerin, studierte dann in Zürich Jura, promovierte dort 1903 und arbeitete von 1907 bis 1917 in der von ihr mitgegründeten Zentrale für Jugendfürsorge in Berlin. Sie leistete entscheidende Mitarbeit am Zustandekommen des Reichsjugendwohlfahrtgesetzes. Nach dem Ersten Weltkrieg war sie Leiterin der sozialen Frauenschule München. Wie kaum eine andere Frau ihrer Generation litt sie an überkommenen Ordnungsvorstellungen, sozialen Ungerechtigkeiten und dem von der Kirche abgesegneten Krieg. Und wie kaum eine andere vermochte sie dies mit Leidenschaft und Phantasie auszudrücken. Sie starb am 5. 1. 1921 in München.

Werke: Die Verletzung der Fürsorgepflicht gegenüber Minderjährigen (Diss. Zürich 1903), Tätigkeitsberichte der Zentrale für Jugendwohlfahrt (1907–1917), Hg. des Handbuchs für Jugendpflege (1913).
Lit.: Frieda Duensing, ein Erinnerungsbuch (hg. v. ihren Freunden (^{3}1926); Lina Koepp, F.D. als Führerin und Lehrerin (1927); Gertrud Bäumer, Gestalt und Wandel (1939).

ELISABETH GNAUCK-KÜHNE: Die am 2. 1. 1850 in Vechelde (Braunschweig) geborene Tochter eines Juristen wurde zunächst Lehrerin, gründete ein Internat und schloß sich nach kurzer unglücklicher Ehe der Berliner Frauenbewegung an. Volkswirtschaftliche Studien und praktische Fabrikarbeit machten sie zur Spezialistin in der Arbeiterinnenfrage. Sie gründete 1894 eine ev.-soziale Frauengruppe und sprach als erste Frau auf dem ev.-sozialen Kongreß in Erfurt 1895. Enttäuscht über den kargen Protestantismus und die Möglichkeiten, in ihm eine Identität als Frau zu finden, trat sie 1900 zur Katholischen Kirche über. Die Sozialpolitikerin wurde Mitbegründerin des Katholischen Frauenbundes Deutschlands. Sie starb am 12. 4. 1917 in Blankenburg (Harz).

Werke: Das Universitätsstudium der Frau (1891, ^{3}1892), Ursachen u. Ziele der Frauenbewegung (1893), Die Lage der Arbeiterin in der Papierindustrie (1895), Die soziale Arbeit der Frau (1895), Die dtsch. Frau um die Jahrhundertwende (1904), Einführung in die Arbeiterinnenfrage (1906), Grundsätze u. Forderungen der Frauenbewegung (1912), Das soziale Gemeinschaftsleben im Deutschen Reich (1925).
Lit.: K. Hoeber, E.G.-K. (1917); Maria Speuser, E.G.-K. u. ihre Stellung zur Frauenfrage (Diss. Köln 1926); Else Schmücker, Frauenbilder unserer Zeit (1928); Helene Simon, E. G.-K. (2 Bde., 1928–29).

JENNY VON GUSTEDT: Als Tochter des Napoleonbruders Jérôme von Westfalen und der Diana von Pappenheim am 7. 9. 1811 bei Kassel geboren, wuchs sie in Weimar auf. Ihre Erziehung wurde mit der der weimaranischen Prinzessin Augusta – der späteren preußischen Kaiserin – von Goethe geleitet. Durch die Heirat mit dem Gutsbesitzer und späteren Landrat Werner von Gustedt kam sie nach Westpreußen, später nach Ostpreußen und betrieb in ihrem Gutsbereich vorbildliche Sozialarbeit: Volksküche, Schule, Kindergarten. Im Gegensatz zum konservativen Christentum ihrer Gesellschaftsschicht vertrat sie ein humanistisches Christentum, das zur Gesellschaftsveränderung herausfordert und aus dem heraus sie auch den Krieg 1870–71 ablehnte. Sie hat darüber mit der preußischen Königin und späteren Kaiserin Augusta korrespondiert. Nach ihrem Tod 1890 hat ihre Enkelin, die Sozialistin Lily Braun, ihre Biografie geschrieben und sorgfältig die Dokumente ihres revolutionären Christentums darin verarbeitet.

Lit.: Lily Braun, Aus Goethes Freundeskreisen (1892); Im Schatten der Titanen (1908); Königin Augusta von Preußen, Bekenntnisse an eine Freundin (Aufzeichnungen aus ihrer Freundschaft mit Jenny von Gustedt) hg. v. R. Kühn (1935).

RICARDA HUCH: Als Tochter einer patrizischen Kaufmannsfamilie wurde sie am 18. 7. 1864 in Braunschweig geboren. Sie studierte in Zürich und promovierte dort in Geschichte. Nach kurzer Lehrerinnentätigkeit widmete sie sich ganz ihrer schriftstellerischen Arbeit und schuf das bisher umfangreichste literarische Frauenwerk des deutschen Sprachraums. Neben Romanen und Gedichten sind vor allem ihre historischen Untersuchungen und zwei theologische Arbeiten bekannt. Sie war geprägt vom Patrizierideal und vermochte von einem kritisch-bürgerlichen Standpunkt aus gegenwärtige und geschichtliche Zusammenhänge phantasievoll zu deuten. Nach zwei geschiedenen Ehen lebte sie mit ihrer Tochter zusammen. Am 17. 11. 1947 starb sie nach der Übersiedlung aus Jena in die damalige amerikanische Zone in Schönberg (Taunus).

Werke: Erinnerungen von Rudolf Ursleu dem Jüngeren (Roman 1893), Haduvig im Kreuzgang (Erz. 1897), Blütezeit der Romantik (1899), Ausbreitung u. Verfall der Romantik (1902), Aus der Triumphgasse (Erz. 1902), Vita somnium breve (Roman 1903), seit 1913: Michael Unger), Die Geschichten v. Garibaldi: Die Verteidigung Roms (1906) u. Der Kampf um Rom (1907), Aus dem Zeitalter des Risorgimento (Essays 1908), Das Leben des Grafen Federigo Confalonieri (1910), Der große Krieg in Deutschland (Geschichtsroman über den Dreißigjährigen Krieg, 3 Bde., 1912–14). Liebesgedichte (1912), Gottfried Keller (1914), Luthers Glaube (1916), Der Fall Deruga (Kriminalroman 1917), Vom Sinn der Heiligen Schrift (1919), Entpersönlichung (1921), Michael Bakunin u. die Anarchie (1923), Im Alten Reich (Städtebilder 1927), Neue Städtebilder (1929), Alte und neue Götter (1930, ^{2}1948 unter dem Titel: 1848), Ges. Gesichte (1930), Römisches Reich Deutscher Nation (1934), Das Zeitalter der Glaubensspaltung (1937), Frühling in der Schweiz (Erinnerungen an ihre Studienjahre, 1938), Urphänomene (1946), Mein Tagebuch (1946), Herbstfeuer (Gedichte 1947), Untergang des Röm. Reiches Deutscher Nation (1949) u. a.

Lit.: O. Walzel (1916); G. Grothe, Die Erzählungskunst R. H.s (German. Studien Nr. 102, 1931); R. H. Persönlichkeit u. Werk in Darstellungen ihrer Freunde (1934; mit Bibliogr.); Else Hoppe (1936, ^{2}1951); F. Strich (in: Der Dichter u. die Zeit, 1947); H. Maas, Ansprache gehalten am Sarge R. H.s (1948); R. Buchwald (in: Bekennende Dichtung, 1949); Gertrud Bäumer (1949); Marie Baum, Leuchtende Spur, Das Leben R. H.s (1950); mit Briefen R. H.s)

EFFIE MCCOLLUM JONES: Die Lebensdaten der amerikanischen Pfarrerin sind unbekannt.

JOHANNA KINKEL: Sie wurde am 8. 7. 1810 in einem streng katholischen Elternhaus in Bonn geboren. Nach kurzer unglücklicher Ehe heiratete sie den protestantischen Theologen, Religionslehrer und Dozenten an der Bonner Universität Gottfried Kinkel und trat zum Protestantismus über. Trotz Ehe und Familie arbeitete sie als Schriftstellerin, Komponistin und Pianistin weiter. Nach der mißglückten 48er Revolution wurde ihr Mann wegen Beteiligung an den badisch-pfälzischen Aufständen verurteilt, konnte aber aus dem Zuchthaus nach England fliehen. In der Londoner Emigrantenkolonie wurde die Familie Kinkel Mittelpunkt eines geselligen und künstlerischen Lebens. Durch ihre Musikarbeit trug Johanna wesentlich zum Unterhalt der Familie bei. Religiöse Bindungen sind in dieser Zeit nicht mehr zu bemerken. Gottfried Kinkel arbeitete später als Schriftsteller und Kunstdozent. Johanna Kinkel starb am 15. 11. 1858 in London, als sie vermutlich bei einem Herzanfall das Fenster öffnete und hinausstürzte.

Werke: Erzählungen (mit G. Kinkel 1849, ^{2}1883), Hans Ibeles in London (nachgel. Roman 2 Bde., 1860).

Lit.: J.F. Schulte (1908); P. Kaufmann (Schriftenreihe der Preuß. Jahrbücher Sept./Oktober 1930 u. September 1932); H. Kerksen, Stadt u. Univ. Bonn (1931).

GERTRUD VON LE FORT: Sie wurde am 11. 10. 1876 als Kind einer protestantisch-hugenottischen Familie in Minden geboren. Die Schülerin des Philosophen und Theologen Ernst Troeltsch, dessen Glaubenslehre sie 1923 posthum herausgab, trat 1924 zur katholischen Kirche über. Das katholische Weltbild bestimmte von nun an ihre historische und religiöse Dichtung und auch ihr Frauenbild: In einer entchristlichten Welt soll die Frau ihre ursprüngliche religiöse dienende Rolle wiederentdecken und die Welt verwandeln. Sie starb am 1. 11. 1971.

Werke: Hymnen an die Kirche (1924), Das Schweißtuch der Veronika (Roman I: Der röm. Brunnen, 1928 u. 1947; II: Der Kranz der Engel, 1946), Der Papst aus dem Ghetto (Roman 1930), Die Letzte am Schafott (Novelle 1932), Hymnen an Deutschland (1932), Die Ewige Frau (Essays 1934), Das Reich des Kindes. Legende der letzten Karolinger (1935), Die Magdeburgische Hochzeit (1938), Unser Weg durch die Nacht (Worte an meine Schweizer Freunde, 1949), Gedichte (1949), Die Tochter Farinatas (4 Erz. 1950), Den Heimatlosen (Gedichte 1951), Aufzeichnungen u. Erinnerungen (Gesammelte Aufsätze 1951), Gelöschte Kerzen (1953); Die Größe d. Frau (Auswahl mit autobiogr. Notizen u. Bibliogr.).

Lit.: A. Salzer, Illustr. Geschichte der dtsch. Lit. (Bd. 5, 1932); O. Forst de Battaglia, Kath. Leistung in der Welt der Gegenwart (1934); Th. Kampmann (1935); Ä. Elfert (Lit. wiss. Jb. der Görresges. 8, 1936); Helene Kuhlmann, Vom Horchen u. Gehorchen (Studie zum 75. Geburtstag, 1950); Hajo Jappe, G. v. Le Fort, Das erzählende Werk (1951); E. Eschbach, Die Bedeutung Gertrud von L.s (1951).

DORA LENT lebt als freie Schriftstellerin in Berlin. Das hier abgedruckte Gedicht »Gott ist Paar« gehört in eine Spruchreihe mit dem gleichen Titel aus dem Jahr 1920.

FANNY LEWALD: Sie wurde am 24. 3. 1811 in einer ostpreußischen jüdischen Familie geboren. Mit 17 Jahren trat sie zum Christentum über, um ihren Jugendfreund zu heiraten, verzichtete dann aber sowohl auf die Ehe wie auf das Christentum. Später heiratete sie den Schriftsteller Adolf Stahr. Sie selbst wurde eine der berühmtesten Schriftstellerinnen ihrer Zeit, die wie George Sand die Probleme politischer und persönlicher Emanzipation literarisch darstellten. Neben der Frauenemanzipation und der politischen Emanzipation von der Monarchie muß es für sie auch notwendig zu einer Emanzipation von der Religion kommen. Neben den Romanen sind heute vor allem die Memoiren und die Reisebeschreibungen von Interesse. Sie starb am 5. 8. 1889 in Dresden.

Werke: Clementine (1842), Jenny (1843), Diogena (1847), Erinnerungen aus dem Jahre 1848 (1850), Neue Romane (5 Bde., 1859–64), Lebensgeschichte (6 Bde., 1861–88), Ges. Novellen (1862), Erzählungen (3 Bde. 1866 ff.), Die Familie Derner (1868), Für und wider die Frauen (1870), Ges. Werke (12 Bde., 1871–74), Gefühltes u. Gedachtes (Tagebuch 1838–88, hg. v. L. Geiger 1900), Fanny Lewald. Meine Lebensgeschichten, hg. G. Brinkler-Gabler 1980).

Lit.: K. Frenzel, Erinnerungen u. Strömungen (1890; S. 148–161); Henriette Goldschmidt, F.L.-St. (Allg. Dtsch. Biographie, 35. Bd. 1893); Bahnbrechende Frauen (hg. v. dtsch. Lyceumklub, 1912); Marta Weber, F. L. ihr Leben u. Werk (1921; mit Lit); Marielouise Steinhauer, F. L., die dtsch. George Sand (1937); Renate Möhrmann, Die andere Frau. Emanzipationsansätze deutscher Schriftstellerinnen im Vorfeld der Achtundvierziger Revolution (Stuttgart 1978).

ELISABETH MALO: Sie wurde am 9. 1. 1855 geboren. Seit 1891 veröffentlichte sie Artikel in den Zeitschriften »Christliche Welt«, »Protestantische Kirchenzeitung« und »Die Frauenbewegung«, dem von Minna Cauer herausgegebenen Organ des linken Flügels der Frauenbewegung. Sie setzen sich alle kritisch mit der sozialen Situation der Frau – vor allem auf dem Lande –, der Frauenfrage in der Kirche und dem überholten Diakonissenideal auseinander. Sie zeugen von ungewöhnlichen theologischen und kirchenrechtlichen Kenntnissen und von einem Engagement für den linken Flügel der Frauenbewegung, das in der deutschen Zeitgeschichte keine Parallelen hat. 1896 erschien im Selbstverlag ein Einzelband von ihr: »Das Recht der Frau in der christlichen Kirche«. Der Ort Züllsdorf, den sie dabei angibt, liegt zwischen Torgau und Leipzig. Sie lebte dort im abgelegenen, stillen Pfarrhaus, führte den Haushalt für ihren unverheirateten Bruder, der dort Pastor von 1888 bis 1915 war. – Von kirchlicher Seite wurde ihr Name nur um 1900 und dann stets kritisch erwähnt. In der Frauenbewegung ist sie vergessen. Ihre ungewöhnliche Verbindung von Kirche und Frauenbewegung, ihre Hoffnung auf eine rechtlich zu begründende zweite Reformation zugunsten der Frau kam zu früh, war für beide Teile unbequem und wurde zwischen den Fronten zerrieben.

Werke: Eine Anfrage an die Herren Theologen Deutschlands aus den Kreisen christlich gebildeter Frauen (Die christliche Welt 1891, Nr. 39), Die weibliche Diakonie und die Frauenfrage (Die christliche Welt 1893, Nr. 25, 26), Die weibliche Diakonie und die Frauenfrage (Protestantische Kirchenzeitung 1894, S. 662 ff., 684 ff., 710 ff.), Wahrheit und Friede (Die Frauenbewegung 1895/96, S. 123 ff.), Das Recht der Frau in der christlichen Kirche, Züllsdorf 1896 (im Selbstverlag der Verfasserin), Die Verhandlungen des Reichstags über das Familienrecht unter kirchlichem Gesichtspunkt (Die Frauenbewegung 1896, S. 189 f.), Wie erhalten, stärken und vor allem ermöglichen wir unserem Volke ein gesundes, sittliches, behagliches Familienleben? (Die Frauenbewegung 1897, S. 190 f.).

Lit.: Sophie Pataky, Lexikon deutscher Frauen der Feder (Berlin 1898).

MALWIDA VON MEYSENBUG: Sie wurde am 28.10.1816 als Tochter eines hessischen Hofbeamten in Kassel geboren. Früh bekam sie Beziehungen zu freien Gemeinden, begeisterte sich für die 48er-Revolution und nahm am Leben der Hamburger Frauenhochschule teil. 1852 wurde sie wegen politischer Betätigung aus Berlin verwiesen, floh nach England, lebte später in Paris und zuletzt in Rom. Sie arbeitete als Erzieherin – vor allem der Tochter des russischen Revolutionärs Alexander Herzen – und als Schriftstellerin. Die frühe Religiosität wurde – wie bei ihrem Freund, dem demokratischen Theologen Theodor Althaus – durch aufklärerische Philosophie ersetzt und durch politische Gewalt endgültig erstickt. Mit vielen bedeutenden Männern ihrer Zeit, Richard Wagner, Friedrich Nietzsche, Garibaldi, war sie freundschaftlich verbunden. Am 26.4.1903 starb sie in Rom.

Werke: Memoiren einer Idealistin (3 Bde., 1876; Bd. 1 erschien 1869 zuerst in frz. Sprache), Phädra (Roman, 3 Bde., 1885), Ges. Erzählungen (1885), Der Lebensabend einer Idealistin (1898), Himmlische u. irdische Liebe (Roman a. d. Nachlaß, hg. v. G. Monod, 1905), Im Anfang war die Liebe, Briefe an ihre Pflegetochter (hg. v. Berta Schleicher, 1926), u. a.

Lit.: E. Heilborn (in: Das literar. Echo, 1. Jahrg. 1898/99); Th. Klaiber, Dichtende Frauen der Gegenwart (1907); E. Reicke (1911); Elsa Binder, M. v. M. u. Fr. Nietzsche (1917); Berta Schleicher (^{3}1922 u. 1947); Dora Wegele, Theodor Althaus u. M. v. M. (1927); Anna Blos, Frauen der dtsch. Revolution von 1848 (1928); Gaby Vinant (Par. 1932); Deutsche Frauen (1939); Romain Rolland, M. v. M., ein Briefwechsel (1946); Gertrud Meyer-Hepner (1948).

NELLE MORTON ist Professorin em. für Christliche Erziehung an der Theological School der Drew University in Madison (New Jersey), USA. Lebt in Claremont, USA.

Werke: The Rising of Woman Consciousness in a Male Language Structure (in: Andover Newton Quarterly, Vol. 12, No. 4, 1972, S. 177–190); How Images Function (in: Quest: A Feminist Quarterly, Vol. 3, No. 2, S. 54–59, 1976); Auf dem Weg zu einer ganzheitlichen Theologie (aus: Lutherische Rundschau 1/2 1975 Stuttgart).

MARIE-AUGUSTA NEAL ist Ordensschwester und Professorin für Religionssoziologie am Emmanuel College von Boston, USA.

Werke: Values and Interests in Social Change (Prentice Hall 1965), A Sociotheologie of Letting Go (Paulist Press 1977).

LOUISE OTTO-PETERS: Als Kind einer bürgerlichen Familie wurde sie am 26.3.1819 in Meissen geboren. Der frühe Tod der Eltern und des Verlobten machten sie selbständig, ließen sie aber auch die Abhängigkeit der Frau entdecken. Als Romanschriftstellerin und Publizistin wies sie vor allem das soziale Elend der Arbeiterin auf, die Notwendigkeit von Frauenbildung und forderte politische Gleichstellung der Frau. Im Vormärz schloß sie sich der religiös-sozialen Bewegung des Deutsch-Katholizismus an. Unbeirrt vom Scheitern der Revolution gründete sie 1849 die erste deutsche Frauenzeitung, 1865 den »Leipziger Freuenverein« und den »Allgemeinen deutschen Frauenverein«. 1858 heiratet sie August Peters, der sieben Jahre wegen Beteiligung an der Revolution im Gefängnis gesessen hatte. Für die Gründerin der deutschen Frauenbewegung war ein freies Christentum die Basis und der Motor für die Emanzipation der Frau und ihre politische Gleichstellung mit dem Mann. Sie starb am 13. 3. 1895 in Leipzig.

Werke: Romane: Ludwig der Kellner (1843), Kathinka (1844), Die Freunde (1845), Aus der neuen Zeit (1845), Schloss u. Fabrik (1846; von der Zensur verboten), Lieder eines dtsch. Mädchens (1847), Jesuiten u. Pietisten (1852), Vier Geschwister (1853) u. a.; Gedichte (1868), Der Genius des Hauses (1868), Der Genius der Menschheit (1869), Der Genius der Natur (1870), Mein Lebensgang (Ged. aus fünf Jahrzehnten, 1893), Die Kunst u. unsere Zeit (1852), Die Mission der Kunst (1861), Das Recht der Frauen auf Erwerb (1866), Frauenleben im Dtsch. Reich (1876), Das 1. Vierteljh. des Allg. Dtsch. Frauenvereins (1890).

Lit.: Henriette Goldschmidt (Vortrag, 1868); Auguste Schmidt u. Hugo Rösch, L.O.-P., die Dichterin u. Vorkämpferin für Frauenrecht (1898); Minna Cauer, Die Frau im 19. Jh. (1898); Anna Plothow, Die Begründerinnen der dtsch. Frauenbewegung (1907); Emmy Wolf, Frauengenerationen in Bildern (1928); Alice Salomon, Heroische Frauen (1936); Gertrud Bäumer, Gestalt u. Wandel (Frauenbildnisse, 1939); S. Sieber, Der Romantiker wird Revolutionär (1949); A. Leicht (Meissen o.J.).

ANNA PAULSEN: Sie wurde am 29. 3. 1893 in Hoirup (Nordschleswig) geboren, studierte Theologie und war die erste Frau in Deutschland, die 1924 in diesem Fach promoviert wurde. Bis 1945 war sie Leiterin des Seminars für kirchliche Frauenarbeit im Burkhardthaus Berlin; später Referentin in der Kirchenkanzlei der EKD (Evangelische Kirche in Deutschland) für die kirchliche Frauenarbeit. In ihren zahlreichen Veröffentlichungen zur Frauenfrage war ihr Anliegen, die gleichwertige und ebenbürtige Stellung der Frau innerhalb der christlichen Lebensordnungen herauszuarbeiten. Darüber hinaus wurde sie auch als Kierkegaard-Forscherin bekannt. Sie starb am 30. 1. 1981.

Werke: Mutter u. Magd, das bibl. Wort über die Frau ([2]1938), Ich habe dich bei deinem Namen gerufen, Beruf u. Berufung der Frau (1938), Broschüren über die Propheten Jesaja, Jeremia, Hesekiel, das Buch Hiob (1946); Sören Kierkegaard, Deuter unserer Existenz, Hamburg 1955, Amt und Auftrag der Theologin, Gelnhausen/Berlin 1963; Aufbruch der Frauen, Lahr 1964; Menschsein heute, Analysen aus Reden Sören Kierkegaards, Hamburg 1973.

ROSEMARY RADFORD RUETHER ist Professorin für Theologiegeschichte an der Howard-University in Washington, USA.

Werke: The Church against it self (London 1967); Liberationtheologie (New York 1972); Religion and Sexism (New York 1974); Frauen für eine neue Gesellschaft (München 1979); Maria – Kirche in weiblicher Gestalt (München 1980).

CLARA RAGAZ: Sie wurde am 30. 3. 1874 in Chur (Schweiz) geboren. Als Pädagogin arbeitete sie an der sozialen Frauenschule Zürich und heiratete 1901 den Pfarrer Leonhard Ragaz, der 1906 zum Mitbegründer und Führer der religiös-sozialen Bewegung wurde, die Christentum und Sozialismus miteinander verbinden wollte. Sie wurde Mitbegründerin und Vizepräsidentin der Internationalen Frauenliga für Frieden und Freiheit und Vorsitzende des Schweizer Zweiges bis 1946. In enger Zusammenarbeit mit der sozialdemokratischen Partei sah sie früh deren Grenzen in der Frauen- und Friedensfrage. Sie starb am 7. 10. 1957.

Werke: Die Frau und der Friede (Zürich 1915, Druck u. Verlag Art Institut Orell Füssli).

LUISE RINSER ist Schriftstellerin und wohnt in Rom.

Werke: Ihr literatisches Werk ist überwiegend im S. Fischer Verlag und im Fischer Taschenbuch Verlag erschienen. Titel zur Frauenfrage: Zölibat und Frau (Würzburg 1968); Unterentwickeltes Land Frau (Würzburg 1970); Den Wolf umarmen (Frankfurt 1981).

LETTY RUSSELL-HOEKENDIJK war Pfarrerin in der Farbigen-Gemeinde East Harlem und ist Professorin für Theologie und Women's Studies an der Divinity School der Yale University, USA.

Werke: Ferment of Freedom (1972); Human Liberation in a Feminist Perspective (New York 1974); Als Mann und Frau ruft er uns... (München 1979); The Future of Partnership (Philadelphia 1979).

HENRIETTE SCHRADER-BREYMANN: Die Pfarrerstochter, die am 14. 9. 1827 in Mahlum (Niedersachsen) geboren wurde, lernte bei ihrem Onkel Friedrich Fröbel die Kindergartenbewegung und -pädagogik kennen. Sie arbeitete als Kindergärtnerin, warb in vielen Ländern für die Fröbelschen Ideen und gründete im elterlichen Pfarrhaus Neu-Watzum bei Braunschweig ein Internat zur Ausbildung für weiterführende Mädchenberufe. Durch die Ehe mit dem Eisenbahndirektor und späteren Reichstagsabgeordneten Karl Schrader kam sie in Verbindung mit einflußreichen Berliner Kreisen, mit deren Hilfe ihr 1874 die Gründung des Pestalozzi-Fröbelhauses in Berlin gelang, einem Pädagogikzentrum für Kindergärtnerinnen und Haushaltungsberufe, verbunden mit praktischen Einrichtungen von Kinderkrippen bis zu Horten. Sie erweiterte Fröbels Ideen zu einem sozialen Erziehungsprogramm, das vor allem auf der Eigenart und Selbständigkeit der Frau aufbaute. Von der kirchlichen Enge ihres Elternhauses befreite sie sich zu einem Christentum, das der Individualität der Frau und ihren sozialen Vorstellungen gerecht wurde. Sie starb am 25. 8. 1899 in Berlin.

Werke: Zur Frauenfrage (1865), Die Grundzüge der Ideen Fr. Fröbels (1872), Der Volkskindergarten (1885), Die hauswirtschaftl. Bildung der Mädchen in den ärmeren Klassen (1888: zus. mit ihrem Gatten), Häusl. Beschäftigung u. Gartenarbeit als Erziehungsmittel (1893) sowie zahlr. Broschüren.

Lit.: Selma Aichaus, H. Schr. u. das Pestalozzi-Fröbelhaus (1898); P. Zimmermann (in: Allg. Dtsch. Biogr., Bd. 5, 1908); H. Schr.-Br., ihr Leben aus Briefen u. Tagebüchern (1922); Mary Lyschinska, H. Schr.-Br. (2 Bde. ^{2}1927); Maria Müller, Frauen im Dienste Fröbels (1928); Conradine Lück, Frauen (1937); Gertrud Bäumer, Gestalt u. Wandel (Frauenbildnisse, 1939).

DOROTHEE SÖLLE ist Professorin für Theologie am Union Theological Seminary New York, USA.

Werke (in Auswahl): Stellvertretung (Stuttgart 1965); Atheistisch an Gott glauben (Olten/Freiburg 1968); Phantasie und Gehorsam (Stuttgart 1968); Das Recht, ein anderer zu werden (Neuwied/Berlin 1971); Die revolutionäre Geduld (Berlin 1974; Leiden, Stuttgart 1975); Die Hinreise (Stuttgart 1979); Sympathie (Stuttgart 1978); Wählt das Leben (Stuttgart 1980).

LYDIA STÖCKER: Lebensdaten der Religionslehrerin sind unbekannt. Sie war die Schwester der bekannten Helene Stökker, der Begründerin des »Bund(es) für Mutterschutz und

Sexualreform«, die einer frommen Elberfelder Familie entstammte.

Werke: Die Frau in der frühen Kirche (Tübingen 1907).

RACHEL CONRAD WAHLBERG: Ph. D., ist Theologin und Initiatorin von »Women'Caucus« in Austin Texas, USA.

Werke: Jesus According to a Woman, Paulist/Newman Press 1975; Die feministische Bewegung und die Kirchen in den USA, in: Claudia Pinl u. a. Frauen auf neuen Wegen, (Gelnhausen, Berlin, Stein 1978); Jesus and the Freed Woman (New York 1979).

HILDEGUNDE WÖLLER ist Pfarrerin und Lektorin beim Kreuz-Verlag, Stuttgart.

Werke: Meinungen über Jesus. Aussage von Kirchenfernen und Kirchentreuen (Stuttgart 1968); Die getaufte Revolution (München 1973).

Quellenverzeichnis

Die Herausgeberin und der Verlag danken den Inhabern der Urheberrechte für die freundliche Erlaubnis zum Abdruck der Texte.
*Die mit einem * gekennzeichneten Überschriften der Beiträge stammen von der Herausgeberin.*

d'Agoult, Marie, Wählt die Freiheit*. In: Essai sur la Liberté, o.O. 1847, übersetzt von Monika Fahrenbach.

Bader, Magarethe, Unser Vater-Mutter*, 1936. Unveröffentlichtes Gedicht.
Copyright bei Gundula von Borck-Erlecke.

Bäumer, Gertrud, Soziales Christentum*. In: dies., Lebensweg durch eine Zeitwende, Tübingen [11] 1940.
Copyright bei Rainer Wunderlich Verlag/Hermann Leins, Tübingen.

Braun, Lily, Konfirmation*. In: dies., Memoiren einer Sozialistin, Berlin o.J., S. 106–119 (in Auszügen).

Bremer, Fredrika, Die ersten Diakonissen*. In: Anna Sticker, Theodor und Friederike Fliedner, Neukirchen 1965, S. 158–165 (in Auszügen).

Butler, Josephine, Christus, der gefährliche Gleichmacher*. In: G. und L. Johnson (Hg.), Die Lebensgeschichte der Josephine Butler, Eine Frau kämpft für Gerechtigkeit, München [3]1979, S. 66–67.
Copyright bei Chr. Kaiser Verlag, München.

dies., Kampf gegen Prostitution*. In: G. und L. Johnson (Hg.), a.a.O., S. 71–74.
Copyright bei Chr. Kaiser Verlag, München.

Daly, Mary, Der qualitative Sprung über die patriarchale Religion. Übersetzt von Barbara Henninges. In: Frauenoffensive Nr. 9, Januar 1978, S. 2–7.
Copyright bei Frauenoffensive Verlags GmbH, München.

Dohm, Hedwig, Was die Pastoren von den Frauen denken. Berlin 1972, S. 59–95 (in Auszügen).
Copyright bei Hedda Korsch.

Duensing, Frieda, Stationen der Gotteserfahrung*. In: dies., Ein Buch der Erinnerungen, Berlin 1927, S. 16, 36–37, 274–275, 281–282.
Copyright bei F. A. Herbig Verlagsbuchhandlung, München.

Gnauck-Kühne, Elisabeth, Abkehr vom Protestantismus*. In: Helene

Simon, Elisabeth Gnauck-Kühne, Eine Pilgerfahrt, Bd. 1, Mönchen-Gladbach 1928, S. 188–193, 195–202, 205.
dies., Caritas und Sozialarbeit*. In: Einführung in die Arbeiterinnenfrage, Mönchen-Gladbach 1905, S. 10–12.
von Gustedt, Jenny, Meine Ideen zur Reorganisation des Staates nach 1848. In: Lily Braun, Im Schatten der Titanen, Gesammelte Werke Bd. 1, Berlin o.J., S. 274–278.
Huch, Ricarda, Christus der Ganzmacher*. In: Luthers Glaube, Leipzig 1946, S. 71 f., 76 f.
Copyright bei Insel Verlag, Frankfurt am Main.
dies., Die Frau in der Urzeit*. In: Der Sinn der heiligen Schrift, Leipzig 1919, S. 101 ff.
Copyright bei Insel Verlag, Frankfurt am Main.
Jones, Effie McCollum, Frauen als Geistliche. In: Gertrud Bäumer (Hg.), Die Religion und die Frau. Vorträge gehalten auf der Sonderkonferenz im Anschluß an den Weltkongreß für freies Christentum und religiösen Fortschritt, Berlin 1910.
Kinkel, Johanna, Glaubenswechsel (Briefe und Bekenntnisse)*. In: Adelheid von Asten-Kinkel, Johanna Kinkels Glaubensbekenntnis, Deutsche Revue, Bd. IV, 1902, S. 54–59.
von Le Fort, Gertrud, Die ewige Mutter*. In: dies., Die ewige Frau, München [20]1962, S. 99–119 (in Auszügen).
Copyright bei Kösel-Verlag, München.
Lent, Dora, Gott ist Paar*. In: Der Bote für die evangelische Frau, Heft 3, 1980.
Copyright bei Dora Lent.
Lewald, Fanny, Meine abgeschlossene Ganzheit*. Brief an Bernhard von Lepel. In: Fontane Blätter, Bd. 4, Heft 5, Potsdam 1979, S. 395–398.
Malo, Elisabeth, Eine Anfrage an die Herren Theologen Deutschlands aus den Kreisen christlicher gebildeter Frauen. In: Die christliche Welt, Nr. 39, 1891.
von Meysenbug, Malwida, In der freien Gemeinde*. In: Memoiren einer Idealistin, Bd. 1, Stuttgart 1922, S. 141, 191–193, 196–200 (in Auszügen).
Morton, Nelle, Auf dem Weg zu einer ganzheitlichen Theologie. In: Lutherische Rundschau, 1/2, Stuttgart 1975, S. 16 ff.
Copyright bei Nelle Morton.
Neal, Marie-Augusta, Pathologie der Männerkirche. In: Concilium, Heft 4, April 1980, S. 259 ff.
Copyright bei Edition Stichting Concilium, Nijmegen.
Otto-Peters, Louise, Christus hat die Frau befreit*. In: Dem Reich der Freiheit werb ich Bürgerinnen, Die Frauenzeitung von Louise Otto, hrsg. und kommentiert von Ute Gerhard, Frankfurt am Main 1979, S. 106–108, 114–116.
dies., Die Freiheit ist unteilbar. In: Dem Reich der Freiheit werb ich Bürgerinnen, a.a.O., S. 40–41.
Paulsen, Anna, Ehelosigkeit*. In: Mutter und Magd, Berlin 1930, S. 122 bis 125.
Copyright bei Juliane Paulsen.

Radford Ruether, Rosemary, Die neue Frau und die neue Erde, Vortrag gehalten in Wien 1975 auf der 2. Internationalen Konferenz »Secretariat of Unbelievers«. In: epd-Dokumentation 44, Frankfurt am Main 1976, S. 24 ff. (in Auszügen).
Ragaz, Clara, Die Frau und der Friede, Zürich 1915, S. 9–27 (in Auszügen).
Rinser, Luise, Urvertrauen*. In: Den Wolf umarmen, Frankfurt am Main 1981, S. 155–158.
Copyright bei S. Fischer Verlag, Frankfurt am Main.
Russel-Hoekendijk, Letty, Frauen und Freiheit*. In: Elisabeth Moltmann (Hg.), Menschenrechte für die Frau, München 1974, S. 199–203 (in Auszügen).
Copyright bei Chr. Kaiser Verlag, München.
Schrader-Breymann, Henriette, Frei durch Jesus*. Briefe an Marie Kellner und Klara Richter. In: Mary Lyschinska (Hg.), Henriette Schrader-Breymann, Ihr Leben aus Tagebüchern und Briefen zusammengestellt und erläutert, Bd. 2, Berlin und Leipzig 1927, S. 362–363, 370–372, 534–539.
Copyright bei Walter de Gruyter & Co., Berlin.
dies., Ihr kurzsichtigen Theologen*. Briefe an die Brüder. In: Mary Lyschinska (Hg.), a.a.O., Bd. 1, S. 204–205, 221–222.
Copyright bei Walter de Gruyter & Co., Berlin.
Sölle, Dorothee, Meditation über Lukas, 1, 46–55*. In: Die revolutionäre Geduld, Berlin 1974, S. 14–15.
Copyright bei Wolfgang Fietkau Verlag, Berlin.
Stöcker, Lydia, Die Frau in den frühen Kirchen*. In: Die Frau in der alten Kirche, Tübingen 1907, S. 24–30.
Copyright bei J. C. B. Mohr (Paul Siebeck), Tübingen.
Wahlberg, Rachel Conrad, Das Glaubensbekenntnis einer Frau. In: Jesus and the Freed Woman, New York 1978, S. 155–157.
Copyright bei Paulist Press, Ramsey.
Wöller, Hildegunde, Im Schatten des Vaters*. In: Wenn Liebe ihr Ziel erreicht, Lutherische Monatshefte, August 1976, S. 426 ff.
Copyright bei Hildegunde Wöller.

Da in einigen Fällen die Inhaber der Rechte trotz aller Bemühungen nicht festzustellen oder erreichbar waren, verpflichtet sich der Verlag, nachträglich geltend gemachte rechtmäßige Ansprüche nach den üblichen Honorarsätzen zu vergüten.

Literaturverzeichnis

D. S. Bailey, Mann und Frau im christlichen Denken, Stuttgart 1963.

Otto Bangerter, Frauen im Aufbruch, Neukirchen 1971.

Karl Barth, Mann und Frau, München 1964.

Gertrud Bäumer (Hg.), Die Religion und die Frau. 7 Vorträge, Berlin 1910.

Kathleen Bliss, Frauen in den Kirchen der Welt, Nürnberg 1954.

Christine Bourbeck (Hg.), Zusammen, Witten 1965.

Cancik-Lindemaier, Zum Thema Frau in Kirche und Gesellschaft, Stuttgart 1972.

Frank Crüsemann / H. Thyen, Als Mann und Frau geschaffen, Gelnhausen 1978.

Mary Daly, Kirche, Frau und Sexus, Freiburg 1970.

dies., Jenseits von Gottvater, Sohn & Co., München 1980.

dies., Gyn-Ökologie, München 1981.

Hedwig Dohm, Was die Pastoren von den Frauen denken, Berlin 1872.

Luise Döring, Frauenbewegung und christliche Liebestätigkeit, 1917.

Ruth Epting, Für die Freiheit frei, Zürich 1972.

EKD-Studienkommission, Die Frau in Familie, Kirche und Gesellschaft, Gütersloh 1979.

A. Craig Faxon, Frauen im Neuen Testament, München 1979.

Sir Galahad, Mütter und Amazonen. Liebe und Macht im Frauenreich, Frankfurt 1981.

Gerstenberger/Schrage, Frau und Mann, Stuttgart 1980.

Eduard von der Goltz, Der Dienst der Frau in der christlichen Kirche, Potsdam 1905.

Andrew Greeley, Über die weibliche Dimension Gottes, 1979.

Catharina Halkes u. Dan Budding, Wenn Frauen ans Wort kommen, Gelnhausen 1980.

dies., Gott hat nicht nur starke Söhne, Gütersloh 1980.

Gertrud Heinzelmann, Wir schweigen nicht länger, Zürich 1964.

Auke Jelsma, Heilige und Hexen, Konstanz 1977.

Else Kähler, Die Frau in den paulinischen Briefen, Zürich/Frankfurt 1960.

Susanne Kahl, Die Zeit des Schweigens ist vorbei, Gütersloh 1979.

Charlotte v. Kirschbaum, Die wirkliche Frau, Zollikon 1949.

Gertrud von Le Fort, Die ewige Frau, München 1934.

Johannes Leipoldt, Die Frau in der antiken Welt und im Urchristentum, Berlin 1962.
Hilde Lion, Zur Soziologie der Frauenbewegung. Die sozialistische und die katholische Frauenbewegung, 1926.
Kurt Lüthi, Gottes neue Eva, Stuttgart 1978.
Elisabeth Malo, Das Recht der Frau in der christlichen Kirche, Züllsdorf 1896.
Elisabeth Moltmann, (Hg.), Menschenrechte für die Frau, München 1974.
dies., Freiheit, Gleichheit, Schwesterlichkeit, München 1977.
dies. (Hg.), Frauenbefreiung – biblische und theologische Argumente. 3. veränderte Auflage von: Menschenrechte für die Frau, München 1978.
dies., Ein eigener Mensch werden. Frauenb um Jesus, Gütersloh 1980.
Claudia Pinl u. a., Frauen auf neuen Wegen, Gelnhausen 1978.
Anna Paulsen, Mutter und Magd, Das biblische Wort über die Frau, 1938;
dies., Aufbruch der Frauen, Lahr 1964.
Ida Raming, Der Ausschluß der Frau vom priesterlichen Amt, Köln/Wien 1973.
Hermann Ringeling, Die Frau zwischen gestern und morgen, Hamburg 1962.
Luise Rinser, Unterentwickeltes Land Frau, Würzburg 1970.
dies., Zölibat und Frau, Würzburg 1968.
Rosemary R. Ruether (Hg.), Religion and Sexism, New York 1974.
dies., Maria – Kirche in weiblicher Gestalt, München 1980.
dies., Frauen für eine neue Gesellschaft, München 1979.
dies., (Hg.) Women of Spirit, New York 1979.
Letty Russell, Human Liberation in a Feminist Perspektive, New York 1974.
dies., Als Mann und Frau ruft er uns . . ., München 1979.
dies., The Future of Partnership, Philadelphia 1979.
Gerta Scharffenorth/Klaus Thraede, Freunde in Christus werden, Gelnhausen 1977.
Hermann Schauer, Frauen entdecken ihren Auftrag, Göttingen 1961.
Karl Hermann Schelkle, Der Geist und die Braut, Düsseldorf 1977.
Elisabeth Schüssler, Der vergessene Partner, Düsseldorf 1964.
Schottroff, Stegemann (Hg.), Traditionen der Befreiung 2 Bde., München 1980.
Lydia Stöcker, Die Frau in der alten Kirche. Tübingen 1907.
L. u. A. Swidler, Women Priests, New York, Ramsey, Toronto 1977.
Johannes v. Walter, Frauenlos und Frauenarbeit in der Geschichte des Christentums. Berlin 1911.
Johannes Weiss, Frauenberuf, Leipzig 1892.
Hanna Wolff, Jesus der Mann. Stuttgart 1975.
Leopold Zscharnack, Der Dienst der Frau in den ersten Jahrhunderten der christlichen Kirche, Göttingen 1902.

DIE FRAU IN DER GESELLSCHAFT
TEXTE UND LEBENSGESCHICHTEN
Herausgegeben von Gisela Brinker-Gabler

Frauenarbeit und Beruf
Herausgegeben von Gisela Brinker-Gabler
Band 2046

Frauen gegen den Krieg
Herausgegeben von Gisela Brinker-Gabler
Band 2048

Zur Psychologie der Frau
Herausgegeben von Gisela Brinker-Gabler
Band 2045

Frau und Gewerkschaft
Herausgegeben von Gisela Losseff-Tillmanns
Band 2260

Frauenemanzipation und Sozialdemokratie
Mit zahlreichen Abbildungen
Herausgegeben von Heinz Niggemann
Band 2261

Frau und Musik
Mit vielen Bildern und Faksimiles
Herausgegeben von Eva Rieger
Band 2257

Frau und Religion
Gotteserfahrungen im Patriarchat
Herausgegeben von Elisabeth Moltmann-Wendel
Band 3738

FISCHER TASCHENBUCH VERLAG

fi 16/2 b